4차 산업혁명시대의

정보기술과 경영정보시스템

권오병

머 | 리 | 말
Preface

경영정보시스템은 미국 경영학 교육과정에 가장 최근 합류한 분야 중 하나이다. 정보, 기술, 노하우, 지식 등도 기업의 자원이 된다는 것을 인식하게 된 지 그리 오래되지 않았기 때문이다. 그러나 이제는 정보기술을 빼고서는 기업경영을 논하기 어려울 정도로 핵심 자원으로 자리매김하였다. 정보기술은 이제 경영자의 의사결정의 질을 높이는 것을 지원하여 간접적으로 기업의 이익 증대에 기여하는 보조적인 역할이 아니라 직접적으로 기업의 경쟁력을 제고하고 새로운 전략을 구사하게 해주며, 수익성을 증대시키는 등 전략적으로 중요한 입지를 굳혀가고 있다. 이제 인적자원, 물적 자원, 재무자원 등과 어깨를 나란히 하는 주요 기업자원이 된 정보자원을 어떻게 잘 창출하고 관리할 것인가를 익히는 것은 매우 중요한 일이 되었다.

본서는 크게 제3부로 구성되어 있다. 먼저 제1부에서는 경영정보시스템의 개념은 무엇인지, 그리고 과연 기업의 경쟁력 제고에 긍정적인 역할을 하는지를 다루어 볼 것이다. 이를 위해 시스템, 정보, 그리고 경영의 개념을 튼튼히 다져보고, 그 위에서 정보기술 또는 정보시스템이 기업에 주는 간접적 기여와 직접적 기여가 무엇인지 이해를 제공할 것이다. 제2부에서는 정보시스템의 각 요소기술들에 대한 이해를 다룬다. 정보시스템이 하드웨어, 소프트웨어, 데이터, 정보시스템과 관련된 사람들, 업무처리절차와 통신 등 여섯 가지의 구성요소로 이루어져 있다고 보아 하드웨어, 소프트웨어, 데이터 구조와 데이터베이스, 소프트웨어 공학, 통신, 사용자 인터페이스기술 외에 클라우드 컴퓨팅, 빅데이터, 인공지능, 사물인터넷 등 최신 정보기술도 학부 2, 3학년 수준의 경영학도가 알아두어야 할 정도의 깊이로 다루었다. 마지막 제3부에서는 경영정보시스템의 종류에 대해서 다루었다. 기업의 경영정보시스템은 매우 다양하게 존재하지만 그 중에서 가장 기본적인 사무정보시스템을 다루어보고, 다음으로 의사결정지원시스템, 전자상거래와 소셜미디어에 대해서 이해를 돕도록 하였다. 그리고 최근 지구의 지속가능성의 중요성이 대두되는 가운데 정보기술이 어떻게 기여할 수 있는지에 대해서도 다루었다.

본서는 단순히 개념과 이론만을 다루지 않고 중간중간 전산 실습도 병행할 수 있도록 했다. 이에 따라 데이터베이스 실습을 위해 SQL 실습을, 의사결정지원시스템 개발을 위해 엑셀 고급기능 실습부분을 포함했다. 최근 경영학과 학생들을 포함하여 인문 · 사회과학도들이 본인의 경력개발을 위해 정보기술 활용역량 보유에 관심이 많은 것을 반영한 것이다.

본서는 기본적으로 본인이 개설하는 경영정보시스템 강의시간에 공유하는 강의노트를 근거로 한 것이다. 경영정보시스템의 특성상 강의노트의 내용이 자주 변경되는 것 때문에 혼자서 책으로 내는 것을 엄두도 내지 못했는데, 수업시간 강의실 앞좌석에서 초롱초롱한 눈으로 메모하고 녹취도 하는 등 열심을 내는 제자들 몇이서 제안을 하여 그들의 강의 필기 내용 등을 부가하여 책을 낼 수 있게 되었다. 도움을 준 안상현, 이태희, 이희승, 오주은, 임성택 등 다섯 명의 제자들에게 고마운 마음을 표하고 싶다. 또한 탈고에 도움을 주신 출판사 관계자분들께도 감사한 마음을 담아 드린다.

2019년 8월

오비스홀에서

권오병

차 | 례

Contents

PART 1 경영정보시스템의 기본 이해

Chapter 08 통신

Chapter 09 사용자 인터페이스

Chapter 10 소프트웨어 공학

Chapter 11 사물인터넷

PART 3 경영정보시스템의 종류

Chapter 12 사무자동화시스템

Chapter 13 의사결정분석

제1부

경영정보시스템의 기본 이해

CHAPTER 01 경영정보시스템의 개념

제1절 경영정보시스템의 개념

1.1 들어가면서

경영정보시스템이란 무엇인가? 사람들은 흔히 전산실에서 가동되는 서버 컴퓨터나 사무실 프린터에서 끊임없이 출력물이 나오는 장면 등을 떠올리곤 한다. 그러나 경영정보시스템은 기업 내 다양한 응용 영역에서 사용되며, 또한 다양한 정보기술들로 구현되기 때문에 단순하게 설명할 수는 없다. 또한 향후에도 새로운 정보기술이 개발될 때마다 새로운 이름의 정보시스템이 소개될 것이다.

그러므로 처음부터 경영정보시스템에 대한 개념 정립 없이 각 세부 정보시스템을 일일이 이해하려는 것보다는 경영정보시스템을 이루는 핵심 개념들인 경영과 정보, 시스템 각각의 정의와 이해를 통해 경영정보시스템이 무엇인지 바로 이해하는 것이 필요하다고 할 수 있다. 따라서 본서를 시작함에 있어 먼저 경영정보시스템 각각의 개념들을 살펴볼 것이다.

1.2 시스템의 개념

(1) 정의

시스템이란 무엇인가? 오늘날 우리 주변에서는 수많은 시스템이 존재하고 있다. 심지어는 '전략적'이라는 단어와 함께 기업에서 오용 혹은 남용되기도 한다. 시스템이라 하면 대개 교통신호시스템이나 수강신청시스템 등을 생각하게 된다. 사실 우주도 자연도 우리의 몸을 구성하고 있는 세포나 미세한 조직도 시스템이다. 그렇다면 시스템은 어떻게 정의할 수 있을까? 그리고 과연 어떤 것들이 시스템이 될 수 있는 것일까?

시스템의 사전적 정의는 "어떤 목적을 위한 질서 있는 조직체계 또는 컴퓨터에서 필요한 기능을 실현하기 위하여 관련 요소를 어떤 법칙에 따라 조합한 집합체"이다. 그러나 더 자세한 이해를 돕기 위해 다음과 같이 정의 내릴 수 있다. 시스템이란 "어떤 특정 목적을 달성하기 위하여 여러 개의 구성요소가 유기적으로 상호작용을 하는 것"이다. 이렇게 목표지향성, 복수 구성요소, 유기적 상호작용이라는 세 가지로 이해한 시스템의 정의 외에도 다양한 정의가 존재한다. 그 중 몇 가지만 발췌하면 다음과 같다.

- 전체의 구성단위를 형성 또는 작용할 수 있는 방법으로 결합 또는 연결된 유기체의 장치, 조합 혹은 집합이다(Distefano, Stubberud, Williams).
- 하나 혹은 그 이상의 입력신호를 넣어 하나 혹은 그 이상의 출력신호를 내는 장치이다(Drenick).
- 어떤 정해진 바에 따라 행동하는 장치, 수속 혹은 기구이며, 그 기능이나 정보, 에너지 또는 물질을 생성해내기 위한 시간 속에서 정보, 에너지 또는 물질에 영향을 미치는 것들이다(Ellis Ludwig).
- 동적인 현상을 위한 모델로서의 역할을 위해 생각해낸 수학적인 추상적 개념이다(Freeman).
- 상호작용하는 제요소의 통합된 집합이며, 미리 정해진 목적에 일치·협력하

여 수행하는 것이다(Gibson).

- 제물체와 그들의 제속성 사이의 관련이 상호 결합한 것의 집합이다(Hall, Fagen).
- 입력정보와 출력정보의 몇 가지 기능을 최대한 활용하려는 목적으로 정확한 입력정보를 받아들이고 또한 정확한 출력정보를 생산하기 위해 서로 일치·협력해서 행하는 실제물 또는 사물(생물 혹은 무생물)의 집합이다(Kershner).

그러나 위의 내용은 모두 다음의 정의에서 크게 벗어나지 않는다. “시스템이란 특정 목적을 달성하기 위하여 여러 개의 구성요소들이 유기적으로 상호작용을 하는 것이다.”

(2) 하위시스템

한편 시스템은 하위시스템(subsystem)을 가질 수 있다. 또한 예컨대 생물이란 다수의 기관(organ)으로 구성되어 있고, 기관은 조직으로 이루어졌으며, 조직은 다시 세포(cell)로 구성되어 있다. 생물이라는 유기체를 하나의 커다란 시스템이라 한다면, 기관은 그 하위시스템이 되는 것이다. 기업과 사회를 고려할 때 기업은 사회의 하위시스템이기도 하다. 사회를 전체시스템으로 놓고 기업을 하위시스템으로 본다고 할 때, 시스템적 접근방법은 하위시스템인 기업이 어떻게 전체로서의 사회환경과 다른 하위시스템들의 다양한 요구를 받아들여 전체시스템으로 통합할 수 있는가에 초점을 두게 되는 것이다.

(3) 개념의 역사

어떤 대상을 시스템으로 볼 것인지에 대한 본격적인 노력은 1930년대 독일의 한 생물학자(Ludwig von Bertalanffy)에 의해 처음 이루어졌고, 그 후로 많은 학자들에 의해 시스템에 대한 개념의 수정이 더해졌다. 시스템 개념은 보통 일반시스템이론에 이론적 근거를 두고 있으며 복합학문적(interdisciplinary)이고 전체적(holistic)인 성격을 띠고 있다고 본다(Van Gihch, 1978). 이런 주장 이후로 일반적인 모든 시스템에 적용될 수 있는 원리들을 정리하여 제시하면서 일반시스템이라고 명명한 주장(Ahituv and Neumann, 1986)에 이르기까지의 이론으로 볼 때, 복수의 요소로 구성된 것은 어느 것이나 시스템으로 볼 수 있으며, 여기에 일반적인 시스템의 원리들을 적용하여 더 쉽게 대상을 파악할 수 있다.

시스템에 관련된 3대 이론

제2차 세계대전 직후인 1948년에 위너(N. Wiener), 샤논(C. Shannon), 폰 노이만(J. von Neumann)은 컴퓨터기술 발전에 주춧돌을 놓은 이론들을 잇따라 발표하였다. 위너는 저서 '사이버네틱스(*Cybernetics*)'에서 동물과 기계, 즉 생물과 무생물에는 동일한 이론이 탐구될 수 있는 수준이 있으며, 그 수준은 제어(control)와 통신(communication)과 관련된다는 사이버네틱스이론을 제창하였다. 사이버네틱스이론의 발표에 따라 인간을 정보처리조직체로 보는 시스템이론에 대한 관심이 고조되었다. 정보처리적 접근방법에서는 인간을 기본적으로 계산을 위한 메커니즘으로 보고 있다. 예컨대 인간의 사고, 지각, 언어 따위의 다양한 인지기능을 모두 정보를 계산하는 활동으로 본다. 이러한 견해에는 인간의 지능을 인공의 정보처리장치로 본뜰 수 있다는 의미가 함축되어 있다.

샤논은 위너의 사이버네틱스이론을 통신공학에 응용하여 그의 논문 "통신의 수학적 이론(A Mathematical Theory of Communication)"에서 이른바 정보이론을 최초로 정립하였다. 참과 거짓에 의한 이진 논리학의 원리가 전기통신회로에서 스위치가 갖게 되는 온(on)과 오프(off)의 두 상태를 기술하는 데 응용될 수 있다는 아이디어를 얻은 샤논은 정보의 양을 측정하는 단위로 비트(bit)를 제안하였다. 비트는 이진 숫자(binary digit)의 약자로서, 1과 0 또는 온(on)과 오프(off)의 전기적 상태를 나타낸다. 샤논의 정보에 대한 기술적 정의에 의하여 정보가 비로소 과학의 대상이 되었고 컴퓨터의 통신기술은 폭발적인 발전을 거듭하게 되었다.

1948년에 논문으로 발표된 또 하나의 획기적인 이론은 폰 노이만의 자가증식 자동자(self-reproduction automation)이론이다. 튜링(Turing)기계의 개념을 이용하여 1945년에 오늘날 컴퓨터의 원형인 프로그램 내장식(stored program) 컴퓨터를 최초로 설계한 장본인인 폰 노이만은 튜링기계의 계산능력에 덧붙여서 그 자신을 증식하는 능력을 가진 기계에 대하여 연구를 하였다. 위너의 사이버네틱스이론이 생명체의 행동을 분석하는 것이라면, 폰 노이만의 자가증식 자동자이론은 생명체의 행동을 합성하려는 시도였다.

폰 노이만이 1948년에 내놓은 이론을 발전시켜 1951년에 발표한 세포 자동자(cellular automaton)는 1980년대 중반에 등장한 인공생명(artificial life)에서 가장 핵심적인 접근 방법으로 각광을 받고 있다. 폰 노이만이 한창 활동할 나이인 55세에 골수암으로 세상을 떠나지 않았더라면 컴퓨터 과학, 특히 인공지능의 역사에서 더 많은 업적을 남겼을 것이다.

출처: 이인식, "마음과 컴퓨터," 컴퓨터월드, 1991년 11월

(4) 시스템의 조건

어떤 대상이 시스템으로 칭해지기 위해서는 세 가지의 조건을 충족해야 한다. 먼저 달성하려는 목적이 존재해야 한다. 시스템의 존재 이유는 특정 목적을 달성하기 위한 것이다. 시스템 내에 여러 구성요소가 존재하고 상호관계를 갖는 이유가 바로 목적달성을 위함이다. 세포라는 시스템은 생장이라는 존재 목적을 가진다.

시스템이 되기 위한 두 번째 조건은 시스템 내에 여러 개의 구성요소가 있어야 한다는 것이다. 예외적으로 한 구성요소로도 이루어질 수도 있겠지만 대부분의 시스템은 하나 이상의 구성요소로 이루어진다. 예를 들어 세포시스템(cell system)은 핵, 미토콘드리아, 세포벽 등 여러 구성요소들로 이루어져 있다. 교통통제시스템에는 차량, 보행자, 신호등, 횡단보도, 경찰 등의 구성요소가 교통통제시스템의 목적달성을 위해 존재한다. 강의시스템도 강사, 학생, 강의실, 교구 등이 존재한다.

마지막으로 구성요소들 사이의 유기적인 상호관계성이 존재해야 한다. 시스템을 구성하는 요소들은 신호나 자원 등 끊임없이 무엇인가를 서로 주고받는다. 그리고 궁극적으로는 시스템의 목적을 달성한다. 여기서 '유기적으로'라는 말에 주의할 필요가 있다. 유기체가 아닌 것들은 상호작용성이나 의도성이 없다. 그래서 그러한 유기적이라는 것은 어떤 의도성을 가지고 상호작용을 하는 것, 적극성을 가지는 것

들을 유기성 또는 유기적이다라고 표현한다. 시스템은 무기체가 아니라 유기체이다. 구성요소들이 가만히 있는 것이 아니라 어떤 의도를 가지고 서로가 무엇인가를 주거니 받거니 하면서 목표를 이루어 나간다.

시스템의 유기적 상호작용성에서 리더십을 생각해볼 수 있다. 선박의 예를 들어보자. 선박은 선장, 선원, 장비 등의 구성요소를 갖고 있다. 출항하여 선장은 동쪽으로 항해하려 하는데 선원들은 서쪽으로 노를 젓는다면 이는 시스템이라고 볼 수 없다. 이러한 목적지향성 때문에 사람이 모여 만드는 인공적인 시스템에는 누군가는 목적달성에 대한 책임을 가지고 의사소통 등 상호작용을 하여 마침내 성공하는 리더십이 필요하다. 리더가 제대로 된 리더십을 발휘하지 못하는 기업은 경쟁시장에서 살아남을 수 없는 오늘날의 현실은 인공적 시스템에서 리더십의 중요성을 보여주고 있다.

시스템이란 무엇인가

시스템이란 지정된 정보처리기능을 수행하기 위하여 조직화되고 규칙적으로 상호작용하는 기기, 방법, 절차, 그리고 경우에 따라 인간도 포함하는 구성요소들의 집합이다. 그리고 체계, 조직, 제도 등 요소의 집합 및 요소와 요소 간의 집합이며 어떤 과업의 수행이나 목적달성을 위해 공동 작업하는 조직화된 구성요소의 집합이라고 말할 수 있다.

특히 컴퓨터에서 마이크로프로세서와 그와 관련되는 집적 회로(IC) 칩과 회로, 입력장치(글쇠판, 마우스, 디스크 구동장치), 출력장치(모니터, 디스크 구동장치), 그리고 주변장치(프린터, 모뎀) 등으로 구성되는 하나의 하드웨어시스템이다. 이 하드웨어시스템의 내부에 하나의 운영체계가 있다. 흔히 '시스템 소프트웨어'라고 불리는 운영체계는 하드웨어와 데이터 파일을 관리하여 응용프로그램들을 실행시키는 필수적인 프로그램들의 집합이다. 시스템이라는 용어는 또한 정보를 처리하는 데 이용되는 프로그램들, 절차들, 데이터 및 기기들의 다양한 조합을 가리킨다. 회계관리시스템, 요금관리시스템, 온라인 데이터베이스관리시스템, 통신망관리시스템 등 많은 종류의 시스템이 있다. 그리고 체계, 조직, 제도 등 요소의 집합 및 요소와 요소 간의 집합이며 어떤 과업의 수행이나 목적달성을 위해 공동 작업하는 조직화된 구성요소의 집합이라고 말할 수 있다.

출처: 한국정보통신기술협회, http://word.tta.or.kr/

(5) 시스템의 특징

시스템의 정의를 위해 살펴보았던 목적달성지향성, 복수의 구성요소, 유기적 상호작용성이라는 시스템의 조건 이외에 다른 각도에서 시스템의 특징을 알아보도록 하자.

첫째, 시스템은 분할가능하다. 복잡하고 다양한 변수들이 함께 작용하는 시스템의 경우 여러 개의 간단하거나 작은 시스템으로 분할할 수 있는데 이를 하위시스템(subsystem)이라고 한다. 하위시스템은 다시 또 다른 하위시스템을 가질 수 있다. 예를 들면 인체를 하나의 시스템으로 볼 때 팔, 다리, 머리, 몸통 등이 그 하위시스템을 이루며 몸통은 살과 뼈, 그리고 내부의 위, 장 등의 많은 하위시스템으로 이루어져 있고, 다시 수많은 하위시스템을 가져 결국 세포에 이르기까지 수많은 분할이 가능하다. 분할가능성을 잘 보여주는 예로 기업시스템이 있다. 기업에도 마케팅관리시스템, 생산관리시스템, 인사관리시스템 등 여러 하위시스템이 존재한다.

둘째, 시스템에는 엔트로피가 존재한다. 뉴턴의 열역학 제2법칙("자연현상에는 비가역적 과정이 존재한다")은 시스템에도 적용된다. 쉽게 말하자면 시스템은 보통 시간이 지날수록 감소하다가 결국 그 기능이 쇠약해져 정지된다. 이런 방향으로의 진행을 "엔트로피(entropy)가 증가한다"라고 하는데 무질서나 무작위의 상태를 엔트로피라고 할 수 있는 것이다. 따라서 시스템이 계속 원하는 성과를 얻기 위해서는 엔트로피의 활동을 억제하는 통제과정이 필요하다.

셋째, 시스템의 구성요소는 상당부분 블랙박스의 형태를 지닌다. 즉 입력, 처리, 출력의 과정을 거쳐 어떤 결과가 산출될 때, 그 처리과정은 블랙박스처럼 다양하고 융통성 있는 접근방법이 가능하다.

(6) 시스템의 종류

시스템은 물리적 형태의 존재여부 및 환경과의 상호작용여부, 시스템형태를 보는 시각과 구성요소의 특징에 따라 다음과 같은 종류로 분류될 수 있다.

1) 물리적 시스템과 추상적 시스템

물리적 시스템은 전산시스템, 세포시스템 등과 같이 물리적인 형태를 가진 것을 물리적 시스템이라 하고 경영시스템이나 교육시스템과 같은 추상적 시스템은 하나의 독립적 개념에 대한 체계적 정리라고 할 수 있다.

2) 개방형 시스템과 폐쇄형 시스템

개방형 시스템은 시스템과 환경과의 상호의존성이 존재하는 경우이다. 즉 환경의 변화가 시스템에 영향을 미치며, 반대로 시스템 내의 어떤 변화가 환경에 영향을 미치기도 한다. 따라서 개방형 시스템은 환경과의 상호의존관계 위에 설정된 개념이며 환경과의 상호의존성을 인식함으로써 시스템 내의 활동들이 순환적인 형태를 취하는 특성을 가진다. 열역학법칙에 의하면 폐쇄형 시스템은 외부환경으로부터 에너지를 받아들이지 않기 때문에 내부의 엔트로피작용에 의해 자연 부패되거나 소멸되는 경향이 있다. 이에 반해 개방형 시스템은 엔트로피작용에 대항할 수 있는 부의 엔트로피(negative entropy)를 외부환경으로부터 받아들여 엔트로피작용을 제거함으로써 시스템 자체를 유지하고 발전해 나갈 수 있다. 동물과 식물을 포함한 모든 유기체는 환경과의 밀접한 상호작용이 있으므로 개방형 시스템이다. 모든 기업도 역시 개방형 시스템이다. 만일 기업이 외부와 상호작용을 하지 않는나면 오늘날의 경쟁시장에서 기업은 살아남을 수 없다.

반면에 폐쇄형 시스템은 환경과의 상호작용이 없다. 필요에 따라 의도적으로 폐쇄형 시스템으로 만드는 사례도 많이 있는데 시계나 생산설비의 제어시스템 등을 그 예로 들 수 있다.

3) 자연적 시스템과 인위적 시스템

시스템의 생성에 인간의 개입이 관여했는가로 구분할 수 있는데 자연적 시스템은 인간의 개입 없이 자연발생적인 요소로 구성되어 있는 시스템을 말하며 태양계

(solar system)나 동식물 등이 이에 해당한다.

한편 인위적 시스템은 인간이 만들어낸 시스템으로 기업을 포함한 사회의 모든 조직, 제품을 생산하는 공장시스템, 컴퓨터시스템 등을 들 수 있으며 우리가 경영정보시스템에서 학습할 대상은 인위적 시스템이 대부분이다. 인위적 시스템은 목표달성에 미흡할 경우에는 시스템의 구성요소를 바꾸거나 시스템을 아예 없애기도 한다. 인위적 시스템의 체계적 관리를 위해서는 목표달성 정도를 점검하게 되는데 대표적으로는 효과성(effectiveness)과 효율성(efficient)이 있다.

4) 적응시스템과 비적응시스템

시스템이 환경의 변화에 스스로 적응할 수 있는가에 따라 적응시스템과 비적응시스템으로 구분한다. 적응시스템은 환경이나 다른 시스템의 영향을 받아서 자신을 변화시킬 수 있는 능력이 있거나, 자신의 변화로 환경에 영향을 줄 수 있는 시스템이다. 같은 신호시스템이라도 교통량을 감지하여 스스로 신호의 주기를 바꿀 수 있는 첨단시스템이 있는데, 이를 적응시스템이라 볼 수 있고 입력된 정보에 의해 일정한 시간 간격을 두고 신호체계가 유지되는 시스템은 비적응시스템이라 볼 수 있다.

5) 영구적 시스템과 잠정적 시스템

영구적 시스템은 보통 10년 이상 장기간 존재하는 시스템을 말한다. 특히 기업조직은 영구존속체(on-going concern)로서 이윤창출과 재투자를 통해 특별한 사유가 발생하지 않는 한 영구적으로 운영하려는 의지를 가진다. 잠정적 시스템은 단기간 존재하는 시스템이다. 예를 들면 선거운동을 하는 조직을 들 수 있다. 이 조직은 선거운동이 끝나면 목적달성여부에 관계없이 해체된다.

이 밖에도 확정적 시스템과 확률성 시스템, 적응시스템과 비적응시스템 등 수많은 기준에 의하여 시스템을 분류할 수 있는데 이런 분류는 거의 인위적 시스템이냐 자연적 시스템이냐의 분류와 비슷하게 나눠진다고 할 수 있다. 이처럼 여러 가지로 분류하는 목적은 같은 시스템이라고 하더라도 관점에 따라 그 시스템을 운영하는 방식이 달라지고 시스템의 성패가 좌우되기 때문이다. 기업조직을 적응시스템으로 인식하고 운영하는 경우 기업은 더욱 발전할 수 있지만, 잘못하여 비적응시스템으로 인식하게 된다면 시장에서 살아남지 못하고 도태될 것이다.

(7) 시스템적 접근법

시스템적 접근법(systems approach)이란 관심의 대상인 개체(entity)를 시스템 전체의 관점에서 고려하고자 하는 접근법을 지칭한다. 즉 시스템의 구성요소들의 각각의 활동뿐만 아니라 시스템 전체의 활동을 분석함으로써 문제를 더욱 종합적인 관점으로 해결하고자 하는 시도이다.

시스템적 접근법은 시스템에 영향을 주는 환경요소는 무엇인지, 시스템의 하위에는 어떤 하부시스템이 존재하며 그 하부시스템들은 상위시스템에 어떤 영향을 주는지, 시스템이 원래 목적에 맞게 가고 있는가 하는 전체적인 문제에서부터 세부적인 문제로까지 문제를 조화로운 관점에서 분석하는 데 유용하다. 시스템적 접근법이 가져다주는 구체적인 장점은 다음과 같다.

1) 전체적인 문제해결

문제해결의 대상을 전체의 관점에서 조명하여 개별 구성요소에 집착하는 경우 발생할 수 있는 문제인 부분최적화를 피할 수 있고 시스템들의 상호작용을 파악함으로써 복잡한 시스템을 여러 방법으로 나누어 쉽게 분석하여 문제를 쉽게 해결할 수 있게 한다. 예를 들면 기업의 마케팅부서는 기업의 판매증진을 위해 효과적인 마케팅을 펼쳐야 하지만 만일 기업의 재정상태가 적자라면 마케팅비용을 줄일 수밖에 없다. 즉 마케팅부서에게는 최적화된 행동이겠지만 기업에는 최적화된 행동이 아니라 오히려 시스템에 문제가 발생할 수 있는 그런 행동을 줄임으로 인해 원래 목적을 위한 시스템의 작용에 기여한다는 것이다.

2) 시너지효과

시스템의 목적달성을 위한 하위시스템의 기여도와 상호작용을 시스템 전체의 관점에서 볼 수 있게 됨에 따라 전체시스템의 효과성이 개별 하위시스템의 효과성의 합보다 클 수 있다는 시각을 제공한다 이를 시너지즘(synergism) 혹은 시너지효과(synergistic effect)라고 한다.

예를 들어 기업이라는 시스템을 기능별 시스템의 통합체로 볼 수도 있고 프로세스별 시스템의 통합체로 볼 수도 있다. 기능별 시스템의 통합체로 보는 관점은 각 시스템의 경쟁력 강화 및 문제해결을 통한 기업 전체의 성과는 각 하부시스템에서의 성과의 합이 최대가 된다. 반면에 프로세스별 시스템의 통합체로 보는 경우에는 기업활동을 연속적인 흐름으로 이해하기 때문에 점점 더 나은 성과를 얻을 수가 있다. 따라서 오늘날에 있어서 기업은 프로세스적인 시스템으로 보는 시도가 요구된다.

1.3 정보의 개념

개인과 기업은 수많은 컴퓨터기반 정보시스템과 접하고 있으며, 앞으로는 더욱 정보시스템에 의존하며 살게 될 것이다. 그러나 많은 사람들이 정보시스템에 대한 정확한 정의를 내리는 데 어려움을 느낀다. 그 이유 중 하나는 정보라는 개념을 정확히 이해하지 못하고 있기 때문이다. 그렇다면 정보란 무엇인가? 정보에 대한 사전적 정의는 "사물의 내용이나 형편에 관한 소식이나 자료 또는 군사, 국가안보 등의 분야에서 어떤 방면의 정황이나 그에 관한 지식 또는 보고"이다. 그러나 이것만으로는 충분한 이해가 어렵다. 그 이유 중 하나는 정보를 자료(data) 등 유사 개념과 혼동하기 때문이다. 따라서 먼저 정보의 체계를 이해하도록 한다.

(1) 정보의 체계

정보란 무엇인가에 대해 알기 위해서는 정보와 유사하게 쓰이는 단어에 대해 정확히 이해해야 한다. 사실, 자료, 지식, 지능, 지혜 등의 단어들은 정보와 정확하게 일치하지는 않는다. 다만 이들은 상관관계가 있는데 특히 이것을 계층적으로 나타낼 수가 있다. 가장 기저에 있는 것이 사실(fact)이다. 사실의 상위 개념으로 존재하는 것이 자료(data)이고 자료의 상위 개념이 정보(information)이다. 정보의 상위 개념은 지식(knowledge)이며 그 위는 지혜(wisdom)이다.

그림 1-1 정보의 체계

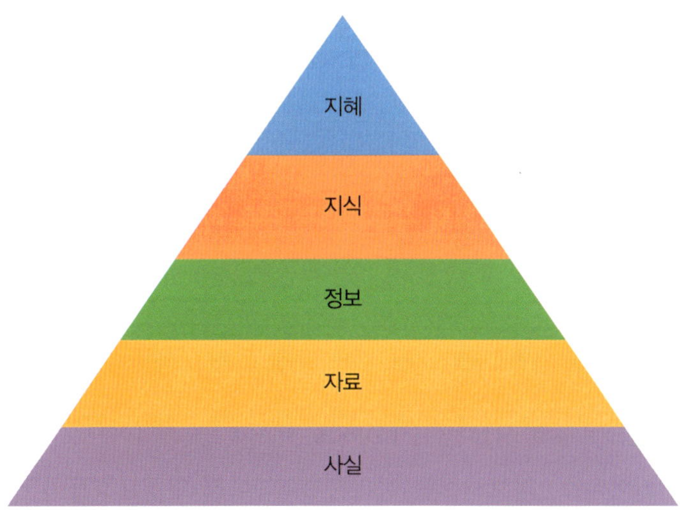

1) 사실

사실(fact)은 인간의 인식가능여부를 떠나서 신의 피조물 또는 우주 삼라만상에 참(truth)으로 존재하는 모든 것이다. 그것은 사람의 눈에 보일 수도 있고, 보이지 않을 수도 있다. 또한 우리가 경험한 것일 수도 있고, 경험하지 않은 것일 수도 있다. 예를 들면 은하계 너머에 인류가 미처 발견하지 못한 세계는 보이지는 않지만 그것들은 존재하고 있으므로 사실이다. 그 외에도 실제로 오감을 가지고 파악할 수 없는 것들이 많이 있다. 예를 들면 음역 중에서 우리가 들을 수 없는 초음파의 영역이라든지 태양광선 중에서 우리가 볼 수 있는 가시광선을 제외한 나머지 빛의 영역들이 있다. 이것들은 우리가 들을 수도 없고 볼 수도 없지만 분명 존재하는 것들이므로 사실이 되는 것이다. 즉 우리의 능력이나 인정과 상관없이 또는 인간이 인지가능한 심벌로 표현가능여부와 상관없이 우주에 존재하는 모든 것들이 다 사실이다.

2) 자료

자료 또는 데이터란 간단히 말하여 인식가능하고 표현된 사실이라고 할 수 있다. 자료는 크게 아날로그와 디지털의 두 종류로 표현될 수 있다. 하지만 어떻게 표현되는가에 관계없이 사람들이 그것을 어떤 형태의 심벌(symbol)로 공유할 수 있다면 그것은 데이터라 말할 수 있다. 심벌은 단지 문자를 의미하는 것은 아니다. 음성, 영상 등 다양한 형태로 존재해왔다. 이 중 현대경영정보시스템은 디지털기술의 개발로 인해 아날로그보다 디지털 자료관리를 주로 하고 있다. 왜냐하면 디지털 자료가 자료의 저장, 복사 및 전달, 공유, 수정 등에 더욱 유리하기 때문이다. 그래서 이미 표현되어 있는 아날로그 데이터를 디지털 데이터로 바꾸려는 노력들을 많이 하였는데 이러한 시도는 전자자료처리시스템(EDPS: Electronic Data Processing System)의 출현으로부터 시작된다. EDPS도 시스템 중 하나이므로 하드웨어, 소프트웨어, 데이터베이스, 정보시스템 관리자 등의 여러 구성요소들이 상호작용하여 디지털 데이터의 효과적 관리라는 목표를 달성하려 한다.

3) 정보

자료의 상위 개념으로는 정보(information)가 존재한다. 정보는 그 사용자에 의하여 가치(value)가 부여된 데이터이다. 과거 정보와 데이터를 구분하는 기준은 데이터의 가공(filtering, processing)여부였다. 심리학이나 조직관리에서는 그 키워드가 선택(selection)이라 하기도 한다. 그러나 정보인지 아닌지의 판단에서 중요한 것은 가공여부가 아니라 가치의 유무이다.

예를 들어 회사에 주문부서가 있다고 하자. 이 회사는 원료를 주문하고, 다시 가공을 해서 최종소비자에게 판매를 하는 중간생산업체이다. 이 회사의 주문부서에 담당자가 있는데 이 사람은 항상 주문을 하는 업체로부터 주문을 하여 회사의 창고에 쌓고, 다시 그것을 생산라인으로 이동시키는 일을 하고 있다. 그런데 이 사람은 주문량을 결정하기 위해 회사 원자재 창고에 납품업체들의 상품이 얼마나 쌓여 있는지에 대해서 알고 싶어한다. 그래서 항상 현재 회사의 창고 안에 있는 납품받은 제품들이 실제로 몇 개가 존재하는지 파악하려고 한다. 실사로 파악을 하는 것이 가장 좋겠지만 그것은 시간상 불가능하기 때문에 장부상 기록으로 숫자를 파악하며 정기적으로 장부상의 주문과 실제 차이를 계산한다.

이 주문부서의 주문담당자는 정기적으로 실사를 통해서 회사가 몇 개를 주문해야 하는지 알고, 그 정보를 회계파트에 넘겨야 하는 임무가 있다. 그래서 창고를 담당하는 담당자에게 A라는 제품이 우리 창고에 몇 개가 있는지 실사해 달라고 부탁을 하였다. 그리고 이 창고담당자는 A라는 제품이 12,000개가 있는 것을 확인하고, 주문담당자의 사무실로 들어왔다. 그런데 주문담당자가 잠깐 나가고 없었다. 그래서 책상 위의 종이에 'A 12,000' 이렇게만 써 놓고 나갔다. 그리고 주문담당자가 들어와서 책상 위에 'A 12,000'이라고 적혀 있는 종이를 보았다. 이때 이 사람은 이것이 무엇인지 알 수 있다. 우리 회사에는 A제품이 12,000개가 있고, 지금 15,000개가 필요하니까 3,000개를 더 주문해야겠다라고 생각할 수 있다. 이때 이 사람한테는 'A 12,000'이라는 것은 쓸모가 있다. 'A 12,000'이라고 하는 데이터에 가치를 부여한 것이다. 이것은 주문담당자에게는 정보이다. 그런데 또 이 사람이 어디 나간 사이에 외판업자가 들어왔다. 빈 책상에 담당자는 없고 종이에 'A 12,000'이라고 쓰여 있는 것을 보았다. 이때 외판업자에게는 이 데이터는 전혀 가치가 없다. 이것은 정보가 아니다. 이렇게 볼 때 'A 12,000'이라고 하는 데이터는 스스로 데이터인지 정보인지 결정할 수 있는 권리가 있을까? 그렇지 않다. 그 가치는 그것을 보는 정보사용자가 결정하는 것이다.

그래서 정보는 단순히 선택된 또는 가공된 자료라기보다는 자료와 가치의 함수라고 하는 것이 더 타당할 것이다. 이때 가치는 스스로 만들어지는 것이 아니라 그 자료를 보고 활용하는 사람에 의해 평가되고 주어지는 것이다. 따라서 같은 내용의 자료라 하더라도 사용자에 따라서 단순히 자료가 될 수도 있고 정보가 될 수도 있다. 즉 정보의 여부는 정보개발자 혹은 배달자와 같은 정보공급자가 아니라 정보사용자가 결정한다.

오늘날 존재하는 많은 정보시스템들이 이러한 오류를 범한다. 정보시스템 개발자가 스스로 이러한 정보가 의미가 있다고 판단하여 개발하고 납품할 수 있다. 그러나 종종 수요자 또는 수요업체에서는 그만큼 가치를 못 느낄 수 있다. 많은 비용을 들여 정보시스템을 개발했지만 그 시스템으로부터 나오는 정보의 가치가 비용투입에 못 미친다고 볼 수 있는 것이다. 개발자들은 자신들의 노고가 많았음을 주장한다. 하지만 현업에 있는 사람은 개발자들의 노력보다는 결과물인 정보시스템으로부터 본인들의 의사결정에 가치 있는 정보가 제공되기를 기대한다. 정보시스템의 주인은 정보개발자가 아니며 정보사용자가 정보시스템의 가치를 결정한다는 견해가 옳다.

또 하나의 문제는 수요자로서의 경영자가 정보기술이나 정보시스템에 대한 이해가 부족하다면 정보시스템을 바로 평가할 수 없다. 그러므로 경영자는 정보시스템 평가를 할 수 있는 소양을 갖추고 있어야 한다. 경영에 대한 이해는 정확히 하되 정보기술에 대한 지식도 함께 고려할 수 있는 경영자들이 앞으로 도래하는 4차 산업혁명시대, 지식시대에 필요하다. 이들을 경영정보시스템 전문가라고 부를 수 있다.

A상품이 12,000개가 있다고 하는 자료를 제공한 창고담당자가 정보기술교육을 받아왔다고 하자. 그래서 숫자로 쓸 것을 테이블로 그려보고, 그래프로 표현하였다. 여러 가지 다양한 의미를 부여하고 새로운 정보들을 집어 넣었다. 그리고 주문담당자가 들어와서 그것을 봤을 때 담당자는 이전의 정보보다 훨씬 더 많은 정보를 가질 수 있을 것이다. 가치라는 것은 있다, 없다뿐 아니라 많다, 적다의 개념도 있다. 정보의 가치를 더 상승시키기 위해 필요하다면 가공을 할 수 있다. 그리고 이를 위해 인공지능이나 증강현실 등 첨단정보기술들을 활용할 수 있다. 즉 첨단정

보기술들의 역할은 바로 정보의 가치를 더 많이 인정받게 하는 가능성을 높이는 것이다.

이후에 또 외판원이 들어왔다고 하자. 그래프가 그려진 종이를 보고 고객봉사 차원에서 잘 정리해놓고 돌아갈지도 모른다. 하지만 그 외판원에게 이는 여전히 가치가 없다. 즉 자료가 아무리 잘 가공되어 있더라도 정보사용자가 볼 때는 전혀 가치가 없을 수 있다는 것이다. 자료를 무조건 가공하는 것이 정보가 아니다. 가공을 아무리 하더라도 정보사용자의 용도에 맞지 않으면 여전히 무가치한 자료일 뿐이다.

4) 지식

정보의 상위에는 지식이 있다. 지식은 일반적으로 두 가지로 나뉘는데 하나는 선언적 지식(assertive knowledge)이고 또 하나는 절차적 지식(procedure knowledge)이다. 선언적 지식은 사물 및 사물에 관한 지식으로 명제의 형태로 표현된다. 한편 절차적 지식은 어떤 일을 수행하는 방법에 대한 지식으로 의사결정자의 행동을 유발하는 지식이다. 예를 들어 어떤 조건을 만족하면 어떤 행동을 하라는 것이다. 행동을 유발한다는 것은 의사결정을 한다는 것인데 의사결정을 해나가는 중간단계를 추론이라고 말한다. 즉 절차적 지식을 활용해서 최종결론에 도달하거나 의사결정을 해나가는 절차, 단계, 행위, 의사결정을 모두 추론이라고 할 수 있다. 그에 비해 정보는 사람에게 '앎'을 제공하기는 하나 그 자체가 어떤 행동을 유발하지는 않는다.

지식은 평소에는 노하우라는 이름으로 사람들의 머릿속에 암묵지로 존재하기도 한다. 암묵지는 지식표현기법을 활용하여 컴퓨터가 이해할 수 있는 디지털 유형으로 변형될 수 있다. 이렇게 선언적 지식과 절차적 지식이 어울려서 어떤 행동을 하게 하는데 이 모두를 총칭하여 지식이라고 한다.

사실, 자료, 정보, 지식은 한 번에 한 가지씩만 발현되는 것이 아니라 한꺼번에 일어날 수도 있다. 어느 휴일 점심을 마치고 거실에서 TV를 보다가 부엌에서 설거지를 할 일이 있었다. 설거지 도중 부엌에 난 자그마한 창 너머로 집 뒷동산을 우연히 보다가 나무에 불이 붙어있는 것을 보았다. 처음에는 불이 났나 보다 하고 쳐다보다가 이내 식은 땀이 나고 놀란 상태에서 "불이야" 하고 외쳤다. 어떡해야 할지 당황해 할 때 갑자기 머릿속에서 119에 산불 신고하라는 생각이 나서 전화를 했으나 전화 연결이 되지 않았다. 다시 당황한 나에게 두 번째 든 생각은 "너라도 물동이를 들고 가서 진화하라"는 것이었다. 그래서 물동이에 물을 채운 다음 뒷산으로 갔는데 이미 소방차가 와서 불을 끄고 있었다. 이 자그마한 해프닝에서 사실, 자료, 정보, 지식이 모두 등장했다. 내가 TV를 보는 동안 이미 뒷산에는 산불이 나기 시작했다. 내가 인지하든 상관없이 '참(truth)'으로 존재하는 사건이었으니 이는 사실이다. 그러다가 부엌 창문으로 내 눈에 들어온 산불 현장은 내가 인지한 사실이니 자료이다. 그러다가 당황해 하며 식은땀이 난 것은 산불이 났다는 자료가 내게 가치 있는 것이기 때문이며, 이때 자료는 내게 정보로 바뀐 것이다. 그리고 어찌할 바 모르던 나에게 전화를 걸게 하고 물동이를 들고 뛰게 한 것은 어떤 행동을 유발하는 머릿속 정보였으니 이는 지식이다.

5) 지혜

정보의 체계에 있어 최상위계층은 지혜(wisdom)이다. 지혜는 미래를 볼 수 있는, 통찰력이 있는 지식이다. 지혜를 한마디로 정의하기는 어렵지만, 지혜의 특징으로 볼 수 있는 것은 첫째, 지혜는 어떤 축적된 경험을 통해서 나온다는 것이다. 둘째, 지식, 특히 절차적 지식은 중간의 많은 추론단계를 거쳐 결론에 도달하도록 하는 것에 비해, 지혜는 한 번에 어떤 결론에 이르게도 하는데 이를 직관(intuition)이라는 추론체계라고 할 수 있다. 셋째, 정보나 지식은 문제해결을 위해 유용할 뿐, 그것이 옳고 그름을 논할 수 없는 가치중립적인 요소이나, 지혜는 가치지향적이어서 옳고 그름의 판단을 할 수 있는 지식이다. 지식은 가치중립적이지만 지혜는 가치지향적이 될 수 있다.

지혜를 디지털화하여 전산화하는 것은 아직은 상당히 어렵지만 언젠가는 가능하다고 생각된다. 가치지향적인 정보 또는 지식이 표현된 예는 성경을 들 수 있다. 성경은 가치지향적인 지식으로 가득 차 있다. 한편 요즘의 기업경영에 있어 윤리경영이나 투명경영을 제시하는 것은 지혜경영이라고 할 수 있지만 그것은 아직 낮은 수준이다. 따라서 높은 수준으로의 지혜경영을 위한 연구가 필요하다.

(2) 정보저장소

정보는 어떤 매체에 저장할 수 있을까? 다음에 몇 가지 대안들이 있다. 그리고 현재 기술로 디지털형태의 정보를 저장할 수 있는 가장 적합한 매체가 무엇인지 생각해보도록 한다.

1) DNA

DNA에는 아주 작은 공간에 무수한 정보를 저장할 수 있다. 게다가 정보저장소로서의 DNA는 잘 보호되고 바뀌지 않는다는 특징이 있다. 그래서 최근 DNA 칩이라는 기술을 개발하고 있다. DNA 속의 정보는 임의로 변경될 확률이 적고 변경되더라도 매우 천천히 바뀐다. 그러나 정보저장소로서의 DNA 활용은 아직은 실용화 단계 이전 수준에 머물러 있다. 아직 그것을 마음대로 컨트롤하거나 관리할 수 있는 상태가 아니기 때문이다.

2) 두뇌

두뇌에 정보 또는 지식을 저장할 수 있다. 특히 지식 분류방식에 의하면 사람의 두뇌 속에 있는 지식은 암묵지(implicit knowledge)이다. 그러나 사람의 두뇌 속에 있는 정보는 휘발성(volatile)이 높아서 망각하거나 왜곡되기 쉽다. 한 예를 들어보자. 어떤 기업에 근무하는 숙련공이 경쟁기업으로 자리를 옮겼을 때, 기업은 그 사람의 두뇌 속에 있는 노하우들도 한순간에 상실하는 셈이다. 따라서 그 직원이 가진 지식이 기업의 것인지, 그의 것인지에 대한 문제가 발생할 수 있다. 그러므로 이런 문제를 대비하여 사전에 표현 및 공유가능한 형태로 직원들의 암묵지를 표현된 지식(explicit knowledge)으로 바꾸는 체제가 기업에게 필요하다.

종업원의 이직 시 그가 소유한 암묵지에 대한 소유권 논란이 발생할 수 있다. 업무에 관한 경험적 지식이 고용 시에 이미 확보된 것인지 아니면 근무 중에 습득된 것인지, 또한 그 지식에 대해 기업이 가치를 지불하여 소유권이 이전된 것인지 아닌지 등을 판단할 수 있어야 한다. 또한 지식관리를 위해 기업에서는 직원들의 암묵적 지식에 대해 어떤 형태로든 표현하여 그 지식이 망실되지 않고 기업에 축적되도록 해야 한다. 그렇지 않으면 경쟁기업으로의 정보누출 및 신입사원의 숙련기간이 길어지는 등의 문제가 발생할 것이다. 그러나 방법이 너무 강압적이라면 직원들의 회사에 대한 불복종 및 충성심 하락 등의 부작용을 낳을 수 있다.

3) 하드웨어

여기서의 하드웨어는 칩과 같은 형태를 말한다. 지식저장소로서의 하드웨어는 안정적이고 지속성이 높지만, 수정하는 데는 어려움을 겪게 된다. 칩에 들어 있는 정보를 업데이트하는 것은 쉬운 일이 아니기 때문이다. 따라서 변경의 필요가 없는 비교적 소량의 데이터 저장 외에는 적합한 저장소가 아니다.

4) 책

책형태의 정보는 쉽게 복사(copy)도 가능하고, 심벌(symbol)로 형성되어 있기 때문에 공유하기도 쉽다. 또한 지속성도 강하다. 하지만 수정이 쉽지 않다. 책이라는 것 자체가 아날로그형태이다 보니 수정에 어려움이 있다.

5) 소프트웨어

소프트웨어에 있는 지식은 비교적 항구적이면서도 변경이나 확장이 용이하다는 장점이 있다.

이상과 같이 여러 대안의 정보저장소를 고려해볼 때 현재 경영정보시스템에서 가장 많이 사용하고 있는 정보저장소는 소프트웨어라고 볼 수 있다. 그리고 사람의 두뇌에 존재하는 정보도 매우 중요하다. 왜냐하면 인간의 두뇌에 있는 것을 완전히 표현하여 컴퓨터상에서 관리하는 것이 아직은 불가능하기 때문이다. 특히 지식이나 지혜의 영역은 더욱 그러하다. 그래서 인간의 두뇌에 있는 정보와 소프트웨어 안의 정보가 경영정보시스템에서 말하는 주된 정보의 원천이라고 볼 수 있다.

1.4 정보시스템의 정의

정보시스템이란 우리 주변의 다양한 시스템 중 하나로 정보사용자들에게 그들이 가치 있게 여기는 정보를 제공할 목적으로 하드웨어, 소프트웨어, 데이터, 정보시스템과 관련한 사람들, 업무처리절차, 통신 등이 유기적으로 상호작용하는 것이라고 정의할 수 있다. 또한 의사결정이나 경영과정에 필요한 자료를 수집, 처리, 저장, 배포하는 인적자원, 물적 자원 및 절차의 집합체라고도 할 수 있다. 그 외에도 정보시스템에 대한 정의는 분야에 따라 다양하다. 정보시스템이란 조직의 운영, 관리 및 의사결정기능을 지원하기 위한 정보를 제공하는 통합적 인간과 기계시스템으로 컴퓨터 하드웨어와 소프트웨어, 처리절차, 의사결정모형, 그리고 데이터베이스를 활용하는 시스템(Davis & Olson)이라는 정의가 있고, 기업이라는 경영시스템의 관점에서는 경영시스템의 하위시스템 중의 하나로 경영시스템의 목표인 이익창출, 사회적 책임, 고용증대 등을 위해 다른 하위시스템인 자원, 기술, 노동 등이 효율적으로 작용하도록 지원하는 시스템으로 본다. 이 장에서는 정보시스템의 요소들과 그 특징에 대하여 살펴보도록 한다.

1.5 정보시스템의 요소

앞에서 시스템은 여러 개의 구성요소로 이루어진다고 했는데 그렇다면 정보시스템의 요소는 무엇인가? 여러 견해가 있지만 일반적으로 정보시스템은 하드웨어, 소프트웨어, 자료, 정보시스템과 관련된 사람들, 업무처리절차, 통신의 총 여섯 가지의 구성요소로 이루어져 있다.

정보시스템을 전산화하기 위해서는 자료가 필요하고 그 자료를 운용하기 위한 소프트웨어 및 하드웨어가 필요하다. 이 중에서 자료를 정보로 가공 및 표출하는데 소프트웨어와 하드웨어가 필수적인 것은 아니다. 왜냐하면 전산시스템이 있기 전에도 서류철이나 캐비닛, 타자기나 주판 등 전통적인 정보처리 도구들이 있었기 때문이다. 그에 비해 자료는 정보의 원료로서 가장 필수적인 요소라고 할 수 있다.

정보시스템의 또 다른 구성요소로 사람(personnel)이 있다. 그 중 첫 번째로 정보사용자가 있다. 정보사용자는 시스템의 수요자이자 정보시스템이 제공하는 데이터에 가치를 부여하는 사람이다. 즉 가치는 정보제공자가 아니라 정보사용자가 결정한다. 두 번째로 정보시스템 관리자가 있다. 이들은 정보시스템을 기획하고 확보하며 원래의 목적을 달성하도록 정보시스템과 관련 인력을 관리한다. 세 번째로 정보시스템 개발자가 있다. 정보시스템 개발자는 기업 내부일 수도 있고 기업 외부의 아웃소싱조직에 속할 수도 있으며, 패키지 제조업체일 수도 있다. 그리고 정보사용자가 스스로 정보시스템 개발자일 수도 있는데 이런 경우를 최종사용자 컴퓨팅(end user computing)이라고 한다.

또한 업무처리절차(procedure) 중 일부는 전산화 대상이 되는 현업 내용이다. 이들은 정보시스템분석 및 설계자에 의하여 파악되고 가시화되어 전문 프로그래머에 의하여 특정 프로그래밍 언어로 구현되고 정보시스템에 저장된다. 또한 업무처리절차는 정보시스템 사용 매뉴얼에도 표현된다. 또한 책, 규정, 홈페이지 등 어떤 형태이든 매뉴얼의 형태가 필요하다.

그리고 마지막으로 통신(communications)[1]이 있다. 이는 원래 하드웨어의 일부였으나 최근 인터넷 등 정보통신기술이 기업경영에 필수적일 정도로 그 중요성이 부각되면서 정보시스템의 요소로 따로 분류되었다.

---

1 communication이라고 단수로 쓰면 의사소통이라고 하는 보통명사가 된다. 하지만 끝에 복수형 's'가 붙으면 통신이라고 불리는 정보시스템 구성요소의 하나가 된다.

1.6 정보시스템 발전의 흐름

정보시스템은 위와 같이 여섯 가지의 구성요소들이 조직화되어 시스템을 이루고 있다. 특히 현대의 정보시스템은 하드웨어와 소프트웨어기술을 기반으로 하기 때문에 정보시스템을 컴퓨터기반 정보시스템(CBIS: Computer-Based Information System)이라고 표현하기도 한다. 그렇다면 이러한 정보시스템은 예전의 전통적인 정보시스템과 어떤 차이와 상관관계가 있는가?

정보시스템은 인류의 역사와 함께 하였다. 인간은 언어라는 심벌(symbol)을 통해서 다른 사람과 정보를 공유할 수 있다. 하나의 콘셉트(concept)를 서로 이해하기 위해서는 공유할 수 있는 심벌이 필요하다. 그것이 상형문자든 어떤 형태로든 존재했고, 그것이 고도화되면서 언어라는 형태 또 문자라는 형태가 되었다.

인간의 역사는 의사결정의 역사였다. 그리고 성공적인 의사결정을 위해서는 정보가 필요했다. 아담과 하와가 금단의 열매를 먹으려고 할 때에도 시각적 정보와 뱀으로부터 오는 청각적 정보 등을 종합하여 열매를 따먹기로 '의사결정'하였다. 이러한 의사결정을 하기 위해서 문제를 인식하고 그 문제를 해결하기 위한 대안들을 협의를 통해서 나열하고 그 문제를 풀 수 있는 대안 중에서 어떤 한 가지를 선택하는 그런 일들이 계속되어왔다. 정치도 그렇고 문화도 마찬가지이다.

합리적 의사결정은 정보가 없으면 이루어질 수가 없다. 인류는 역사적으로 전산화 시대 이전부터 정보를 습득하고 관리하기 위한 나름대로의 체제를 가지고 있었다. 예를 들어 전산화 전에도 캐비닛, 매뉴얼 등을 통해 자료를 관리했다. 그 훨씬 전에는 파피루스를 사용하거나 고분이나 동굴에 벽화나 암각화를 남기는 형태로 정보를 표현하고 전달해왔다. 그 중에서 이러한 정보를 습득하거나 관리하기 위한 체계를 정보기술로 도움을 받았다면 그것이 바로 컴퓨터기반 정보시스템이다. 그렇지만 전산화를 기반으로 하는 정보시스템은 반드시 기존의 전산화와 관계되지 않은 정보시스템보다 효과적인 것은 아니다. 단지 더 효과적일 확률이 높은 것뿐이다.

그래서 정보시스템 개발이라는 것이 항상 전산화를 뜻하는 것은 아니다. 즉 정

그림 1-2 정보관리의 발전

상형문자

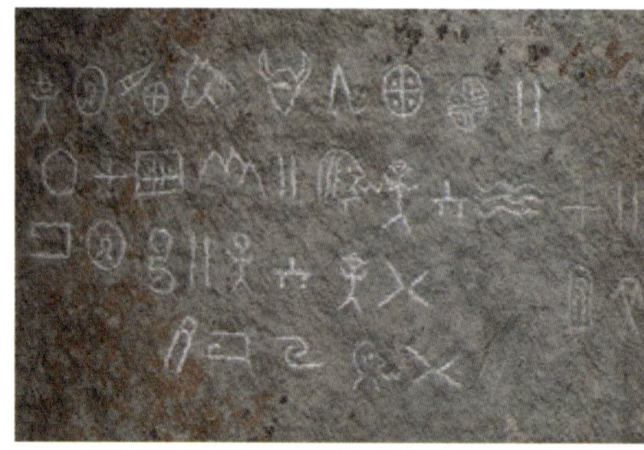

조각문자

전통적 사무실

컴퓨터화된 사무실

보시스템 개발이라고 하는 용어와 전산화라고 하는 용어가 항상 일치하는 것은 아니라는 것이다. 전산화는 정보시스템 개발의 추진방법일 뿐이며, 전산화 외에 다른 방법으로도 정보시스템을 개발할 수는 있다. 그래서 일단 전산화를 할 때, 그 전산화 대상이 되는 기업이나 조직의 업무 프로세스, 조직문화가 전산화를 할 수 있는 준비가 되어 있는지를 먼저 봐야 한다. 먼저 프로세스를 확충시켜놓고 준비시킨 다음에 전산화로 들어가야 하는 것이다. 그러기 위해서는 업무 프로세스가 혁신되어야 한다. 그리고 그 혁신된 프로세스를 지원하고 돋보이게 하기 위해서 전산화를 하는 것이다. 그래서 업무 프로세스의 개선이 먼저인가, 전산화가 먼저인가에 대한 이슈는 당연히 업무 프로세스의 개선이 먼저이다.

업무 프로세서의 개선은 경영전문가가 하게 된다. 그래서 회사의 업무를 잘 이해하고 다른 회사의 업무를 잘 벤치마킹하여 그 회사의 업무를 먼저 혁신시킨 후, 그 중에서 전산화를 할 부분을 인식해야 한다. 이때 모든 프로세스가 전산화 대상이 되는 것은 아니다. 그 중에는 사람들의 지혜가 필요한 부분이 있고 전산화가 가능하지 않은 부분도 있다. 다만 많은 경우 CBIS(Computer Based Information System)는 비전산화기반의 전통적 정보시스템보다 더 효과적이기 때문에 CBIS를 그냥 정보시스템으로 부르는 것뿐이다. 그래서 전산화가 가능한 부분부터 하나씩 전산화를 시켜나가야 한다. CBIS는 전통적 정보시스템보다 공간활용과 부피, 물리적 접근성, 처리속도의 부분에서 훨씬 더 효율적이며, 특히 정보의 복사와 배분의 측면에서 탁월한 우월성을 보인다.

1.7 경영의 개념

(1) 경영의 정의

경영이라는 낱말 자체에는 여러 가지 뜻이 있어서 사람에 따라 견해가 다양하다. 경영을 "상점이나 공장 · 농장과 가정을 경영한다"와 같이 어떤 일을 계획적 또는 체계적으로 운용 · 관리한다는 뜻에서의 행동 내지 활동하다의 뜻으로 해석할 수도 있다. 또는 어떤 목적을 달성하기 위하여 필요한 사람과 물자, 그리고 경비를 결합한 독립된 조직단위로 보는 생산조직체 · 서비스조직체 등을 뜻하는 경우도 있다. 한편 기업은 국민경제를 구성하는 기본 단위이자 영리목적을 추구하는 경제단위로서 자본주의경제 특유의 조직체이며, 좁은 뜻의 경영에 속한다고 하는 것이 통설로 되어 있다. 경영의 개념을 정리하기 전에 먼저 경영학의 역사를 살펴본다.

그림 1-3 시대에 따른 경영학의 발전과정

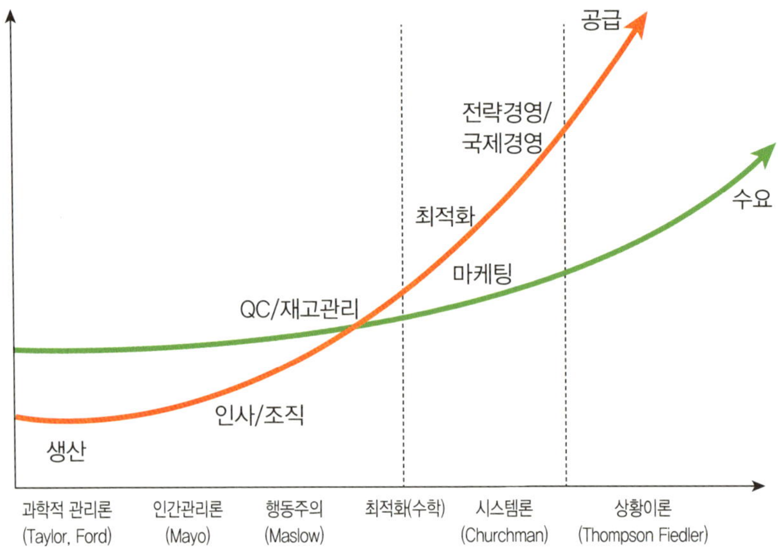

(2) 경영학의 역사

경영학은 크게 세 가지의 흐름에서 비롯되었다. 하나가 프랑스식 경영학, 또 하나가 독일식 경영학이고 나머지가 미국식 경영학이다. 경영학은 근대 프랑스에서 비롯되었으며, 회계이론의 발전, 프랑스 사업가 앙리 페욜(H. Fayol)에 의한 관리경영 도입 등 수많은 이론이 만들어졌다. 한편 17세기 프랑스인 자크 사바리(J. Savary)의 저서 '완전한 상인'은 18세기 독일인 파울 마르페르가(P. Marpergar)에 의해 학문적으로 소개되어 독일의 경영학 성립에 큰 영향을 미쳤다.

이후 독일의 경영학은 루도비치(C. G. Ludovich)와 로이크스(J. M. Leuchs) 등을 위시한 학문적 논의를 중심으로 전개되었으며, 19세기 말엽에 독일은 이를 교육기관에서 가르치기 시작하고 독자적인 과학적 이론을 내놓기에 이른다. 전통적인 상업학(경영경제학)을 이어받은 회계이론의 선구자 슈말렌바하(E. Schmalenbach)나 호프만(A. Hoffmann), 니클리슈(H. Nichlisch), 슈미트(F. Schmidt), 바이어만(M. Weyermann), 셰니츠(H. Schönitz) 등에 의해 다양한 이론적 전개가 이루어졌다. 20세기 즈음 되면 독일 전역에 점점 상과대학이 개설되기 시작한다. 미국에서 경영학이론을 개척해나가고 있을 때 이미 그 체계를 확립한 것이다.

상업경제학, 경영경제학 등 여러 가지 양상이 나타나며 크게 규범론적 · 기술론적 · 이론적 방법이 대립되기 시작한다. 경제학에서 갈라져온 이론적 담론에 상인의 뿌리를 두고 있는 기술론적 담론이 대립하며 몇 차례의 방법논쟁을 일으키게 된다. 경영학의 대상은 기업인가 경영 개념 자체인가, 수학을 도입하냐 신자유주의를 도입하냐, 경험주의인가 이성주의인가 존재론인가 등의 대립으로 한층 성숙해졌다. 그리고 20세기 후반 인간관계나 경영관리 등에 집중해 이 극에 달해있던 미국의 경영학으로부터 경영관리론을 도입받아 큰 변혁을 맞이하게 된다. 이때 심리학, 사회학, 행동주의나 조직론 같은 것들을 들여오며 하이넨(E. Heinen)이나 키르슈(W. Kirsch) 등에 의해 의사결정지향 경영경제학이 도입된다.

비슷한 시기에 미국에서는 '과학적 관리론'의 저자인 산업공학의 아버지 프레더릭 테일러(F. Taylor)를 시작으로 실용주의적 경영학이 큰 성과를 거두기 시작했다. 이는 포드주의와 같은 미국의 산업화의 영향이 컸는데, 이를 최대한 합리화하기 위해 상당히 실무적이고 기술적인 성격을 띠게 되었다. 그 결과 오늘날에는 미국 학부생의 20%가 경영 관련 학문을 전공해 경영학 학사 학위를 따고 있으며 미국 MBA는 실무자 사이에시 세계적으로 인정받고 있다. 현대 경영학의 아버지인 피터 드러커(P. Drucker) 외에도 최근에 이르러서도 미국의 경영학은 세계 경영학의 주류를 점하게 된다. 다음은 미국 경영학의 역사이다.

1) 생산관리시대(20세기 초~제1차 세계대전)와 과학적 관리론

20세기에 들어오면서 공장의 능률향상을 위한 획기적 연구가 활발히 일어났다. 그 중 가장 유명한 것이 테일러의 과학적 관리이다. 과학적 관리는 노동능률을 좌우하는 작업량, 작업동작, 작업방법 등을 과학적으로 분석하여 공장관리 및 작업관리체계를 확립한 것이다. 미국 기업에서는 이를 통해 종전의 주먹구구식 경영을 탈피하여 생산성 향상을 실현했다. 과학적 관리법은 경영관리에 커다란 변혁을 가져

왔으며 이를 기점으로 대량생산체계가 이룩된다. 이 시점과 때를 같이하여 미국의 각 대학에 처음으로 상학부 또는 경영학부가 설치되어 미국 경영학의 기초가 형성되었다.

과학적 관리법(scientific management) 또는 과학적 경영이란 창안자인 프레더릭 윈즐로 테일러의 이름을 따라 테일러리즘(Taylorism)이라고 불리며, 20세기 초부터 주목받은 과업수행분석과 혼합에 대한 관리이론이다. 이 이론의 핵심 목표는 경제적 효율성, 특히 노동생산성 증진에 있다.

이러한 과학적 관리법의 진행은 다음과 같이 수행된다. 우선 작업을 과업단위로 분류를 시도하며 동시에 해당 과업을 수행할 적합한 작업자를 체계적으로 선발한 뒤에 이러한 각각의 과업을 최대한 빠르고 효율적으로 수행할 수 있도록 시간연구와 동작연구를 시도한다. 연구를 통한 개선점이 도출될 시에 이를 노동자들에게 작업수행의 표준화, 지침으로 교육을 하여, 이러한 과업수행이 효과적으로 나타나고, 목표량을 달성 시 수행자에게 인센티브를 지급하는 것으로 마무리한다.

그림 1-4 프레더릭 테일러와 작업표

Time Study Form :

Date	:	Description	:
Time Study Engineer	:	No. of Cycles	:
Product	:	Standard time	:
Operation	:	found	:

Element Description	Observed Time (Stop Watch Reading)					Average time	Rating factor	Normal time	Allowance	Standard time
	1	2	3	4	5					

2) 인간관계론

과학적 관리법이 단기간에 노동 생산성을 증진시키는 데 기여했으나 시간이 흐르면서 생산성이 하락하고 파업 또는 태업이 발생하는 문제에 직면하게 된다. 이의 이유로 노동자를 기계 정도로 취급하기 때문이라는 비판이 일면서 인간관계론이 제안되었다.

인간관계론은 인간을 기계적으로만 취급할 것이 아니라 조직구성원들의 사회적 · 심리적 욕구와 조직 내 비공식집단 등을 중시하며, 조직의 목표와 조직구성원들의 목표 간의 균형 유지를 지향하는 민주적 · 참여적 관리방식을 처방하는 조직이론을 말한다. 최초로 인간관계론에 공헌한 사람은 행동과학이론의 폴레트(M. P. Follett)이지만 메이요(G. Elton Mayo) 등 하버드대학의 경영학 교수들이 진행한 호손실험에 의해 본격적으로 이론적 틀이 마련되었다.

인간관계론의 요지는 첫째로 조직구성원의 생산성은 물질적인 요인으로만 자극받는 것이 아니라 감정, 기분과 같은 사회 · 심리적 요인에 의해서도 크게 영향을

그림 1-5 엘톤 메이요

받는다는 점, 둘째로 이러한 비경제적 보상을 위해서는 대인관계나 비공식적 자생집단 등을 통한 소속감과 같은 사회 · 심리적 욕구의 충족이 중요하며, 이를 위해서는 조직 내에서의 의사전달과 참여가 존중되어야 한다는 것이다. 인간 중심적 관리를 중시한 이와 같은 인간관계론은 현대 조직이론인 조직인도주의(organizational humanism)와 행태과학(behaviorism), 사회 · 기술학파 등의 이론 발전에 큰 영향을 주었다.

3) 행동주의

인간관계론도 추후에는 비판을 받게 된다. 근무환경을 개선하여 생산성을 높이려 했던 호손실험의 결과는 많은 경우 다른 작업장에서 재현되지 않았다. 실험설계의 문제도 있었지만 더 큰 것은 근무환경 개선 정도로 생산성을 높일 수 있다는 동기는 아직까지 노동자를 복잡한 심리구조를 가진 인간으로 생각하고 있지는 못했음을 반증한다.

이에 심리학자들이 인간은 복잡한 심리 메커니즘을 가지고 있으며 이에 대한 깊은 이해와 개인별 심리적 차이를 고려한 관리설계를 통해서만이 생산성이 증진될 수 있다는 주장을 펼치게 된다. 심리학을 기업경영에 적용하려는 대표적 시도로 매슬로우(Abraham Maslow)는 1943년 인간의 욕구를 다섯 단계로 나누어 최저에 위치한 욕구가 만족되어감에 따라 인간의 욕구는 상승한다고 주장하며 욕구 5단계설을 발표했다. 그는 호손실험과 같은 인간관계론이 결국 인간을 인간으로 보지 않았다는 비판을 가하며 행동주의 경영학을 주장하기 시작했다. 이 욕구 5단계가 경영관리에 효과적으로 사용되려면 인사관리 차원에서 각각의 종업원들이 어떠한 욕구를 가지고 있느냐에 따라 적합한 종업원관리를 함으로써 조직관리의 효율성을 도모할 수 있다. 매슬로우는 피라미드구조의 틀을 제시하고 가장 아래부터 가장 위까지 각각 생리적 욕구, 안전의 욕구, 사회적 욕구, 존경의 욕구, 자아실현의 욕구를 배치했다. 즉 위로 올라갈수록 상위욕구이며 그 발생 빈도는 낮다고 주장한다. 물론 이후에 욕구를 너무 세분화했으며 욕구 불만족 시 퇴행하기도 한다는 양방향성이 없다는 점 등에서 비판을 받기는 했으나, 인간의 욕구는 개인차가 있으며 각 개인의 욕구에 맞는 인센티브구조 등을 관리해야 한다는 중요한 시사점을 남기게 되었다.

그림 1-6 매슬로우와 인간의 욕구 5단계

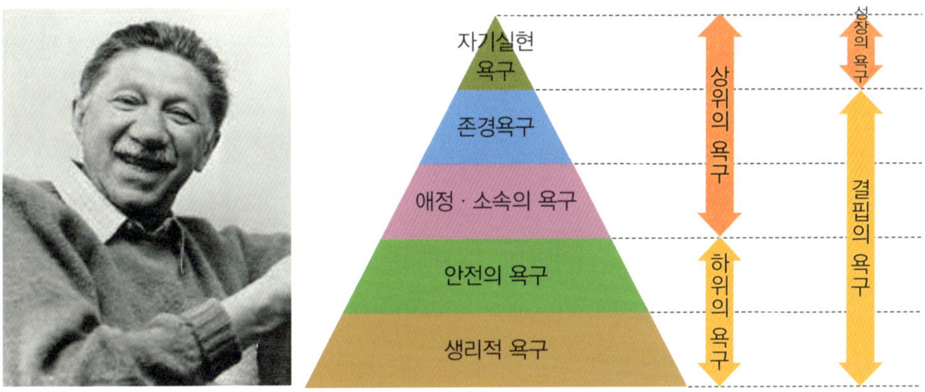

4) 경영과학과 최적화

앞의 과학적 관리론, 인간관계론, 행동주의는 인간에 대한 관점에서는 다 차이가 있지만 모두 생산성을 증진시키려는 목적을 가진다는 점에서 동질성이 있다. 이러한 노력으로 미국 기업들은 생산성을 높이기 시작했고 그 결과 매출 확대와 이윤 창출에 기여하였으나 과잉 생산으로 기업 간 경쟁이 발생하기 시작했다. 즉 생산한 물건이 팔리지 않는 현상이 발생한 것이다.

이러한 경우 팔리지 않는 물건이나 원자재를 관리하는 재고관리가 먼저 필요했다. 그리고 재고품의 주요 원인 중 하나는 품질에 있었기 때문에 불량률을 저감하는 품질관리가 등장한다. 그리고 제한적인 기업자원으로 최대한의 이윤을 창출하기 위해서 최적화 등 계량적 기법이 경영학에 도입되기 시작한다.

5) 시스템론

기업 간 경쟁에 심해지면서 기업 내부의 자원관리만으로는 기업이 경쟁에서 승리하기 어려워진다는 판단에 따라, 이제는 기업 내부뿐 아니라 기업 외부의 환경과의 상호작용이 중요하다는 인식을 하게 된다. 이에 따라 1960년 이후 조직을 하나의 거대한 유기체로 해석하기 시작했다. 즉 기업은 조직 내부의 이해관계자들과 조직 외부의 이해관계자들이 상호 연관된 개방시스템으로 조직되어 있다고 보는 것이다.

시스템론의 기업경영으로의 적용을 한 창시자인 처치맨(C. Churchman)은 공학에서의 시스템사상을 경영학에 도입하였고 외부환경과 기업 간의 상호작용을 강조하였다. 이에 따라 경영자들은 기업의 외부환경에 관심을 기울임과 동시에 의사결정과 기업 내부경영을 위해서 시스템적 접근방법이 필요하게 되었다. 시스템이론은 1930년대 독일의 생물학자 루드비히 폰 베르탈란피(L. von Bertalanffy)가 여러 학문분야를 통합할 수 있는 공통적인 사고와 연구의 틀을 모색하는 과정에서 처음으로 주창되었다. 1950년대에 들어와서 여타의 학문분야로 급속히 확산되어가던 중 시스템이론의 목적과 기본적인 골격을 작성하여 일반시스템이론을 체계적으로 정립하였다. 그러한 과정에서 시스템이론이 경영학분야에 적용되어 경영조직에서의 시스템이론으로 발전되었다. 시스템이란 "공통의 목표나 기능을 달성하기 위하여 상호작용하는 요소 또는 실체들로 구성된 집합체"로 정의될 수 있다. 따라서 시스템접근법(systems approach)이란 관심의 대상인 개체(entity)를 시스템 전체의 관점에서 고려하고자 하는 접근법이다. 즉 시스템 구성요소들의 개별 활동뿐만 아니라 전체시스템의 활동을 동시에 고려함으로써 문제를 더욱 종합적인 관점에서 분석하여 해결하고자 하는 시도라고 할 수 있다.

시스템접근법의 유용성은 첫째, 문제해결의 대상을 전체의 관점에서 조명함으로써 부분최적화를 피할 수 있고, 개체를 하위시스템의 역할을 분석함으로써 복잡한 문제를 쉽게 해결할 수 있다. 둘째, 하위시스템들의 기여도와 상호작용을 통해 시너지효과를 유발할 수 있다.

그림 1-7 처치맨과 시스템론

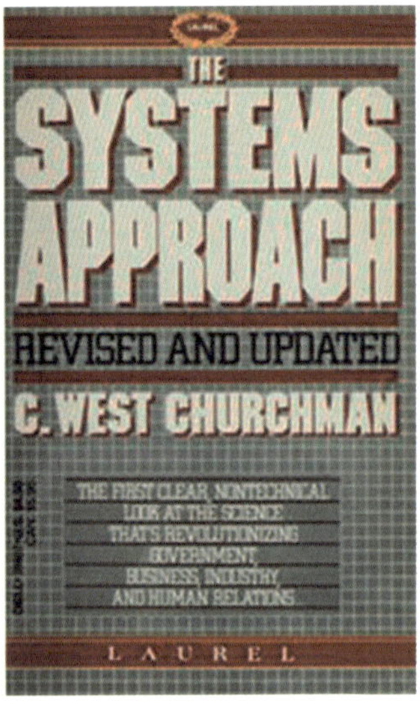

6) 상황이론

기업경쟁이 더욱 심화되면서 기업의 성패를 결정짓는 주요 요인은 더 이상 기업 내부의 요소가 아니라 기업환경(특히 고객과 시장)이며 기업환경에 따라서 최적의 기업 의사결정이 내려져야 한다는 상황이론적 시각을 가지기 시작했다. 1960년대 상황론적 접근법은 피들러(F. Fiedler)에 의해 개발되었다. 리더 및 부하의 행동적 특성, 과업과 집단구조, 조직체요소를 중심으로 리더십상황을 유형화하고 리더십과정에서 이들 요소의 역할과 리더의 효과를 분석하려는 이론이라고 할 수 있다. 즉 상황변수를 주된 관심사로 하고 리더의 속성을 상황에 따라 적절하게 배합시키는 것을 주제로 하는 피들러의 상황적합모형은 상황이론의 효시로서 널리 알려져 있는 이론이다. 조금 더 살펴보자면 피들러는 리더십효과가 리더의 스타일과 리더십상황(leadership situation)의 적합성에 달려있다는 전제에서 시작하였다.

피들러는 LPC(Least Preferred Coworker) 척도를 개발하여 리더의 유형을 분류하려고 시도하였으며, 이는 연구 초기에 리더십 특성론적 접근방법의 한 예였다. 그는 LPC 척도를 가지고 리더의 태도를 측정함으로써 리더의 유효성을 예측하고자 하였다. 조직설계에 관하여 조직유효성과(성과)에 영향을 주는 상황요인들을 파악하여 상황요인과 조직구조 사이에 적합관계(적합성)가 성립할 때 조직유효성이 향상된다는 관점하에, 상황요인과 적합관계를 가질 수 있는 조직구조를 설계하고자 한 것이다. LPC 척도는 과거 또는 현재의 '가장 함께 일하기 싫은 동료'를 생각하면서 동료의 등급을 매기는 것으로, 합산된 점수에 따라 리더의 특성을 과업지향적(task motivated) 리더와 관계지향적(relationship motivated) 리더로 분류한다.

피들러의 이론이 리더십연구의 시계(視界)를 확대시켜준 것은 물론 많은 연구를 자극한 것은 모두가 인정하고 있는 사실이다. 이론의 발전에 공통적인 성격이기도 하나 피들러모형의 실증적 연구결과는 혼합되어 나타나는 동시에 논쟁이 계속되고 있다. 특히 피들러는 자신의 리더십모형에 대하여 오랫동안 거의 모든 노력을 기울여왔다. 예컨대 이론의 타당성을 옹호하기 위하여 광범위하고 다양한 집단과 조직에 관한 연구를 인용하고 있다. 이러한 조직들에는 해군, 화학연구팀, 공장부서, 슈퍼마켓, 중장비공장의 부서, 기사집단 등이 포함되어 있다. 이러한 조사를 통하여 피들러는 자신의 이론이 대단히 예측력(predictive)이 있으며, 타당성 연구에서 얻은 결과가 원래 자신의 연구결과와 일치하고 있다는 결론을 내리고 있다.

피들러의 실증적 연구의 결과는 모형에서 예측한 대로 매우 우호적이거나 매우 비우호적 상황에서는 과업 중심적 리더가 더 나은 성과를 가지는 반면에, 중간수준의 상황에서는 인간관계지향적인 리더가 보다 효과적인 것으로 나타났다. 요컨대 피들러는 방법론적인 타당성연구에서 자신의 이론에 대하여 상당한 지지를 얻고 있다고 주장하고 있다. 특히 실험적 상황에서 피들러모형의 실증적 타당성은 상당한 지지를 받은 것으로 보인다.

리지오(R. E. Riggio)는 리더십이론의 발전에 공헌한 피들러의 업적을 다음과 같이 요약했다. 피들러의 효과성모형은 리더십을 특성이나 행동 이상의 것으로 보고 그에 대한 상황적 접근방법을 제시한 최초의 가장 가시적인 리더십이론으로 상황이론의 바탕을 제공하였다고 할 수 있다. 즉 피들러는 효과적인 리더십 스타일과 상황을 구별할 수 있도록 하는 증거를 제시하였다. 또한 리더십의 효과성모형은 리더의 효과성을 결정하는 상황과 리더의 특성의 중요성을 강조하고 있다. 그리고 피들러의 모형은 다량의 리더십연구를 자극하였다. 모형을 개선하기 위하여 모형 자체의 예측성에 대한 검증뿐만 아니라 다른 상황이론의 형성을 촉진하였다. 마지막으로 피들러는 현실적인 리더십상황에 적용할 수 있는 리더적부프로그램(leader match program)을 개발하였다. 피들러의 상황이론은 실제로 많은 조직에 적용되어 좋은 성과를 내고 있어, 리더십 스타일을 조직의 특수한 상황에 적합시키면 조직의 유효성이 증가하는 것으로 나타났다.

그림 1-8 피들러와 상황이론

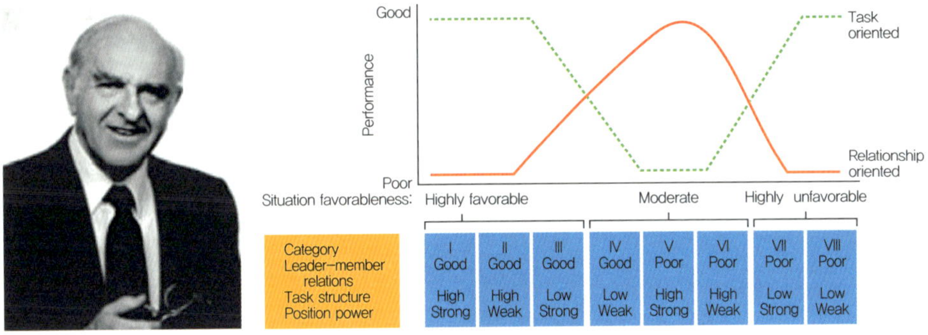

7) 현재의 경영 트렌드

상황이론의 시각은 과연 이상적인 것인가? 고객은 시장에서 가장 중요한 이해관계자이며 그들의 니즈에 맞는 제품과 서비스를 제공하는 것은 기업의 생존에 매우 중요하다. 그러나 로마클럽 보고서에서도 나타난 대로 지구의 존속, 시민의식, 보편적 삶의 가치 등을 고려할 때 고객의 단기적 니즈 또는 욕구는 항상 옳은 것이 아니다. 따라서 오직 고객의 니즈에 따라 기업경영을 수행하는 것은 지구와 인류에게는 바람직하지 않은 결과를 낼 수 있다. 이는 상황이론에 치중된 경영사상에 변화가 필요함을 의미한다. 기업은 이윤 추구 외에도 사회적 책임을 다해야 하고 지속가능한 경영을 해야만 한다. 또한 4차 산업혁명시대에 발맞춰 경영자들은 혁신경영의 이념을 갖고 나아가야 한다.

이와 같이 20세기 미국 기업에 닥친 도전과 그에 대응하려는 실용주의적 관점의 기법, 이론의 등장은 미국식 경영학의 구조를 형성하기에 이른다. 예를 들어 과학적 관리론 등은 생산관리를, 인간관계론이나 행동주의 관점은 조직행동론과 인사관리를, 최적화는 경영과학을, 시장의 확대 노력은 국제경영학을 형성하며 이러한 것들이 오늘날 미국식 MBA의 핵심 과목을 형성하기에 이른다.

그림 1-9 로마클럽 보고서

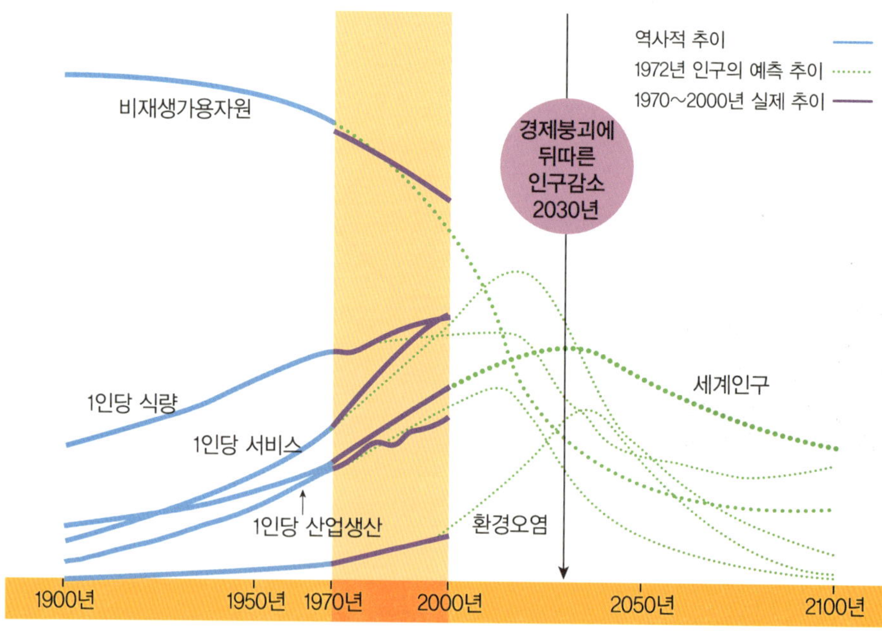

1.8 기업의 개념

시스템적 관점에서 볼 때 기업도 인위적으로 창출된 복잡한 시스템의 하나이다. 따라서 기업도 특정 목적과 구성요소, 그리고 요소들 간의 유기적인 상호작용이 있을 것이다. 그렇다면 기업은 어떻게 구성되어 있으며 그 활동은 어떤 효용을 지니는가? 여기서는 각각의 활동과 효용에 대해 알아보도록 한다.

(1) 기업자원

기업자원 또는 경영자원은 가치를 창출하는 기업경영의 입력물이다. 기업자원 또는 경영자원에는 무엇이 있을까? 우선 인적자원이 있고, 물적 자원, 재무자원, 정보자원, 관계자원, 문화자원 등이 있다. 여기서 관계자원의 예로는 기업 내의 조합원들과의 관계 또는 노사관계 등이 있다. 다음으로 고객과의 관계가 있다. 고객 입장에서 저 회사는 믿을 만하다, 저 회사의 물건을 사고 싶다 하는 것들도 고객관계이다. 또한 정부와의 관계, 투자자와의 관계, 은행과의 관계도 고려해볼 수 있다.

(2) 부가가치활동

다음으로 목적을 달성하기 위해서 일을 한다. 일을 하는 것을 한마디로 변환(transformation)한다고 한다. 그러면 무엇을 변환하는 것인가? 변환할 때에는 입력, 출력이 존재한다. 결국 기업의 존재 이유인 사명을 달성하는 것이 출력물이다. 그것은 가치라고도 할 수 있다. 결국 기업의 목적은 기업의 가치를 극대화하는 것이다. 기업의 가치는 이윤, 존경, 매출, 기술의 정도, 혁신의 정도 등 여러 가지가 될 수 있다. 그 가치를 달성하기 위해서 그 회사가 가지고 있는 자원들을 이용하는 것이다. 이러한 자원을 변환하여 가치를 창조하는 것이 기업이다. 가치를 창조한다는 것은 가치를 더 늘린다는 것인데 이것이 바로 부가가치이다. 즉 변환하는 것은 부가가치를 창출하는 것이다.

그렇다면 변환한다는 것은 무엇인가? 그러면 이 변환이라고 하는 것은 부가가치를 창출하는 또는 추가 효용을 창출하는 어떤 행위이다. 예를 들어 A라는 자원을 A′라고 하는 자원으로 변환시켰더니 어떤 가치가 추가적으로 생겼다. 예를 들어보자. 실제 어떤 제품을 생산하는 공장이 있다고 하면 그 공장은 원자재를 가지고 와서 뭔가 변환을 한다. 변환해서 어떤 완제품을 만든다. 고객 입장에서는 그 원자재를 구입해서 자기가 직접 조립하는 것보다 그 완제품에 더 많은 가치를 느끼게 된다. 그렇기 때문에 원자재보다 완제품에 더 많은 돈을 내려고 한다. 원자재를 가지고 조립을 하면 100원이 드는데 완제품의 가격은 150원이다. 이때의 50원이 바로 부가가치이다. 변환에 의해서 가치가 좀 더 향상된 것이다. 이처럼 원자재라고 하는 형태가 있는데 이것을 변환했더니 완제품이라고 하는 새로운 형태가 되었다. 그리고 고객은 이에 대해 추가적인 가치를 느껴서 더 많은 돈을 지불하고 그것을 사게 된다. 이때 이 효용을 형태효용이라고 말한다.

위의 예에서 언급한 형태효용을 포함하여 기업은 다양한 형태의 효용을 창출한다. 그 중에 기초, 형태, 소유, 장소, 시간, 심리효용 등이 있다.

- 기초효용: 자연상태에 놓여 있는 것을 모을 때 추가적인 효용이 발생하는데 이것을 기초효용이라 한다. 씨앗을 밭에 심었더니 곡식이 나왔다. 소비자는 돈을 지불하고 곡식을 구입하는데 본인이 직접 밭을 일굴 때보다 더 많이 지불하려고 하는 것은 그가 기초효용을 인지하기 때문이다. 기초효용을 창출하는 산업으로는 농업, 어업, 수산업, 축산업, 광업, 임업 등이 있다.
- 형태효용: 원자재형태의 물건을 완성품의 물건으로 변형해주었더니 소비자는 그에 대해서 추가적인 효용을 느끼고 본인이 직접 원자재를 구매할 때보다 더 많은 비용을 지출하며 구매하려고 하는데 이때의 추가적인 효용을 형태효용이라고 한다. 제조업은 형태효용을 발생시키는 산업이다.
- 소유효용: A에서 B에게 물건의 소유권을 이전시켜줌으로 인해 소유권을 이전받은 주체는 편리함을 느끼고 더 많은 돈을 지불하게 되는데 이때 발생한 효용을 소유효용이라고 한다. 소유효용 때문에 소비자는 공장도가격이나 도매가보다 소매가(소비자 권장가격)가 더 높이 책정되는 것을 당연하게 여긴다. 이러한 효용을 발생시키는 산업을 상업이라고 한다.
- 장소효용: 어떤 장소의 물건을 다른 장소로 옮겨줌에 따라 발생하는 효용을 장소효용이라 한다. 물류업이 장소효용 창출의 대표적 산업이다.
- 시간효용: 어떤 특정 제품의 존재시간을 변형하여 발생하는 효용을 시간효용이라 한다. 보관업, 창고업이 시간효용과 관련한 산업에 속한다.
- 심리효용: 누군가의 심리(기분)나 지식을 A에서 B로 높여줄 때 발생하는 효

용을 심리효용이라 한다. 오락산업과 지식산업이 각각 대표적인 심리효용 창출사업이다.

이와 같이 어떤 종류의 효용이든지 효용을 높여주는, 즉 부가가치를 창출하는 변환활동이 기업활동의 본질이다.

1.9 경영정보시스템의 정의

경영정보시스템(MIS: Management Information System)이란 시스템이라고 하는 큰 개념 속의 어떤 한 분야이다. 그 시스템 중 하나가 정보시스템이며 정보시스템도 어떤 조직에서 사용하느냐에 따라 행정정보시스템, 국제정보시스템, 가정정보시스템 등 다양한데, 이 중 하나가 기업 내 정보사용자인 경영자를 위한 정보시스템인 경영정보시스템이라고 할 수 있다. 물론 경영정보시스템에는 또다시 여러 하위 경영정보시스템들이 존재할 수 있다.

경영정보시스템이란 경영자가 의사결정을 할 때 필요한 정보를 제공하기 위해 조직 내에 설정된 네트워크이다. 즉 의사결정을 효율화하기 위해 자료를 수집, 분류, 정리, 분석, 평가, 축적, 이용, 폐기하는 동시에 이것을 필요에 따라 의사결정자에게 전달하며, 또한 컴퓨터를 이용해 경영활동에 필요한 정보를 관리해 경영을 지원하는 시스템이다. 그것은 기업의 경영활동을 계획, 통제, 평가하는 데 있어서 필요로 하는 정보를 경영자에게 제공하기 위해서 채택된 정보시스템이라고 할 수 있다.

경영정보시스템의 개념을 세분화하면 다음과 같다.

- 인간-기계시스템(man-machine system)이다. 경영정보시스템은 컴퓨터 등의 정보기술만을 의미하는 것이 아니라 인적자원도 포함하는 개념으로 특정 과업은 인간에 의해서 다른 과업은 컴퓨터에 의해 수행되며, 특히 이들을 결합하여 운용하는 데 그 특징이 있다.

- 정보이용에 관한 성과적 측면에서뿐만 아니라 자원의 낭비를 방지하기 위한 종합적인 정보시스템계획을 중심으로 한 종합시스템의 성격을 갖는다.
- 위에서 언급한 경영정보시스템이 종합시스템으로서의 역할을 수행하기 위해서는 자료의 종합관리 및 처리를 가능케 하는 데이터베이스가 요구된다.
- 경영정보시스템은 데이터베이스의 자료를 기초로 하여 경영의사결정모형을 이용하여 의사결정업무를 수행하며, 경영자에게 대안을 제시한다.
- 경영정보시스템은 포괄적 의미에서 조직의 기능과 경영과정을 광범위하게 지원하는 것으로서 자료처리시스템을 포함한다.

제2절 경영정보시스템의 연구

2.1 경영정보시스템 연구의 접근방식

학문으로서 경영정보시스템을 연구하는 접근방식에는 크게 행태적 접근방식(behavioral approach)과 기술적 접근방식(technical approach), 그리고 이들을 보완한 사회 · 기술적 접근방식(socio-technical approach) 등 세 가지가 있다.

(1) 행태적 접근방식

행태적인 또는 행동적인 접근방식 또는 조직 중심적인 접근방식이라고도 한다. 이것은 기존의 정통적인 심리학자, 경영심리학자 등에서 주로 비롯되었다. 이것은 정보기술을 수용할 수 있는 조직은 어떤 것인가, 그 조직의 형태는 어떤 것이며 그 정보기술을 잘 활용하기 위해서 존재할 수 있는 조직의 저항을 어떻게 다룰 것인가

하는 문제를 다루고 있다. 그리고 개인 또는 집단, 기업의 목표를 달성하기 위하여 정보기술을 어떻게 확보할 것인가에 맞추어져 있기 때문에 기업조직이 정보기술의 개발을 주도한다는 입장이다. 당연히 조직관리론적 관점의 연구가 많이 이루어졌다. 그래서 이런 연구를 위해서 필요한 기초적인 학문이 있는데, 조직행동론 또는 조직관리론, 심리학, 사회학 등이 그것이다.

(2) 기술적 접근방식

반면 또 하나의 극단적인 쪽은 기술적 접근방식을 취한다. 이것은 정보기술 그 자체에 대한 연구를 먼저 한다. 그 후에 그 정보기술을 통해서 조직의 현안문제 또는 조직의 요구를 수용할 수 있는 정보기술은 어떤 것인가를 보는 것이다. 첫째 입장은 조직의 입장에서 우리가 어떤 정보기술을 써야 할 것인가 하는 것이고, 둘째 입장은 정보기술 입장에서 이 정보기술이 어떤 요구에 쓰일 수 있을 것인가를 연구하는 것이다. 이를 위해서 정보기술들에 대한 깊은 이해가 필요하다. 이러한 접근법을 취하기 위한 기초학문으로 컴퓨터공학, 산업공학, 심지어 전자공학도 이쪽 분야에 들어갈 수 있다. 이 접근방식은 행태적 접근방식과 건강한 긴장관계를 형성하기 위해 상호 보완적 시도가 필요하다.

(3) 사회 · 기술적 접근방식

세 번째가 사회 · 기술적 접근방식이다. 경영정보시스템연구 접근을 정보시스템 또는 정보기술과 조직의 상호의존성의 관점으로 취하는 것이다. 즉 정보기술을 잘 몰라서는 조직의 문제를 풀 수가 없고, 조직만 알아서는 조직의 문제를 해결할 해법을 발견할 수 없다는 것이다. 이런 입장에서 정보시스템과 경영정보시스템을 구분하려는 시도가 사회 · 기술적 접근방식이다. 이에 대해 자세히 알아보도록 한다.

이 관점에서 보면 경영정보시스템은 세 가지의 구성요소로 이루어져 있다. 조직과 정보기술이 있고 중간에 일종의 조정자로서 경영이 있다. 조직도 경영을 위해서 존재하는 것이고, 정보기술도 경영을 위해서 유용하다는 것이다. 따라서 조직과 정보기술은 서로 협력해야만 경영의 목적을 달성할 수 있다. 그래서 조직의 입장에서는 경영이라고 하는 것을 달성해나가는 것이다. 경영의 입장에서는 경영을 위해서 조직을 설계한다. 서로 상호영향을 준다는 것이다. 앞의 두 접근방식은 일방의 영향이었다. 하지만 사회 · 기술적 접근방식은 상호영향 가운데 그 상호성에 의해서 역동적으로 연구가 진행될 수 있다고 보는 것이다. 한편 정보기술과 경영의 입장에서 보면 정보기술이 조직을 풀(pull)한다. 정보기술이 조직으로 하여금 그 정보기술을 채택하여 조직의 목적을 달성하도록 유인하는 것이다. 그러나 역으로 경영자 또는 기업조직은 특정 기술을 개발하도록 푸시(push)할 수 있다. 이러한 풀-푸시(pull push) 패러다임을 가지고 정보기술이 발전해나가고, 그러면서 원하는 경영정보시스템을 만들어나간다.

경영정보시스템의 연구방식에는 이와 같이 세 가지 종류의 접근방식이 있다. 그러나 경영정보시스템도 결국 세계관이나 배경지식이 있는 것을 봤을 때 이 세계관에 근거한 경영정보시스템도 필요하다. 그러므로 지식적으로 어떤 것을 전체적으로 다룰 수 있는 분야도 경영정보시스템에서 통합적으로 연구해야 할 분야가 아닌가 생각해봐야 한다.

그림 1-10 경영정보시스템의 관계도

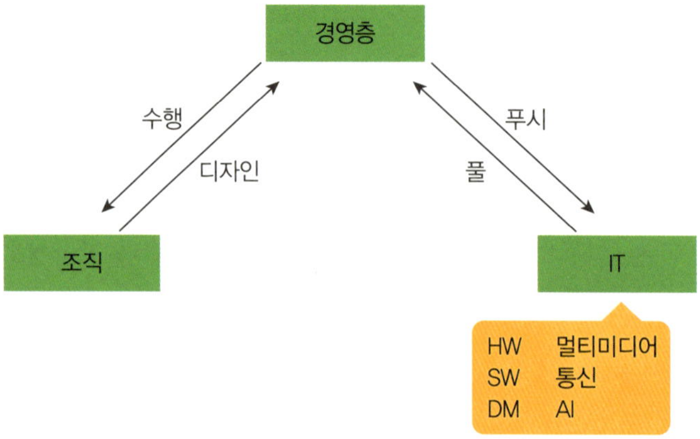

2.2 경영정보시스템의 발전방향

시간이 지나면서 경영정보시스템에 대한 정의는 계속해서 변천해왔다. 과거에는 중간관리자에게 정보를 제공할 목적의 협의의 개념의 경영정보시스템이었으나 이제는 기업 전체의 정보관리를 책임지는 광의의 개념의 경영정보시스템으로 발전되고 있다.

1960년대는 경영정보시스템이 태동할 무렵으로 모라벡(H. Moravec)은 경영정보시스템을 "기업의 운영과 관리에 필요한 자료를 저장하고 검색하기 위한 여러 가지 절차, 방법, 조직, 소프트웨어, 하드웨어의 요소로 이루어진 시스템이다"라고 정의를 내렸다.

여기서 운영과 관리에 필요한 자료라고 했는데, 필요한 자료는 다른 말로 정보라고 표현할 수 있다. 이는 운영과 관리에 관련된 정보라는 의미이다. 그리고 운영과 관리라고 했을 때의 관리는 중간관리, 즉 부서수준의 중간관리라는 뜻이다. 전략적이고 전사적인 개념이 아니다. 기업을 계층적 관점(hierarchical view)으로 보았을 때, 최하위에 운영층(operation level)이 있고 중간에 관리층(administration level), 제일 위에 전략층(strategic level)이 있다고 한다면 당시의 경영정보시스템 정의는 밑에 있는 두 가지 단계에 관한 것이다. 이렇게 볼 때 당시의 정의는 데이터 중심적이고 정보의 전략적 활용에 대한 개념은 부족했다.

정보의 전략적 활용이란 기업의 경쟁력 확보에 정보, 정보기술 또는 정보시스템을 직접적으로 활용하는 것을 뜻한다. 기업이 경쟁력을 제고하기 위한 방안으로 정보시스템을 활용하고 있거나 정보를 활용하고 있다면 이는 전략적 활용이라고 말할 수 있다. 이때 경쟁력을 제고한다는 것은 구체적으로 시장점유율 확대, 신시장 개척, 전략적인 우위를 점하는 등을 이야기한다. 기업이 소비자 등 타 이해관계자에게 협상력(bargain power)을 가지고 기업의 결정대로 따라가게 한다면 전략적 우위에 있다고 말할 수 있다. 또한 협상력을 제고하는 데 정보시스템이 사용되었다면 정보시스템의 전략적 활용이라고 표현할 수 있다. 그러나 이 당시에는 정보시스템의 전략적 활용단계에까지 이르지는 못했다.

1970년도에 테일러는 경영정보시스템을 사람이 조직 내의 특정 절차들을 운영적, 기술적, 전략적으로 계획하고 통제하고 관리하기 위해 설계된 경영시스템의 집합체라고 정의하였다. 이때에 드디어 전략적인 정의가 나타나게 되었다. 여기서 계획하고 통제하고 관리한다는 것에서 관리적 관점이 처음으로 등장하고 있다.

1980년대에 들어가게 되면 데이비스와 올슨(G. Davis & M. Olson)이 경영정보시스템을 조직의 운영, 관리 및 의사결정기능을 지원하기 위한 정보를 제공하는 통합적인 인간-기계시스템이라고 정의하였다. 통합적인 인간-기계시스템이라는 것을 더 자세하게 설명하면서 그 당시에 소개되었던 정보기술들을 나열하였다. 운영, 관리, 의사결정을 언급한 점에서 전략성을 엿볼 수 있다.

1990년대에 들어가면 통합경영정보시스템이 주류로 자리 잡게 되어 전사적 정보관리가 실현된다. 이를 가능하게 한 정보시스템으로 대표적인 것이 ERP, EAI, BPM 등이다.

2000년대에 들어서면서는 인터넷이나 모바일, 웹기술을 활용하면서 언제 어디서나 정보를 접속하는 경영정보시스템이 각광받기 시작했다. 대표적으로 모바일이나 웹을 통한 전자결제서비스 등으로 업무를 수행하기 시작했다.

2010년대에는 지능화된 경영정보시스템의 시대가 열렸다. 스마트기기, 클라우드, 사물인터넷(IoT), 빅데이터, 블록체인 등의 기술이 도입되면서 최근 인공지능을 갖고 있는 경영정보시스템이 두각을 드러내고 있다.

예제

■ O/X형

1 경영정보시스템에서 본질이 되는 것은 시스템보다는 경영이다.

2 지식저장매체에서 가장 우수한 것은 DNA로, 특히 저장된 지식을 바꾸기가 용이하다는 장점이 있다.

3 포드는 시간연구와 동작연구를 통해서 과학적 관리론을 제시했고 인센티브의 중요성을 역설했다.

답 ×, ×, ×(이하, 번호순임)

■ 서술형

1 시스템을 정의하고 정보시스템이 현대의 경영에서 중요한 이유를 서술하시오.

2 경영정보시스템의 역사를 시대별로 서술하고 각 연대에 해당하는 주요 경영정보시스템의 특징과 기술들을 서술하시오.

3 기업의 특성을 서술하고 기업이 줄 수 있는 여섯 가지 효용들을 설명하시오.

4 경영과 관리의 차이점을 다섯 가지로 비교하여 설명하시오.

CHAPTER

02 정보시스템의 전략적 활용

제1절 경영전략의 이해

기업경영에서는 '경영전략' 또는 '전략경영'이라는 용어를 많이 사용하는데, 그것은 경영의 모든 기능이 전략적 사고에서 수행되어야 하기 때문이다. 이는 현대 기업경영에 있어서 전략적 사고가 얼마나 중요한가를 뜻하는 것이며, 글로벌 경쟁에 직면하고 있는 기업에 있어서는 지속가능성과 성장을 위해 매우 중요하게 다루어야 할 부분이다.

전략(戰略)이라는 용어는 병법이나 군사학에서부터 차용한 것으로 손빈(孫臏)이 기원전 360여 년 전, 또한 시저나 알렉산더 대왕 등이 자신들의 병법이론을 서술하면서 전략이라는 용어를 사용한 데서 시작되었다. 영어로 전략이라는 의미를 지니는 'Strategy'란 단어는 그리스어 'Strategos'에서 나온 것으로 이는 군대를 의미하는 'Stratos'와 이끈다(lead)는 의미를 가진 '-ag'가 합쳐진 용어이다. 군사적인 용어인 전략이 실제 전쟁터를 방불케 하는 경쟁시장에 놓인 기업의 경영의사결정에 잘 연계되는 것이다.

전략은 전술과 차이가 나는 개념이다. 전략(strategy)이 기업이나 국가가 경쟁우위를 갖기 위하여 경영자원을 배분하는 전반적인 계획이라고 하면, 전술(tactic)은 특정 행동을 위한 계획을 뜻한다. 마치 전술이 소규모의 전투에서 승리하기 위한 작전을 의미한다면 전략은 전투가 아닌 전쟁에서 승리하기 위한 계략이라고 볼 수 있다.

전략이 군사학의 영역에서 확장되어 기업을 위한 경영전략으로서 현대 경영학의 중요한 일부분이 된 것은 1950년대와 1960년대를 통해서 미국의 거대 기업들의 경영자들이 기업을 어떻게 효율적으로 운영할 것인가 하는 현실적인 문제에 직면하면서부터이다. 이런 거대 기업들이 가졌던 근본적인 문제는 어떻게 대기업 내에 있는 사업단위를 최고경영자가 효과적으로 통제할 수 있는가 하는 실질적인 문제였다. 예를 들어 기업들은 5년 정도의 중장기전략계획을 세우고, 앞으로 5년 동안 성취해야 할 목표를 설정한다. 1970년대에는 제품포트폴리오매트릭스(product portfolio matrix)가 전략분석의 가장 중요한 분석도구로 사용되었다. 그 당시 다각화된 대기업이 직면한 가장 큰 문제점은 경영자원, 특히 투자자금을 각각의 사업부에 어떻게 할당할 것인가였다. 이와 같이 전략을 하나의 장기적인 계획(planning)으로 이행하는 경향은 1970년대 당시의 다른 학문분야에서도 볼 수 있는 공통적인 사조였다.

그러나 1970년대 후반 들어 여러 경제상황 자체가 바뀌기 시작하면서, 장기전략계획에 대한 회의가 나타나기 시작하였다. 먼저 두 차례의 오일쇼크는 경기순환을 예측하는 것 자체를 불가능하게 하였다. 5년 또는 그 이상의 중장기전략계획 역시 세계경제의 기복이 심해짐에 따라서 그 유용성이 의심받기 시작하였다. 따라서 최고경영자들은 유용성이 없어진 중장기전략계획보다는 전략적인 분석과 사고능력을 키워주는 경영전략에 더 큰 매력을 느끼게 되었다. 민츠버그(H. Mintzberg)는 점점 유용성이 떨어지는 장기전략계획을 기업들이 포기해야 하는 이유를 다음과 같이 설명하고 있다.

첫째, 그는 장기전략계획이 더 이상 예측력이 없어졌다는 점을 지적한다. 둘째, 장기전략계획은 통상적으로 전략기획실 또는 종합기획실에서 수립하고 이를 하부의 사업부단위에서 이행하도록 되어 있었다고 본다. 셋째, 정형화된 장기전략계획은 변화하는 상황에 따라 순발력 있게 대응하는 능력을 오히려 떨어뜨린다고 주장하였다. 장기전략계획의 대두와 쇠퇴과정을 살펴보면 경영전략의 주요 관심사가 점차 정형화되어 있고 순발력이 떨어지는 장기전략계획으로부터 기업들로 하여금 순발력을 강조하고 경쟁우위를 창출하고 유지할 수 있게끔 분석능력을 키워주는 사고체계로 바뀌어가고 있다는 것을 알 수 있다.

1970년대와 1980년대에는 장기전략계획이 쇠퇴하면서 하버드 경영대학원 교수인 마이클 포터(M. Porter)를 필두로 산업구조와 경쟁전략에 대한 분석방법이 대두되었다. 포터는 산업경제학을 경영전략분야에 도입하는 데에 큰 공헌을 하였다. 장기전략계획에 대한 대안으로 포터가 제시한 산업구조분석기법은 어떻게 하면 기업이 처해 있는 외부환경을 이해하도록 전략적 사고를 배양할 것인가에 초점을 두고 있었다. 포터는 경쟁기업에 대해 경쟁우위를 갖기 위해서는 각 산업 특성에 따라 원가우위나 차별화우위를 가져야 한다고 제시하였다. 이러한 포터의 산업구조분석기법들은 기업들에 좋은 반응을 불러일으켰다.

포터의 산업구조분석기법은 1970년대 말부터 1980년대에 이르기까지 기업들에게 큰 영향을 미쳤으나, 1980년대 말에 이르러는 그의 분석이 기업들이 실제로 전략을 수립하는 데는 큰 도움을 주지 못하였다는 비판이 대두되었다. 포터는 기업의 전략수립에 도움을 주는 외부환경을 분석하는 기법을 제시하였지만, 그러한 환경에 대해 어떻게 대응하여야 하는가에 대한 구체적인 실천방향을 제시하지는 못하였다.

기업의 경쟁우위는 포터가 말하는 것처럼 산업 내의 자리 잡기(positioning)보다는 오히려 그 기업이 보유하고 있는 경영자원이나 핵심 역량에서 비롯된다는 사고가 확산되기 시작했다. 경영전략의 최신 경향은 기업을 경영자원의 결집체로 보는 경영자원론(resource-based view of the firm)이 풍미하고 있으며, 그 중에서도 기업의 핵심 역량(core competence)을 기업에게 경쟁우위를 가져오는 가장 중요한 원천으로 파악하는 관점이 주류를 이루고 있다.

전략에 대해서 다음과 같은 관점들이 존재한다.

'손자병법'에 따르면 전략이란 생존에 중요한 역할을 하는 것으로서 삶과 죽음의 문제이기도 하며 안전과 존망에 영향을 미치는 것이므로 어떠한 경우라도 전략을 소홀히 여겨서는 안 된다.

알프레드 챈들러(A. Chandler)는 전략을 "기업의 장기적인 목표의 결정과 그 목표를 달성하기 위한 행동을 결정하고 경영자원을 배분하는 것"으로 정의한다.

케네스 앤드루스(K. Andrews)의 관점에서는 전략을 "기업의 목표와 그 목표를 달성하기 위한 여러 가지 계획이나 정책"으로 정의한다. 또한 전략은 그 회사가 어떤 사업분야에 참여하고 있어야만 하고 그 회사가 어떠한 성격의 회사이어야 하는가를 결정하는 중요한 이론이다.

오마에 겐이치에 따르면 경영전략은 경쟁자에 비해서 경쟁우위를 어떻게 가질 수 있는 것인가를 고민하는 것이다. 즉 경영전략은 효율적인 방법으로 경쟁자에 비해 그 기업의 경쟁우위를 상승시키는 노력이라고 볼 수 있다.

요약하면 경영전략이란 "희소한 경영자원을 배분하여 기업이 경쟁우위를 창출하고 유지시켜줄 수 있는 중요한 의사결정"이라고 정의할 수 있다. 만일 경영자원이 희소하지 않다면 전략은 논의의 가치가 없다. 그러나 실제로 기업 또는 국가와 개인 모두가 시간, 자금, 인력 등 희소한 경영자원을 배분하여 효율적 의사결정을 해야 하는 상황에 직면하고 있다.

제2절 정보시스템의 전략적 활용의 종류

과거의 정보시스템은 기업의 자원관리, 즉 인적자원, 물적 자원, 재무자원 등에 대한 관리의 효율성과 이를 통한 기업의 의사결정 질의 향상을 통해 기업 수익성 등을 제고하는 수준에 그쳤다. 그러나 이제는 정보시스템의 전략적 사용, 전략정보시스템 또는 전략적 정보시스템(SIS: Strategic Information System)이 기업에게 필수적이다. 전략적 활용은 기업에게 직접적인 수익성 제고와 성장을 불러오기 때문이다. 정보시스템의 전략적 사용은 새로운 시장을 탐색하여 창출하고 새로운 사업을 추진하곤 한다. 이를 통해 기업은 경쟁력을 유지할 수 있고 지속적인 우위를 점하는 것이다. 아메리칸 에어라인의 세이버(SABRE)시스템과 같은 정보시스템의 전략적 사용이 그 예이다.

물론 전략정보시스템이 기업에 적용되었다고 해서 그것이 항상 극적인 변화를 보장하는 것은 아니다. 하지만 기업의 의사결정과정에 있어서 늘 중추적인 역할을 담당할 것이며, 기업이 정보에 기반한 의사결정을 내리며 경영하는 것을 필수적으로 인식하게끔 하기에는 충분하다.

정보기술로 인해 가능하게 된 비즈니스 애플리케이션은 세 가지 종류의 효과를 가져온다. 첫째, 정보기술이 기존 비즈니스 애플리케이션에 융복합되면서 이전에 존재하지 않은 새로운 개념의 제품과 서비스를 만들어내고 이는 제품이나 서비스 차별화전략을 야기한다. 둘째, 정보기술로 인하여 조직의 변화를 가져오고 조직구조나 조직문화를 변경시킬 수 있다. 그리고 그것은 그 회사의 전략정보시스템으로서 경쟁적 우위를 가져다주게 된다. 이런 세 가지 의미에서 정보시스템은 전략적인 의미가 있다. 셋째, 정보시스템 또는 정보기술은 이전에 구사하지 못한 경영전략을 구사하게 함으로써 기업의 경쟁력을 제고한다.

2.1 새로운 제품 및 서비스 창출

정보시스템 또는 정보기술은 새로운 제품과 서비스를 탄생시킨다. 다음은 그 예이다.

- 네트워크기술과 인터넷기술 등이 온라인뱅킹을 만들어냈다. 이것은 오프라인 방식의 전통적인 뱅킹서비스와는 다른 새로운 서비스이다.
- 자동예약시스템은 통신기술 및 데이터베이스기술에 의해서 기존의 전화기반 또는 직접 방문 형식의 예약을 대체할 수 있는 새로운 서비스이다.

- 음성메일은 기존 우편서비스와는 차별화된 정보통신기술 및 멀티미디어기술에 의해서 가능해진 서비스이다.
- CAD나 CAM기술의 복합을 통해 인터넷을 이용해서 고객들은 원격에서 직접 자기가 원하는 디자인의 제품을 신속하게 받을 수 있다.
- 온라인뱅킹은 또 하나의 예이다. 네트워크서비스와 인터넷이 활용되고 있다. 특히 인공지능과 모바일기술을 활용한 챗봇시스템을 통해 사용자에게 보다 풍부한 고객서비스를 제공한다.
- 모바일기술은 핀테크와 결합하여 모바일 결제서비스로 제공되기도 한다.

이렇게 정보기술 또는 정보시스템이 복합되어 만들어진 새로운 제품 및 서비스가 무한히 등장하고 있다. 물론 정보기술 또는 정보시스템의 활용이 무조건 신제품과 신서비스를 보장하는 것은 아니다. 새로운 제품과 서비스가 되기 위해서는 고객들에게 부가적인 가치를 제공할 수 있느냐가 관건이다. 변환시키는 기본 엔진이 정보기술이면서 기존에 있었던 자원들이 새로운 부가가치를 창출하는 제품이나 서비스로 변화될 수 있으면 정보기술이 매출 증대에 직접적으로 기여한 것이므로 정보기술의 전략적 활용이라 볼 수 있다.

2.2 조직의 변경

정보시스템은 조직을 변화시킨다. 정보시스템은 새로운 관리자와 그리고 새로운 업무흐름을 요하며 이러한 정보시스템을 통해서 고객 또는 납품업자와 더 밀접한 관계를 형성할 수 있다. 또한 정보시스템을 이용하여 전략적 제휴를 실현시킬 수 있다. 특히 여러 가지 파트너십이 있는데 이 중 정보 파트너십(information partnership)이 있다. 이는 전략적으로 서로 협력하는 업체끼리 고객 또는 제품에 대한 정보를 서로 공유하는 것으로, 이로 말미암아 각각 자기들의 경쟁자에 대해서 경제적인 우위를 점할 수 있다. 정보기술이 조직을 변화시키는 것에 관한 두 가지 관점이 존재한다. 기술결정론과 사회네트워크이론이 그것이다. 기술결정론은 정보기술이 조직의 구조를 직접적으로 변화시키는 입장을 나타낸다. 반면 사회네트워크이론은 정보기술이 조직을 직접적으로 변화시키기보다는 조직 내 구성원의 행동양식의 변화를 유발하는 간접적인 영향을 강조한다.

2.3 신규 경영전략의 구사

한 기업이 정보기술을 수용하여 전통적인 서비스기업에서 IT기반 서비스기업으로 변모하는 과정은 다음을 따른다. 첫째, 한 전통적인 서비스기업이 정보화를 수용한다. 둘째, 기존에 확보된 소비자 이외의 소비자 중 기술 얼리 어답터가 정보기술기반서비스의 새로운 고객으로 나타난다. 셋째, 늘어난 수요에 맞추어 공급자도 새로이 확보된다. 넷째, 정보기술의 높은 활용성을 다른 기업들도 주목하여 해당 기업과 파트너십을 체결한다. 다섯째, 추가적으로 고객을 확보하여 시장점유율을 확대한다.

경쟁우위를 제고하기 위해서 기업은 여러 방법을 사용한다. 전략적 정보시스템은 기업의 경쟁력을 제고하기 위해서 기업의 목표, 영업활동, 제품, 서비스 및 대외관계를 변경하여 정보시스템을 활용하는 것이다. 경쟁력을 제고한다는 것은 경영전략적인 측면에서 볼 때 세 가지 방법 정도로 나누어볼 수 있는데, 이 세 가지는 저비용의 가격주도전략, 제품차별화, 틈새전략이다.

먼저 가격주도전략에 대해서 살펴보면, 정보기술은 저가전략을 실현하는 데 기여한다. 우선 소비자와 공급자 사이의 밀착을 가능하게 하였다. 이 밀착된 네트워크에 들어온 공급자들은 다른 회사의 서비스를 받아들이려는 의지가 매우 낮아진다. 이 때문에 협상력이 정보제공자에게 가게 되는 것이다. 이러한 가격주도전략을 구사하는 기업은 대표적으로 월마트가 있다. 월마트는 POS를 기반으로 하는 재고관리시스템을 전략적으로 활용하고 있다. 판매 현장, 즉 월마트에서 물건이 팔려서 바코드값을 읽으면 판매관리정보가 남게 된다. 이때 재고관리정보도 계산되며 재고관리정보는 즉시 웹상에서 공급자들과 공유를 하게 된다. 공급자가 단말기 앞에 앉으면 시시각각으로 필요한 물건이 집계되어 나오며 이에 따라 특별히 주문하지 않고도 알아서 제품이 쌓이게 된다. 이로 인해 주문 관련 비용이 낮아지고 그 결과 월마트는 다른 회사보다 25~30%의 비용을 낮출 수가 있었다.

제품차별화전략은 정보기술로 가능하게 된 제품과 서비스를 가지고 전통적인 제품 및 서비스와 경쟁할 수 있음으로써 가능한 전략이다.

다음으로 틈새전략이다. 정보를 활용하여 숨어있는 틈새시장이 무엇인지 발견해낼 수 있다. 그들의 IT(Information Technology), IS(Information System)가 조직을 바꿀 수 있는가? 대답은 'Yes'이다.

[표 2-1]은 경영정보시스템이 전략적으로 활용되는 여러 가지 예를 나타낸 것이다.

표 2-1 경영정보시스템의 전략적 활용 예

구분	BPR	TQM	Downsizing	Restructuring
목표	• 목표 자체의 근본적 재검토 • 고객만족 성과의 획기적 향상	• 고객만족 • 제품성과(품질/속도/유연성/비용)의 개선 • 직무 충실화	• 조직관리 효율화 • 비용 감축 • 관리부문/인원/계층 등 효율화	• 사업구조의 재조정 • 부실자산/사업 감축/비용 감축/인원/계층 등 효율화
범위(규모)	부분적(프로세스) 중심	부분적(프로세스) 전체 조직시스템	부분적(인원, 직무, 단위, 조직) → 전체 조직시스템	가장 포괄적 전략 + 조직시스템
대상	조직관리, 생산관리	조직관리, 생산관리, 부분적인 의식관리	조직관리, 생산관리	전략관리, 조직관리
기간	비교적 단기	장기	단기 및 중기	단기 및 중기
연속성	불연속적	연속적	불연속적	연속적
권한 배분	분권적	분권적, 참여적	집권적	집권적
효과	대폭	소폭	소폭	대폭
저항도	해당 영역에서 높음	상대적으로 낮음	해당 영역에서 높음	전반적으로 높음

제3절 전략적 활용의 사례

실제적으로 전략적 정보시스템에 대한 필요성이 사회적 또는 기술적 요소들을 변화시킨 여러 가지 사례들이 존재한다.

[그림 2-1]의 세이버(SABRE: Semi-Automated Business Research Environment)는 일종의 예약 및 발권 관련 온라인 정보시스템으로 아메리칸항공(American Airlines)의 세이버시스템에 의한 정보파트너십이다. 즉 온라인으로 고객들이 예약할 수 있도록 해주는 것인데 개인의 프라이버시에 해당되는 부분을 제외한 나머지 고객정보나 예약정보 등이 관리된다. 그러면 이 예약정보를 가치 있게 여길 수 있는 다른 기업이 존재할 수 있다. 예를 들어 어떤 고객이 인천공항을 출발해서 나리타공항에 도착하여 4일 후에 다시 인천으로 오는 정보가 있다고 하자. 그 정보는 나리타 근처에 있는 호텔, 렌털회사 등 관광업체들에 필요한 정보이다. 이들이 파트너십으로 참여하면 고객의 입장에서는 개별 예약을 하는 불편을 줄일 수 있다. 예를 들어 항공권 예약을 끝내고 나면 근처 호텔정보가 나오게 하는 것이다.

그림 2-1 세이버 홈페이지

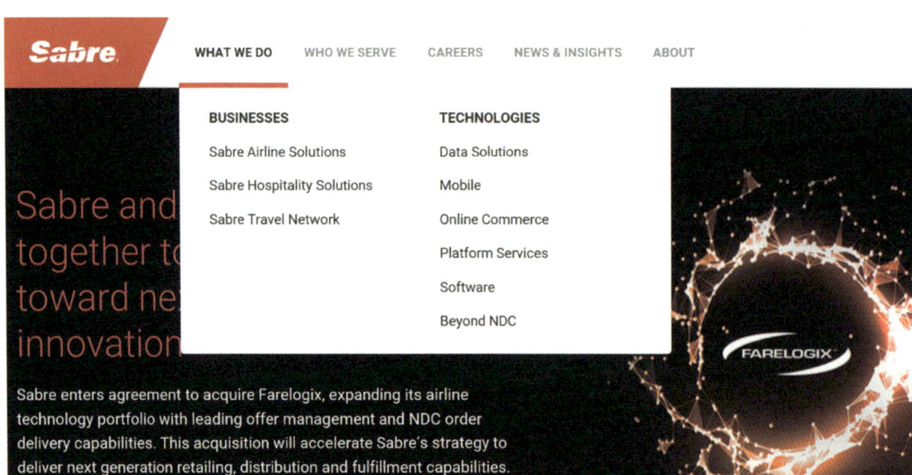

이렇게 한 번에 호텔 예약이나 렌털서비스까지 제공하고 더 나아가서 가능하면 할인혜택까지 제공한다면 사람들은 이 서비스를 다른 예약 및 발권서비스보다 더 선호할 것이다.

이로 말미암아 세이버에 등록한 고객들은 보다 더 충성스러운 고객이 될 수 있으며, 이것은 진입장벽을 생성하게 한다. 그렇다면 세이버라는 정보시스템은 단순히 업무비용을 줄이는 효과뿐 아니라 적극적으로 회사의 매출을 증진시킨 것이라 할 수 있다. 즉, 회사는 운항서비스라는 기본 서비스 외에 정보서비스까지 제공하는 고부가가치서비스를 하게 된 것이다. 결국 세이버는 정보시스템이 조직의 변화를 가져온다는 것을 증명한 사례라고 할 수 있다. 정보파트너십을 통해서 조직 간의 관계가 변화되었고 조직 간에 제휴가 맺어지고 또한 그것에 대응하기 위해서 조직 내부에 변화가 생긴다. 그러한 것들이 조직 내의 구조도 변화시킬 수 있다.

오라클 코리아는 전북대학교병원에서 정보시스템 구축 제안을 요청받아 계약을 체결하고 개발에 착수했다. 전북대학교병원에서는 정보시스템 헬스케어 솔루션을 통해 병원 운영상의 오류, 낭비, 수익성이 분석가능하게끔 시스템을 구축하고자 했는데 관련된 핵심과제들은 [그림 2-2]와 같다. 전북대학교병원은 정보시스템을 도입하여 재무관리와 정보통합 그리고 원가분석을 효과적으로 수행하고자 했다.

재무관리는 병원의 현행 재무관리시스템을 전사적 자원관리 차원에서 새롭게 전환하는 것을 말하며, 회계 및 결산, 예산관리, 수익 및 비용의 집계, 처리, 분석, 병원경영을 위한 기본정보를 제공하게 된다. 이를 통해 인사, 경력, 근태, 초과근무, 미수관리, 재고, 자산관리부분이 개선된다. 이러한 재무정보시스템이 완성되면 병원 재무관리 프로세스 개선, 효율적 병원자산관리, 재무프로세스의 자동화, 병원, 치과병원, 장례식장, 주차장 등 사업단위별 손익이 제공될 것으로 기대하였다.

정보통합은 진료진, 경영진, 통계전문가, 분석가가 정보를 열람하고 싶을 때 데이터웨어하우스에서 진료분석, 통계자료, 경영분석정보를 실시간 온라인분석도구(OLAP)를 통해 자신이 원하는 분석을 할 수 있으며, 이를 토대로 한 의사결정을 통해 환자진료에 더 많은 시간을 투자하기 위함이다. 또한 병원 내에 산재된 다년간의 진료과정에서 축적된 데이터를 주제별(진료정보, 진료지원정보, 원무정보, 일

그림 2-2 전북대병원 정보시스템 도입 핵심과제

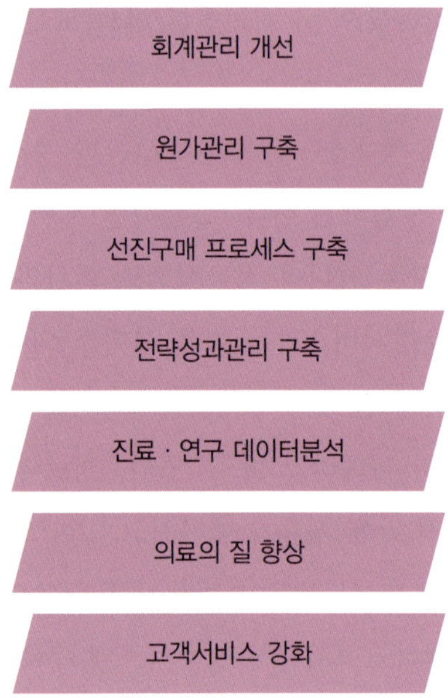

반관리정보)로 통합하여 다각적 분석(진료연구분석, 수익성분석, 통계연보)이 가능한 환경제공과 경영진이 손쉽게 활용할 수 있는 시스템 구축을 목표로 한 것이다. 정보통합시스템을 위한 분석사항으로는 환자수 통계, 평균재원일수 통계, 병상가동률, 병상회전율 통계, 수익 통계, 물품수불 현황, 야간업무량 등이 있다.

원가분석은 부서별 활동원가분석으로서 병원의 전체 부서에 대해 각 부서별로 수행하는 활동에 대한 원가분석을 수행하는 것이며, 이는 처방발행기준 진료과별 서비스의 수익성을 분석하게 한다. 원가분석정보시스템을 통해 병원은 환자를 최초로 접수하여 처방을 주로 수행하는 직접 진료과 의사들이 제공하는 진료서비스(예를 들어 외과의사의 경우 외래, 일반병동 등)별로 원가를 계산하고 수익을 집계하여 손익을 비교분석할 수 있다. 이는 의료직원들의 성과급에 반영할 수 있는 기초자료로 활용되기도 한다. 원가 대상별로 발생한 원가를 활동 및 재료로 나누어서 분석하며, 이 정보를 근거로 필요 시 활동에 대한 개선을 할 수 있다.

예제

■ O/X형

1 정보시스템은 의사결정자인 경영자의 의사결정의 질을 향상할뿐더러 스스로 비용 감축이나 매출 증대 등에 직접적으로 기여하기도 한다.

2 정보가 존재하지 않는 기업도 존재할 수 있다.

답 ○, ○

■ 서술형

1 정보시스템의 전략적 활용방법을 SABRE의 사례를 들어서 설명하시오.

2 정보 파트너십이란 무엇인지 사례를 들어 설명하시오.

제2부

경영정보시스템의 구성요소

CHAPTER 03 하드웨어

흔히 우리는 컴퓨터를 사람에 비유하여 하드웨어는 사람의 육체, 소프트웨어는 이를 명령하는 두뇌라는 표현을 쓰기도 한다. 이 중 하드웨어는 사람들이 보통 컴퓨터라고 하면 떠오르는 이미지인데 이는 하드웨어는 컴퓨터 관련 모든 장치들의 총아이고 물리적 기계의 유기적 결합체가 컴퓨터라는 인식이 강하기 때문이다. 하드웨어란 한 시스템의 기계적, 전기적, 회로적 특성에 관한 총칭으로 주로 물리적 특성을 뜻하여 입력과 출력, 메모리에 해당하는 장치들과 기억장치, 통신장비들로서 컴퓨터를 구성하는 유형의 장치나 기기이다. 이는 크게 본체와 주변장치로 나누어 생각해볼 수 있다.

제1절 컴퓨터의 종류

하드웨어(hardware)의 구성장치에 대해 배우기에 앞서 컴퓨터를 살펴보도록 하자. 컴퓨터는 그 성능에 따라 분류할 수 있다. 가장 성능이 좋은 컴퓨터를 메인프레임(mainframe)이라고 한다. 그 아래로는 미니컴퓨터(minicomputer), 마이크로 컴퓨터(microcomputer)가 있으며, 마이크로컴퓨터의 일부가 PC이다. 요즘에는 이보다 더 작고 휴대성이 좋은 다양한 모바일장치(mobile device) 등이 있다.

이에 비해 일반컴퓨터에 비해 성능이 훨씬 좋은 슈퍼컴퓨터(supercomputer)가 있다. 슈퍼컴퓨터가 되기 위한 절대적인 기준은 없으며, 당대에 가장 성능이 뛰어난 메인프레임의 몇 배 내지는 몇 십 배의 성능을 가지는 컴퓨터를 슈퍼컴퓨터라고 표현한다. 최초의 슈퍼컴퓨터로 명명된 것으로 알려진 기계는 1964년 미국 CDC의 시모어 로저 크레이(Seymour Cray)가 설계한 CDC 6600이며, 슈퍼컴퓨터가 대중적으로 알려진 것은 1985년 미국 크레이리서치사(Cray Research, Inc.)에서 발표한 Cray-2가 시초이다. 슈퍼컴퓨터의 성능은 보통 FLOPS(FLoating point OPerations per Second)와 MIPS(Millions of Instructions Per Second)로 비교한다. FLOPS는 초당 실수연산을 몇 회 하는지에 대한 측정치이며, MIPS는 초당 지시문을 몇 백만 건 실행할 수 있는지에 대한 측정치이다. 처리속도가 30MIPS라면 1초 동안에 3,000만 개의 명령을 실행할 수 있다는 의미이다.

현재 세계에서 가장 많은 슈퍼컴퓨터를 가진 나라는 G2인 미국과 중국이다. 최근 미국은 200페타 FLOPS의 성능을 가진 컴퓨터를 사용하고 있다. 미국 방위고등연구계획국(DARPA)에서는 1exa(100경) FLOPS의 성능을 가진 컴퓨터를 소개하기도 했다.

과거에 슈퍼컴퓨터는 국방이나 과학기술, 천문 등 일부 분야에만 사용되었다가, 이제는 점점 일반기업들도 전 세계 고객들의 수요를 측정하거나 공장자동화를 위한 센서처리, 빅데이터분석 등에 슈퍼컴퓨터를 활용하게 되었다.

슈퍼컴퓨터는 일반적으로 도입에 매우 많은 비용이 소요되므로 일반기업이나 일반인이 활용하기에는 제한이 많았다. 이러한 단점을 극복하기 위한 아이디어 중 하나로 GRID, 즉 가상컴퓨터(virtual supercomputer)가 등장하였다. GRID는 사전적으로 격자란 뜻을 가지고 있으며, GRID 컴퓨팅이란 여러 곳에 흩어져 있는 컴퓨터를 연결해 가상의 슈퍼컴퓨터를 만든 뒤 원하는 사람이 쓸 수 있게 해주는 기술이다. 즉 저렴한 가격으로 슈퍼컴퓨터의 성능을 내는 것이라 할 수 있다. 전 세계

■ 그림 3-1 그리드컴퓨팅의 원리

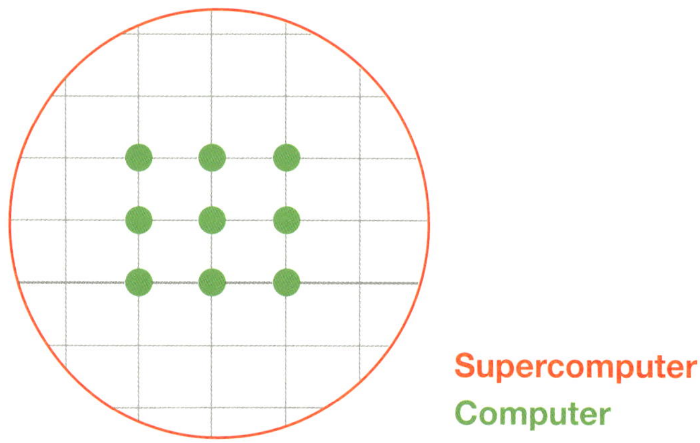

의 수십억 대의 컴퓨터 중 허가받은 일부 컴퓨터를 하나의 네트워크로 연결시킨 후 컴퓨터들에 분산시켜서 작업을 맡기면 한 대가 엄청난 용량을 가지고 있는 슈퍼컴퓨터처럼 처리할 수 있다.

GRID에는 무엇을 공유하느냐에 따라 몇 가지 종류로 나뉘는데, CPU를 공유하여 처리속도를 빠르게 만드는 Power GRID와 RAM을 공유하여 대용량을 처리하는 것처럼 느껴지게 만드는 Data GRID가 그것이다. GRID는 GRID Agent 소프트웨어를 통해 원격으로 이용가능한 컴퓨터들을 볼 수 있고 사용 허가 신청을 하여 이용할 수 있다. 대표적인 GRID 컴퓨터 활용 프로젝트로 SETI@home이 있다. SETI는 외계 지적 생명체 탐사프로그램으로, SETI@home이란 지구상에 있는 안테나에 들어오는 아주 많은 신호들 중에서 이상 패턴을 발견하는 GRID기반 프로젝트를 말한다.

제2절 하드웨어의 종류

컴퓨터시스템은 데이터처리를 중심으로 네 가지 국면(phase)를 통해 작동된다. 네 가지 국면으로는 [그림 3-2]와 같이 입력(input) 국면, 처리(processing) 국면, 출력(output) 국면, 저장(storage) 국면이 있다. 가장 먼저 사용자는 데이터를 컴퓨터에 입력한다. 데이터가 컴퓨터에 입력되면 컴퓨터는 그것을 처리한 후, 사용자가 원하는 데이터로 출력해준다. 처리과정에서 필요한 데이터는 따로 저장하기도 한다. 컴퓨터는 이와 같이 간단한 원리를 통해 작동된다. 이러한 작동에서 핵심이 되는 장치가 하드웨어이다. 하드웨어는 크게 입력장치, 출력장치, 처리와 주기억장치, 보조기억장치, 통신장치의 다섯 가지로 이루어져 있다. 각각의 장치들을 하나씩 살펴보자.

그림 3-2 컴퓨터시스템 작동원리

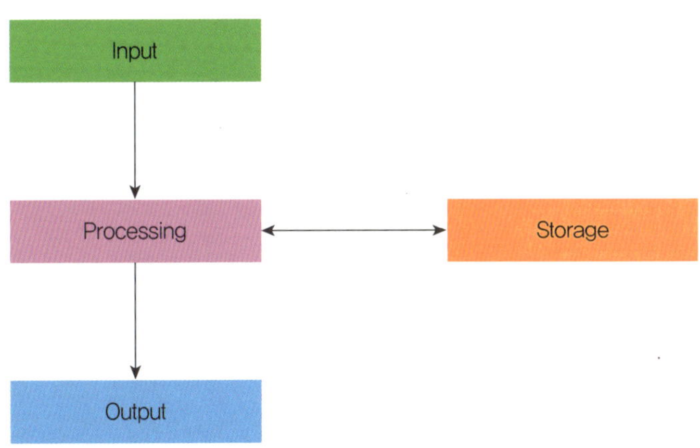

2.1 입력장치

사람들이 오감을 통해 인식할 수 있는 것은 아날로그정보인데, 컴퓨터는 디지털정보만을 관리할 수 있다. 따라서 인간이 컴퓨터에 정보를 주입하고, 또한 역으로 컴퓨터로부터 정보를 획득하려면 아날로그와 디지털 신호를 바꿔주는 장치가 필요하다. 이 중 아날로그 신호를 디지털 신호로 바꿔주는 장비가 입력장치(input device)이다. 사람들이 오감을 통해 인식할 수 있는 것은 아날로그정보이다. 우리가 조이스틱을 이용해 포지션을 입력하거나, 말하거나, 포인팅하는 등의 아날로그 신호로 전달된 정보를 입력장치가 받아서 컴퓨터 내부의 디지털정보로 바꾼다. 즉 입력장치란 사람이 컴퓨터로 정보를 입력하도록 하는 장치이다.

입력장치의 종류로는 키보드가 대표적이고 마우스나 트랙볼(trackball), 조이스틱과 같은 포인팅(pointing)장치, 팩스(fax)와 이미지 스캐너(image scanner)와 같은 스캐닝(scanning)장치, pen-based input, 그리고 GPS와 같은 센서(sensor)

그림 3-3 OMR

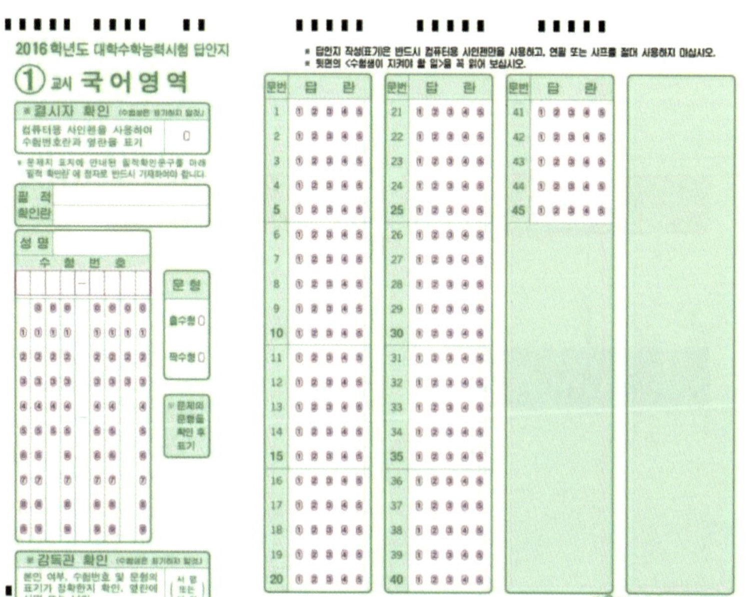

들이 있다. 학생시절 시험 때 한 번씩은 써보았을 OMR카드 또한 OMR(Optimal Mark Recognition)이라는 입력기술을 활용한다. OMR은 마크에 빛을 비추어 전기신호로 바꾸는 역할을 한다. 이와 비슷한 것으로 OCR(Optical Character Recognition)이 있는데, OCR은 문자를 읽을 때 사용되어 주로 공공요금 고지서나 영수증 바코드에 쓰인다. MICR(Magnetic Ink Character Recognition)은 자기잉크로 인쇄된 글자를 직접 판독하는 기술로 일련의 점들의 위치를 통해 문자인식이 가능하며 증권이나 자기앞수표에 많이 사용되어 왔다.

최근에 많은 주목을 받고 있는 RFID(Radio Frequency Identification System) 역시 사람, 동물, 상품 및 운송 중에 있는 제품에 관한 정보를 제공할 수 있기 때문에 입력장치 관련 기술의 하나로 생각해볼 수 있다. RFID를 활용한 자동인식방식은 기존의 바코드가 갖고 있었던 저장능력이 낮고 광학방식으로 센싱이 가능하므로 보이지 않는 곳에서의 바코드는 읽을 수 없다는 문제점이 있다. 또한 스마트카드(전화용 스마트카드, 은행카드)는 접촉형 방식으로 입력이 불편하다는 문제점이 있는 데 반해 RFID방식은 상대적으로 더 많은 메모리에 데이터 전송매체와 리더(reader) 사이에 비접촉방법으로 데이터를 전송하기에 비가시성(invisibility)이 보장되어 훨씬 편리하다.

RFID시스템은 앞서 설명된 스마트카드와 매우 밀접한 관련이 있다. 하지만 스마트시스템과 같이 데이터 운반장치인 트랜스폰더(transponder)에 저장되나 데이터 운반장치에 전원 공급 및 데이터 운반장치와 리더 사이의 데이터 교환이 전기적

그림 3-4 RFID Reader

그림 3-5 MICR

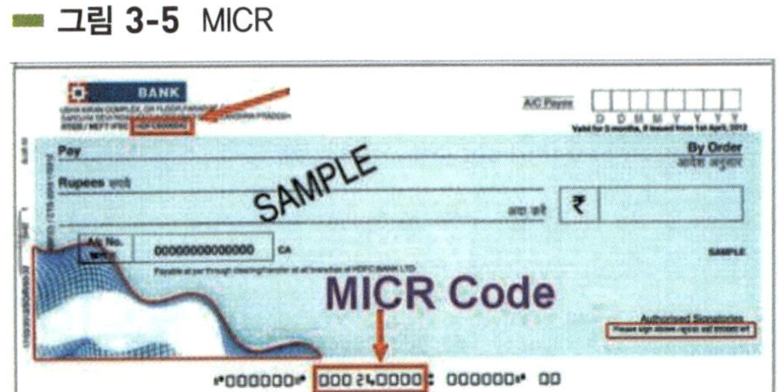

접촉 없이 자계 또는 전자계 영역을 이용하여 이루어진다는 점이 스마트카드와 다르다. RFID시스템은 인식되어야 할 대상인 트랜스폰더와 설계 및 기술방법에 따라 읽기 또는 쓰기/읽기장치로 구분되는 송신부 또는 리더(reader)의 두 개의 구성요소로 되어 있다. 일반적으로 리더는 제어기능과 트랜스폰더와의 연결기능을 하는 무선 주파수 모듈(송신기와 수신기)을 가지고 있다. 또한 대부분의 리더는 추가적 인터페이스가 있어서 수신된 데이터를 PC, 로봇제어장치 등과 같은 다른 시스템으로 송신한다. 그리고 실제 데이터 운반장치인 트랜스폰더는 결합장치(coupling element)와 전자 마이크로 칩으로 구성되어 있으며, 자체 내에 전원 공급장치가 없는 트랜스폰더가 리더 영역에 있지 않으면 수동상태이며 리더 영역 안에 있을 때에만 동작한다. 트랜스폰더를 구동시키기 위해서는 전원이 필요하며, 이는 결합 유닛(coupling unit, 비접촉)을 통해서 타이밍 펄스와 데이터가 공급된다.

RFID기술을 활용하여 도서관에서는 도서에 대한 실시간 현황 파악이나 관리를 할 수 있고, 공장이나 상점에서는 각각 업무자동화와 고객 편의성을 제공할 수도 있으며, 의료분야에서는 혈액형, 예방접종일 등을 기록한 RFID카드로 병원, 약국 등에서 진료, 처방, 조제 등에 활용할 수 있고, 전자화폐로의 대체를 통해 여러 요금결제가 가능해진다. 또한 금융이나 회계 정산, 물류관리, 보안, 도난, 위조, 방송/통신, 국방(군수물자관리)환경 등 활용분야가 다양하다. 하지만 코드의 표준화 문제나 센싱된 정보의 사용에 대한 프라이버시 등의 문제로 인하여 실제 사용을 위해서 넘어야 할 산이 많다.

그 외로 블루투스를 사용하는 비콘(beacon)과 같은 스마트 오브젝트(smart object)가 있다. 근래 도입되고 있는 생체인식은 비교적 확실하고 개인별 물리적 특성을 확인하는 것으로서, 일반적으로 지문, 장문(hand printing), 음성인식 그리고 망막(혹은 홍채)인식이 이에 해당하여, 음성인식은 컴퓨터에 연결된 마이크를 통하여 말한 내용을 소프트웨어가 처리하여 디지털 신호로 전환하여 인식된다. 우리가 흔히 알고 있는 아이폰의 시리와 갤럭시의 빅스비가 대표적인 예이다. 지문인식은 보통 입실할 때 손끝을 특수 리더에 접촉하여 개인을 확인하는 데 사용되고, 저장된 패턴과 읽혀진 패턴 데이터를 계산하여 인식을 하게 된다.

2.2 출력장치

출력장치(output devices)는 입력장치와 반대되는 장치로 컴퓨터 내에 디지털형태로 전산화되어 있는 정보를 사람들이 이해할 수 있는 아날로그형태로 바꾸는 역할을 한다.

모니터와 브라운관(CRT), 플랫 패널 디스플레이(flat-panel display)와 같은 스크린이 바로 출력장치이다. 플랫 패널 디스플레이는 액정(LCD)과 같은 얇은 평면을 사용해 컴퓨터 모니터와 CRT에 비해 전력 소모가 훨씬 적어 주로 휴대용 컴퓨터의 화면 표시장치로 사용된다. 프린터와 같은 하드카피장치도 출력장치의 예이다. 하드카피(hardcopy)와 반대되는 개념으로는 소프트카피(softcopy)가 있는데, 하드카피와 달리 기록으로 남지 않는 형식이다. 소프트카피는 음성으로 알려지거나 화상으로 표시되어 인쇄물처럼 보존될 수는 없다.

그 외에도 출력장치로 데이터를 2차원 도형으로 표현해주는 플로터(plotter)가 있으며 무선장치인 로봇이 있다. 로봇은 두 가지 이상의 출력이 가능한 멀티모달(multimodal)형으로 더 간단하고 단순하며 디테일이 가능하기 때문에 사용자의 편리성이 높다.

그림 3-6 Plotter

2.3 처리장치와 주기억장치

중앙처리장치와 주기억장치(processing & main memory)는 컴퓨터의 가장 중심이 되는 장치이다. 중앙처리장치(CPU: Central Processing Unit)는 데이터를 제어하고 조정하는, 컴퓨터시스템에서 핵심적인 장치이다. 즉 메인보드의 마이크로프로세서라고 할 수 있는데 주기억장치에 저장되어 있는 명령을 해석하고 실행하는 기능을 한다.

CPU가 주어진 과업을 처리하는 방식으로는 순차처리(sequential processing)와 병렬처리(parallel processing)의 두 가지가 있다. 순차처리가 두 가지 이상의 과업을 하나씩 순서대로 연속적으로 처리하는 방식이라면, 병렬처리는 동시에 다수의 과업을 처리하는 방식이다.

CPU의 성능을 측정하는 방법은 다음의 세 가지가 대표적이다. 첫 번째는 워드 길이(word length)이다. 워드 길이는 CPU가 한 번에 어느 정도의 데이터를 처리할 수 있는가를 보여준다. [그림 3-7]과 같이 고속도로를 떠올리면 이해하기 쉽다. 고속도로에 여러 대의 자동차가 있고 그 안에 탑승해 있는 사람들이 데이터라고 생각해보자. 자동차에 한 번에 많은 사람을 태운다면 우리는 한 번에 많은 데이터를

그림 3-7 CPU 성능과 고속도로

처리할 수 있다. 두 번째는 사이클 스피드(cycle speed)이다. 사이클 스피드는 1초에 사이클이 몇 번 도는가를 보여준다. 즉 사람의 수에 관계없이 자동차가 고속도로를 얼마나 빠른 속도로 빨리 지나가느냐를 측정하는 것과 같다. 사이클 스피드는 CPU의 내부 클럭 속도(internal clock speed)와 같다. 클럭 속도 또는 클럭 주파수란 CPU의 동작속도를 뜻하는데, 단위로는 메가헤르츠(megahertz)를 주로 사용한다. 1메가헤르츠는 1초에 100만 번의 사이클이 도는 것과 같다. 세 번째는 데이터 버스 폭(data bus width)이다. 데이터 버스는 CPU가 주변장치(기억장치나 입출력장치)에 데이터를 송출할 때 또는 주변장치에서 CPU의 데이터를 읽어들일 때 필요한 전송로이다. 이때 주변장치에 데이터를 보낼 때 처리하는 데이터량이 바로 데이터 버스 폭이다. 도로의 차선의 수가 통행량과 관련 있는 것과 같은 이치이다. 데이터 버스 폭이 넓을수록 데이터의 처리량을 늘릴 수 있을 것이다. 데이터 버스 폭은 엄밀히 말하면 CPU 자체의 성능을 측정하는 것은 아니며 [그림 3-8]과 같이 CPU와 주변장비와의 데이터 전송속도와 관련된 것이다.

기억장치는 주기억장치와 보조기억장치로 나누어진다. 주기억장치(main memory)는 즉응처리를 위해 데이터와 프로그램들을 저장하는 저장소로, RAM과

그림 3-8 Data Bus

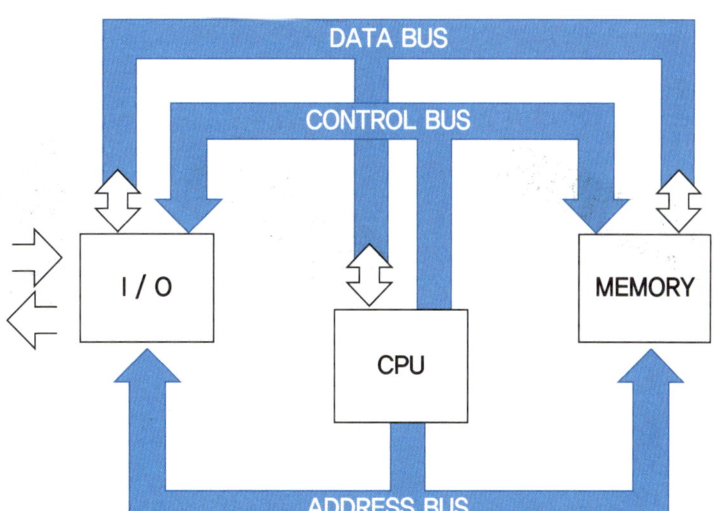

ROM이 이에 해당한다. RAM(Random Access Memory)은 데이터 처리속도가 빠르다는 장점이 있지만 컴퓨터를 끄는 순간 데이터가 사라지는 휘발성(volatile) 메모리이다. 주로 컴퓨터 작업을 위한 목적으로 응용프로그램의 일시적 로딩이나 데이터의 일시적 저장에 사용된다.

반면에 ROM(Read Only Memory)에 저장된 데이터는 영구적 또는 반영구적으로 보관된다. 그래서 컴퓨터 부팅용 소프트웨어 중 핵심 부분은 ROM에 저장된다. 하지만 ROM은 기록된 데이터를 빠르게 읽는 것만 가능할 뿐 다시 기록할 수는 없다.

이를 보완하기 위해 PROM, EPROM, Flash memory 등이 등장했다. PROM(Programmable ROM)은 프로그래밍을 위해 특별한 물리작용을 가하면 기록할 수 있는 메모리이며 한 번만 기록할 수 있다. EPROM(Erasable and Programmable ROM)은 자외선을 통해 기록된 데이터를 소거하고 재기록할 수 있는 메모리를 뜻한다. 플래시 메모리(flash memory)는 EPROM의 특별한 형태로, 데이터를 지우는 방법이 카메라에 달린 플래시가 터지는 것과 비슷하다고 해서 붙여진 이름이다.

추가적으로 ALU(Arithmetic-Logic Unit)는 CPU의 한 구성요소로서 연산장치에 해당한다. 기본적인 사칙연산이나 논리적인 연산을 수행할 수 있다.

그림 3-9 RAM, ROM, Flash Memory

RAM ROM Flash Memory

2.4 보조기억장치

보조기억장치(secondary storage)는 주기억장치보다 속도가 느리지만 많은 데이터와 프로그램들을 영구적으로 저장할 수 있는 비교적 저렴한 장치이다. 과거 대표적인 보조기억장치였던 플로피디스크(floppy disk)는 하드디스크(hard disk)가 등장하면서 요즘에는 잘 쓰이지 않고 있다. 하드디스크는 플로피디스크에 비해 대량의 데이터를 기억할 수 있다.

또 다른 보조기억장치로는 광디스크(optical disk)가 있다. 광디스크는 레이저에 의해 데이터를 판독할 수 있으며 대표적으로 CD, WORM, DVD가 광디스크에 속한다. CD(Compact Disk)는 음악, 데이터 등의 디지털정보를 저장할 수 있는데, 기록방식에 따라 다시 CD-ROM과 CD-R로 나누어진다. CD-ROM(Compact Disk Read Only Memory)은 디지털 데이터가 담긴 저장매체다. 반도체 메모리인 ROM에서 유래됐는데, 이는 CD 제작 시 최초 한 번만 기록할 수 있고 그 후로는 읽기만 가능하기 때문이다. 주로 음악, 게임, 소프트웨어 등을 담아 판매할 때 사용된다. CD-R(Recordable)은 사용자가 필요에 따라 한 번만 기록할 수 있는 저장매체다. 단 한 번만 기록할 수 있으며 내용을 지우고 재사용할 수는 없다. WORM(Write Once Read Many)은 한 번 기록가능, 여러 번 판독가능의 뜻으로, 사용자가 한 번 데이터를 기록할 수는 있으나 한 번 기록된 데이터를 소거하거나 갱신하는 것은 물리적으로 불가능한 디스크이다. 마지막으로 DVD(Digital Video Disk)는 양면으로 데이터를 저장할 수 있어 CD보다 저장 용량이 크다. 주로 영화를 감상할 때 사용된다.

자기테이프(magnetic tape)는 플라스틱테이프 위에 자성체를 바른 기억장치이다. 한때 보조기억장치로 널리 쓰였으나 처리시간이 느리고 실용적이지 못해 최근에는 자기디스크로 대체되고 있다. 그러나 중요한 자료를 복사하여 저장할 수 있기 때문에 자료의 백업(backup)에 주로 쓰인다.

또한 개인용으로 많이 휴대하는 USB Flash Memory와 CD와 같은 저용량 저장장치를 묶어서 비교적 저가의 대용량 저장장치로 만들어주는 RAID(Redundant

Array of Inexpensive Disks) 또한 보조기억장치에 속한다.

2.5 통신장치

통신장치(communication devices)는 컴퓨터나 전자장치끼리 데이터를 주고받을 수 있게 하는 장치이며, 종이 없는 사무실(paperless office) 구현과 기업의 친환경 실천을 위해 기여한다.

통신장치로는 모뎀과 케이블, 라우터 등을 예로 들 수 있다. 모뎀(MODEM)은 변조(MOdulator)와 복조(DEModulator)의 약자로 디지털 신호를 아날로그 신호로, 아날로그 신호를 디지털 신호로 바꾸는 역할을 한다. 신호를 변조, 복조한다고 하여 변복조장치라고 부르기도 한다. 케이블(cable)은 신호나 전력을 보내는 선, 데이터 전송로라고 볼 수 있다. 라우터(router)는 네트워크와 네트워크를 연결시켜주는 네트워킹장비이다. 자세한 것은 제8장에서 다루기로 한다.

제3절 기업의 정보시스템 도입 시 고려사항

기업이 정보시스템을 도입하려고 할 때 다음 세 가지 사항을 고려해보아야 한다. 첫 번째는 총소유비용(또는 총보유비용, TCO: Total Cost of Ownership)의 관점에 따라 도입하는 것이다. 총소유비용이란 총보유 또는 총소유비용으로 구입에서 활용, 유지, 보수까지 든 총비용을 뜻한다. 총소유비용은 하드웨어와 소프트웨어 구입비, 설치비, 교육훈련비, 유지보수비, 전산실 구축비 등으로 이루어져 있다. [그림 3-10]을 보면 우리는 정보시스템 활용기한에 따라 선택해야 하는 정보시스

그림 3-10 총소유비용 관점에서 IS 도입

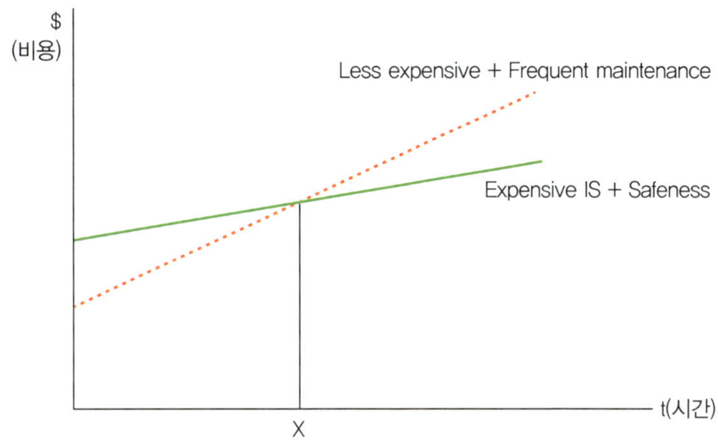

템이 다르다는 것을 알 수 있다. 점선 그래프는 초기 구매비용이 적지만 이후 유지보수비용이 빈번하게 드는 대안이다. 반면에 실선 그래프는 비록 초기 구매비용이 비싸지만 우수한 시스템을 확보하였기에 유지보수비용이 점선 그래프에 비해 상대적으로 적게 드는 대안이다. 즉 우리는 사용하려는 정보시스템 활용기간이 어느 정도인지를 잘 파악하고 총소유비용이 더 적게 드는 정보시스템을 도입해야 한다. 즉 두 그래프의 교차점 X기준으로 이전까지만 사용할 것이라면 점선 그래프를, 이후에도 사용할 것이라면 실선 그래프에 맞게 도입하면 된다. 즉 정보시스템의 활용기간이 단기적이라면 저가의 정보시스템을 도입하고 중장기적이라면 고가의 정보시스템을 도입하는 것이 합리적이다.

두 번째로 수요량 또는 소요량을 잘 예측하여 정보시스템 규모를 계획적으로 관리해야 한다. 네트워크 게임회사를 운영하고 있다고 가정하고 [그림 3-11]을 참고해보자. 게이머들의 네트워크 소비량은 그 수나 사용시간의 증가와 시간의 흐름에 따라 비례해서 증가한다고 하자. 한편 계단식 그래프는 투자의 결과로 증가하는 회사의 네트워크 용량(capacity)을 뜻한다고 하자. 한 마디로 회사가 어느 정도의 게임 서버를 갖추고 있느냐를 보여준다. 이 그래프는 소비량 그래프와 다르게 계단의 형태를 띠는데, 회사가 보유하고 있는 기존의 정보시스템에서 일시적으로 추가적

그림 3-11 용량계획

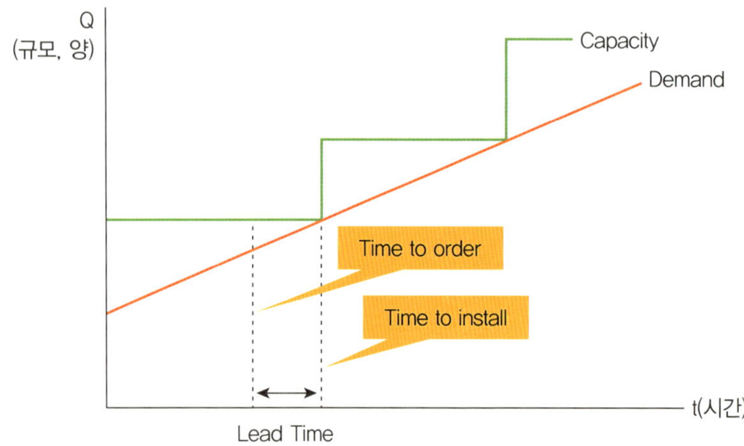

인 용량을 가진 장비를 도입하기 때문이다. 만약 두 그래프가 만나는 시점에서 새로 설치를 하지 않는다면 수요가 공급을 초과하여 서버가 다운되는 현상을 보일 것이며 이는 서비스품질에 치명적이다. 이를 미연에 방지하기 위해서 회사는 서버 또는 네트워크 확장을 미리 주문해두어야 하며, 두 그래프가 만난 시점에서 주문하기에는 시기가 너무 늦다. 새로 주문을 하고 설치 및 운행하기까지 소요되는 리드타임(lead time)이 있기 때문이다. 즉 회사는 리드타임이 어느 정도 걸릴지, 그리고 소비자들의 소비량이 미래에 어느 정도 증가할지를 예측하여 서버 확장 등을 미리 주문해야 한다.

마지막으로 고려할 사항은 새로운 IT 트렌드이다. 트렌드는 계속해서 변화하며 우리는 그러한 새로운 트렌드에 맞게 IS를 도입할 필요성이 있다. 예를 들어 무어의 법칙을 생각해보자. 컴퓨팅의 능력이 1년 반마다 2배로 올라간다는 무어의 주장을 통해, 1년 반마다 IT 트렌드가 새롭게 바뀐다는 것을 알 수 있다. 이러한 IT 트렌드는 정보시스템을 어떻게 도입해야 하는지에 대한 지침이 될 수 있다. 다음은 IT 트렌드의 예이다.

- 무어(G. Moore)의 법칙: 칩 저장 데이터량 16개월마다 2배씩 성능이 좋아진다.

- 무어의 가격법칙: 디지털제품은 매년 30~40% 인하된다.
- Intel의 앤디(Andy Grove)와 MicroSoft의 빌(Bill Gates)의 법칙: 고성능의 칩이 나올수록 소프트웨어는 그것을 사용한다.
- 이더넷을 개발한 메트칼프(R. Metcalfe)의 법칙: 오프라인에서는 $10+1=11$ 이지만, 온라인에서는 $(10+1)^2=121$, 즉 네트워크효과가 나타난다.
- 미래학자 길더(G. Gilder)의 법칙: 매년 대역폭이 3배 증가한다.
- 리카도(D. Ricardo)의 법칙: 인터넷으로 경제 기업정보가 투명해질수록 인터넷 가격비교 등이 가능해지면서 비교우위가 중요해진다.
- Citibank 총재인 리스턴(W. Wriston)의 법칙: 지식자본이 초국적하게 이동하면 기존 권력의 흔들릴 것이다.

예제

■ O/X형

1 200GFlops는 실수연산을 초당 2천억 번 수행하는 것을 말한다.

2 슈퍼컴퓨터가 되기 위한 조건은 절대적이다.

3 보조기억장치는 속도가 매우 느리다는 단점을 갖고 있지만, 데이터를 영구히 저장가능하다는 장점이 있다.

4 리드타임을 고려하여 주문하는 최종시점은 시스템을 업그레이드해야 하는 최종시점과 같다.

5 앤디와 빌은 "고성능의 칩이 나올수록 소프트웨어는 그것을 사용한다"고 말하였다.

답 ○, ×, ○, ×, ×

■ 서술형

1 RFID의 활용방안을 서술하시오.

2 CPU의 성능을 측정하는 방법 세 가지를 서술하시오.

CHAPTER

04 소프트웨어

제1절 소프트웨어의 개념

소프트웨어(software)란 컴퓨터가 해야 하는 일을 말해주는 단계적(step-by-step) 명령어 또는 지시문(instruction)이다. 그리고 소프트웨어는 프로그래밍 언어에 의하여 개발되는데, 프로그램 언어(programming language)는 컴퓨터가 어떠한 작업을 수행하기 위하여 미리 정의된 컴퓨터 언어를 사용하여 처리절차를 기술한 것으로 이러한 목적으로 사용되는 언어를 말한다. 따라서 프로그래밍 언어는 인간이 컴퓨터에게 명령을 전달하는 수단의 일종이라 할 수 있다.

1.1 프로그래밍 언어

프로그래밍 언어 중 1세대(기계어)와 2세대(예, 어셈블리어) 등 상대적으로 낮은 세대 언어는 컴퓨터가 직접 또는 간단한 변화에 의해 손쉽게 이해할 수 있도록 구성된 언어이다. 따라서 처리속도가 빠르다는 장점이 있으나 사람이 사용하는 일반

언어와는 거리가 멀기 때문에 인간이 이해하기 어렵다는 단점이 있다. 1세대 언어인 기계어는 특별한 해석과정 없이 컴퓨터가 직접 처리할 수 있는 언어이다. 2세대 언어는 일부 영어형태의 표현이 가능하지만 여전히 이해하기 어려운 언어이다.

이에 비해 3세대 이상의 고급언어는 상대적으로 더 인간 중심의 언어로 표현이 가능하도록 하여 사용이 편리하고 활용도가 높다는 장점이 있지만, 컴퓨터가 이해할 수 있는 형태로 변환해야 하는 추가적인 과정이 필요하므로 처리속도가 상대적으로 느린 문제점이 있다. 그러나 최근 하드웨어의 비약적인 발전으로 이러한 처리속도의 문제는 거의 감지하기 힘들 정도여서 큰 문제는 아니다.

고급언어로 우리가 대부분 사용하고 있는 3세대 언어는 인간의 언어를 영어식으로 표현하였다. 대표적으로 C, JAVA, Python 등이 있다. 4세대는 3세대보다도 더 추상화된 언어, 즉 인간의 언어와 더욱 가까워진 언어이다. 따라서 이해가 쉽고 프로그래밍 라인 수가 상대적으로 더욱 짧아 효율적 개발이 가능하다. 그러나 단점은 너무 추상화되어 표현력이 제한되므로 일반화된 프로그래밍이 어려울 수 있으며, 4세대 언어는 다른 언어로 번역된 후에 실행되는 경향이 있어 그만큼 실행 시 시간지연이 있다는 점이다. 한 예인 IFPS는 대표적인 4세대 언어로 재무분석에 이용되는 재무분석 전용 코드이나 다른 용도의 프로그래밍에는 거의 사용되지 않는다. 한때 인공지능어인 5세대 언어도 제안된 바 있었으나 최근 C, Java, Python 등 3세대 언어에서 인공지능 프로그래밍이 쉽게 되기 때문에 5세대 언어는 활성화되지 않았다.

표 4-1 | 저급언어와 고급언어

구분	저급언어	고급언어
장점	• 속도가 빠르다. • 컴퓨터가 이해하는 변환이 필요 없다.	• 인간이 쉽게 이해할 수 있는 형태로 되어 있기 때문에 누구나 개발이 용이하다.
단점	• 사용하기가 어렵다. • 사용 범위가 한정적이다.	• 저급언어에 비해 속도가 느리다. • 컴퓨터가 이해하도록 하기 위해 변환이 반드시 필요하다.
언어	기계어, 어셈블리어	COBOL, C, C++, Java 등

1.2 언어 번역기

프로그래밍 언어를 컴퓨터가 이해하기 위해서는 언어를 기계가 이해할 수 있도록 번역해야 하는데 이러한 기능에 사용되는 언어번역기(language translator)로는 [표 4-2]와 같은 것들이 있다.

표 4-2 언어 번역프로그램

구분	사용언어	비고
어셈블러 (assembler)	어셈블리어	어셈블리어를 기계어로 번역
컴파일러 (compiler)	Fortran, COBOL, C 등의 고급언어	원시프로그램(고급언어)을 목적프로그램(기계어)으로 번역
인터프리터 (interpreter)	BASIC	원시프로그램의 지시문 단위로 번역하고 실행
링키지 에디터 (linkage Editor)		목적프로그램(준기계어)상태의 여러 개의 프로그램을 하나의 기계어로 묶어 번역
프리프로세서 (preprocessor)	고급언어	고급언어로 작성된 프로그램을 그에 대응하는 다른 고급언어로 번역

1.3 명령처리방식

컴퓨터는 명령어를 처리하면서 작동되는데, 한 번에 하나의 명령어를 처리하는 방식을 커맨드(command)방식이라고 한다. 그런데 커맨드는 명령어를 하나씩 처리해야 하므로 매번 번거롭다는 단점이 있다. 이에 명령어를 모아서 한 번에 처리하는 방식이 있는데 이를 배치(batch)방식이라고 한다. 배치방식은 명령어 리스트를 배치파일이라고 하는 하나의 파일에 모아서 실시한다. 배치방식은 커맨드에 비해 덜 번거롭지만, 순차적으로만 명령어를 받아들이기 때문에 인간의 모든 논리를 표현할 수 없어 표현력이 부족하다고 할 수 있다.

1.4 소프트웨어의 종류

소프트웨어는 크게 두 가지로 나누어지는데, 시스템 소프트웨어(system software)와 응용 소프트웨어(application software)가 있다. 시스템 소프트웨어는 OS(Operating System)와 같이 컴퓨터를 사용하기 위해 가장 근본적으로 필요한 소프트웨어이다. 우리가 많이 알고 있는 OS로는 Windows, UNIX, DOS(Disk Operating System) 등이 있다. 이에 대해서는 OS 파트에서 다시 한 번 다룰 것이다.

응용 소프트웨어는 사람이 하는 작업을 도와주는 소프트웨어이다. 응용 소프트웨어는 다시 두 가지로 나누어진다. 첫 번째는 맞춤형(custom, customized) 소프트웨어이다. 맞춤형 소프트웨어는 특정 사용자집단을 대상으로 그들의 전용목적을 위해 사용되는 소프트웨어이다. ERP(Enterprise Resource Planning, 전사적 자원관리)를 제외한 모든 MIS는 현업의 정보 요구를 반영하여 개발되므로 맞춤형 소프트웨어에 속한다. 두 번째는 패키지 소프트웨어(packaged software)이다. 패키지 소프트웨어는 맞춤형과 다르게 불특정 다수를 위한 범용목적(general purpose)을 위해 사용된다. 대표적인 패키지 소프트웨어로 오피스군의 소프트웨어나 위에서 언급한 ERP가 있다. ERP는 기업 내 경영활동 프로세스들을 통합적으로 연계, 관리하는 역할을 한다.

1980년대 고도의 상업화가 진행되면서 온라인/데이터베이스환경에서 최종사용자가 다양한 보고서를 작성할 수 있도록 지원하는 RPG(Report Program Generator), 데이터베이스 질의어인 SQL(Structured Query Language) 등 비절차적 언어의 사용이 일반화되었다. 최근 정보화사회로 접어들면서 동영상, 화상, 음성, 텍스트 등 멀티미디어정보를 효과적으로 취급할 수 있는 소프트웨어가 필요해짐에 따라 비주얼 베이직(visual basic), 비주얼 c++(visual c++) 등의 언어와 멀티미디어 툴북(multimedia tool book), 오소웨어 프로페셔널(authorware professional), 아이콘 오소(icon author), 새빛(SAEBIT) 등의 저작도구가 사용되고 있다. 또한 멀티미디어 정보통신에서는 인터넷 구축을 위하여 HTML(Hyper

Text Markup Language), Java 등이 사용되고 있다.

제2절 시스템 소프트웨어

시스템 소프트웨어는 운영체제(OS: Operating System), 각종 언어의 컴파일러, 어셈블러, 라이브러리프로그램, 텍스트 에디터, 데이터베이스관리시스템(DBMS) 등이 포함된다. 이것은 사용자에게 필요한 업무를 처리하기 위해 사용하는 응용프로그램의 기초가 되며 그 위에서 응용프로그램을 개발하거나 사용할 수 있도록 해준다. 시스템 소프트웨어가 들어 있는 플로피디스크를 시스템디스크라고 하며, 이 디스크가 있으면 컴퓨터를 가동시킬 수 있다.

시스템 소프트웨어는 크게 두 가지 역할을 한다. 첫째 응용 소프트웨어와의 상호작용을 도와주는 역할을 한다. 응용 소프트웨어가 컴퓨터의 자원을 활용할 수 있

그림 4-1 시스템 소프트웨어의 역할

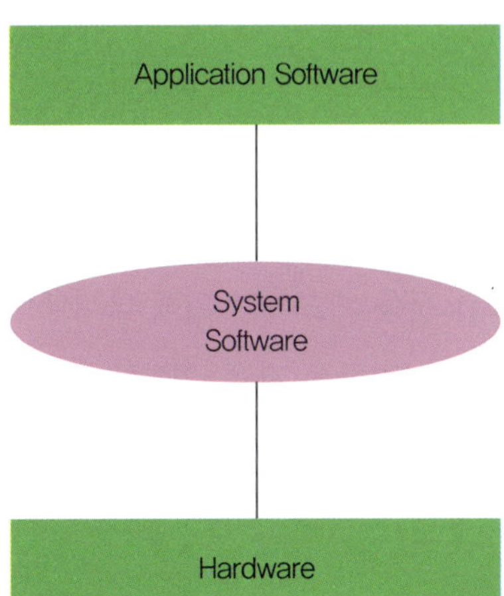

도록 중간에 도와주는 역할이 시스템 소프트웨어의 역할이다. 그리고 두 번째는 CPU, Memory 등 컴퓨터 자원을 관리하는 역할이다.

시스템 소프트웨어는 OS와 언어번역기(language translators), 지원프로그램(utilities), DBMS 등으로 구성되어 있다.

2.1 운영체제

운영체제(operating system)는 컴퓨터의 기본 기능을 작동하는 것이다. 잘 알려진 리눅스, 유닉스, 윈도우, 도스, 맥 OS 등이 있고, 이것 말고도 크레이(CRAY) 등 다른 운영체제도 많다. 운영체제에서의 주요 쟁점 중 하나는 운영체제상에서의 호환문제이다. 특히 마이크로소프트 진영과 매킨토시 진영에서 운영체제와 컴퓨터 경쟁이 있었는데 호환성에 대한 지원이 전략적으로 중요했다. 호환이 된다는 것은 긍정적인 면도 있고 부정적인 면도 있기 때문이다. 한편 OS는 다음과 같은 여섯 가지 기능이 있다.

(1) 부팅

부팅(booting)이란 보조기억장치에 있는 운영체제 관련 프로그램들을 주기억장치인 램(RAM)에 올리는 작업이다. 운영체에도 여러 가지가 있는데 하드디스크에 존재하는 커널도 있고 전자 회로상 영구적으로 존재하는 것도 있다. 먼저 전자 회로상 영구적으로 존재하는 소스를 올리게 된다. 다음으로 하드디스크나 플로피에 있는 것을 올리는데 그런 것을 체크하기 위해 다이내믹 루틴을 이용한다. 램 테스트나 BIOS 등을 메모리에 입력하는 것을 수행하고 모든 것의 점검을 끝냈을 때 드디어 시스템 프롬프트가 뜨게 된다. 프롬프트를 사용해서 명령어를 입력할 수 있다.

(2) 하우스키핑

포맷(format), 카피(copy), 백업(back-up), 리네임(re-name) 등과 같은 작업이 하우스키핑(housekeeping)이고 주로 명령어형태로 존재한다.

(3) 사용자 인터페이스

사용자 인터페이스(user interface)는 운영체제와 사용자가 의사소통을 할 수 있게 해주는 기능이다. 방식으로서는 CUI(Character User Interface)방식인 커맨드 방식, 메뉴방식, GUI(Graphic User Interface)방식 등이 있다. 그 외에도 최근에는 음성인식이나 동작인식 등을 이용한 인터페이스도 개발되고 있다.

(4) 컴퓨터 자원관리

주로 램(RAM)에 상주하면서 응용 소프트웨어를 작동하는 것을 의미한다. 예를 들어서 프린트 명령을 주었을 때 프린터를 지정해주고 프린터 드라이버에 작업명령을 주는 일련의 명령이 모두 이 기능에 속한다.

(5) 파일관리

파일에 관한 메타정보 등을 관리하는 것이다. 메타정보에는 파일 이름, 크기 등이 인덱스형태로 존재하는데 윈도우 OS의 경우 특정 폴더나 파일에서 오른쪽 버튼을 클릭하면 '속성'이라는 메뉴로 보이는 정보이다.

(6) 태스크관리

CPU 등을 활용하는 기본적인 작업을 모두 태스크라고 한다. 보통의 경우에는 하나의 CPU가 하나의 태스크만을 지원한다. 그러나 이 외에도 멀티타입 프로그래밍이 있다. 두 개 이상의 프로그램을 한 컴퓨터상에서 하나의 중앙처리장치로 동시에 수행하도록 하는 것이다. 그러나 동시에 수행하는 것처럼 보이지만 사실 동시에 수행하는 것이 아니고 한 시점에서는 하나의 태스크만을 수행한다. 그런데 워낙 CPU의 수행속도가 빠르기 때문에 마치 이것이 동시에 실행되는 것처럼 보이는 것뿐이다.

멀티 프로그래밍(multi-programming)은 일종의 이벤트방식(event driven)이라고 할 수 있다. 프로그램 1, 2, 3이 있고, CPU와 자원이 있다고 하자. 과거에는 도착한 순서대로 차례로 한 개씩 순차적으로 처리하였다. 그러나 멀티 프로그래밍이 되면 이 프로그램들을 마치 동시에 처리해주는 것처럼 서비스한다. 이 방식은 CPU의 효과성과 효율성 높일 수 있다. 멀티 프로그래밍은 멀티 태스킹에 비하여 멀티유저(multi-user)용 운영체제인 경우가 많다.

시분할(time sharing)방식은 멀티 태스킹의 한 방식이다. 여러 가지 프로그램 태스크가 존재할 때 일을 나누어주는 방식이 몇 가지가 있는데 그 방식 중 하나가 시간을 중심으로 나누는 시분할방식이다. 멀티 프로그래밍은 이벤트드리븐(event driven)으로 이벤트가 발생할 때마다 바꾸어주는 것인데, 시분할방식은 일정 시간 간격으로 강제적으로 자원을 나누어 할당하는 것이다. 그리고 멀티 프로세싱(multi-processing)은 앞에 말한 것의 정반대이다. 앞의 두 가지는 하나의 자원의 효율성을 높이기 위해 잘라내는 방식이라면, 멀티 프로세싱은 대용량의 서비스를 여러 개의 CPU가 동시에 처리하는 방식이다.

2.2 언어번역기

대표적 언어번역기(language translators)는 두 가지 종류가 있다. 하나는 인터프리터(interpreter)이고 다른 하나는 컴파일러(complier)이다. 인터프리터는 각각의 작업 명령어를 하나씩 기계어로 바꾸는 역할을 한다. 즉 하나를 해석하고 하나를 실행한다는 특징을 가지고 있다. 따라서 번역속도가 빨라 보인다는 장점이 있으나, 진행 중에 뒤의 코드에서 문제가 발생하면 되돌릴 수 없으므로 안전성이 떨어진다.

한편 컴파일러는 소스 전체를 기계가 이해할 수 있는 오브젝트 코드로 바꾸어주는 파싱(parsing)을 한다. 그리고 알집, 윈집, FTP 등의 유틸리티가 있다. 또한 바이러스 점검을 위한 각종 프로그램, 포맷을 하는 소프트웨어도 모두 시스템 소프트웨어이다. 컴파일러는 인터프리터와 다르게 한 번에 모든 명령어를 해석하고 한 번에 모두 실행하므로 속도가 느리긴 하지만 안전성이 그만큼 보장되어 있다. 인터프리터, 컴파일러와 비슷한 개념으로 어셈블러(assembler)도 있다. 어셈블러는 전자의 두 가지 번역기와 다르게 저급언어인 어셈블리어를 해석하는 데 사용된다. 즉 어셈블리어로 작성한 프로그램을 컴퓨터가 직접 해독할 수 있는 기계어로 고쳐주는 것이다.

2.3 데이터베이스관리시스템

데이터베이스관리시스템(DBMS: Database Management System)은 원래 시스템 소프트웨어였는데 최근 쉬운 데이터베이스관리를 위해 사용자인터페이스가 강화되어 요즘에는 패키지 소프트웨어화되었다. 예를 들어 MicroSoft Access도 그 자체는 패키지 소프트웨어라고 할 수 있지만 그 핵심은 Jet Engine이라고 하는 시스템 소프트웨어이다. Jet Engine에 부가되어 여러 사용자 지원기능이 추가되면서 패키지가 된 것이다. 그래서 최근의 데이터베이스 관리자는 시스템 소프트웨어와 응용 소프트웨어가 같이 공존하는 형태라고 볼 수 있다.

2.4 전사적 자원관리

전사적 자원관리(ERP: Enterprise Resource Planning)는 커스터마이징(customizing)된 대부분의 MIS와는 달리 예외적으로 패키지로 분류된다. 전사적

자원관리는 회사의 모든 정보뿐만 아니라 공급사슬관리, 고객의 주문정보까지 포함하여 통합적으로 관리하는 시스템이다. ERP 도입 시 생산부분이 마케팅을 실시간으로 조회하여 생산일정을 조회 및 변경할 수 있는 등 비용낭비나 생산지연요인을 사전에 제거하는 일이 가능해진다.

전사적 자원관리를 개발하기 위해서는 먼저 특정 산업군에서 가장 우수한 기업(best practice)을 선정하여 그 기업의 프로세스를 전산화한다. 그런 후에 동종 산업의 대상 기업에 대해서는 그 회사의 현재 비즈니스 프로세스의 문제점을 파악하고 개선하는 경영혁신(조직현신, 경영 프로세스 재구축 등)을 한다. 그런 후에 준비된 정보시스템을 도입한다. 결국 전사적 자원관리는 경영혁신에 모듈화된 패키지 소프트웨어를 합친 개념이다.

제3절 응용 소프트웨어

응용 소프트웨어란 어떤 특정한 사용자 작업을 보다 편리하게 처리할 목적으로 만들어진 프로그램이다. 응용 소프트웨어는 컴퓨터를 이용하여 작업하는 데 수월하게 도와준다. 응용 소프트웨어의 종류는 많으나 대표적인 몇 가지만 살펴보도록 하자.

3.1 패키지

패키지프로그램은 어느 분야든 일반목적으로 사용할 수 있도록 소프트웨어 전문업체에서 개발한 프로그램으로서 많은 노력이 필요 없이 쉽게 업무처리가 가능하다는 장점과 사용자 입장에서 쉽게 수정할 수 없다는 단점이 있다.

- 워드프로세서: 문서의 작성과 편집을 쉽게 해주는 프로그램 예 한글, MS-워드, 훈민정음 등
- 스프레드시트: 표 계산을 쉽고 정확하게 처리해주는 프로그램 예 MS 엑셀, Lotus 1-2-3, 훈민시트 등
- 그래픽 소프트웨어: 그림을 쉽게 만들 수 있도록 해주는 프로그램 예 포토샵, 페인트샵프로, 일러스트레이터, 페인트샵 등
- 비디오 편집 소프트웨어: 비디오를 쉽게 만들 수 있도록 도와주는 프로그램 예 버추얼 둡, 아도브 프리미어, 유리드 미디어 스튜디오, Microsoft Video for Windows 등
- 데이터베이스프로그램: 많은 데이터를 효율적으로 처리할 수 있도록 도와주는 프로그램 예 디베이스, 엑서스, 폭스프로, 오라클, 사이베이스, 인포믹스, 어프로치 등
- 통신 프로그램: 자료를 송수신하고 필요한 정보를 검색할 수 있는 프로그램 예 익스플로러, 넷스케이프, 새롬 데이터맨 프로, 이야기 등

3.2 맞춤형 프로그램

특정 사용자 또는 사용자집단이 자신들만의 특정 문제를 해결하기 위하여 직접 만들거나 외부 전문개발조직에 주문하여 사용하는 프로그램이며 대부분의 MIS가 여기에 속한다.

제4절 클라우드 컴퓨팅

클라우드 컴퓨팅(cloud computing)이란 개념이 탄생한 배경은 두 가지이다. 첫 번째는 웹이 단순한 환경이 아니라 플랫폼으로 성장했기 때문이고, 두 번째는 하드웨어 및 소프트웨어 플랫폼의 발전 덕분이다. 클라우드 컴퓨팅이란 복수의 데이터 센터를 가상화기술로 통합해 사용자에게 각종 소프트웨어와 보안솔루션, 컴퓨팅능력까지 온디맨드방식으로 제공하는 기술이다. 대형 컴퓨터에 프로그램이나 문서를 저장하고 사용자는 PC나 휴대폰, PDA 등 다양한 단말기를 통해 접속해 원하는 작업을 할 수 있다. 기존의 씬 클라이언트와 유사한 개념인데, 단말기의 경우 속도나 크기의 한계가 있었지만 클라우드 컴퓨팅은 인터넷 접속만 가능하면 고성능기기가 아니어도 원격으로 하고자 하는 작업을 수행할 수 있다. 즉 단말기의 한계를 인터넷 통신망을 통해 보완할 수 있을 만큼 네트워크 대역폭이 크게 증가했기 때문에 가능한 기술이다.

제5절 소프트웨어 개발자윤리

1947년에 설립되어 컴퓨터분야 학회의 연합체인 ACM은 “소프트웨어 엔지니어는 소프트웨어의 분석, 명세, 설계, 개발, 테스트, 유지보수 전반의 일을 유익하고 존중받는 직업적 활동으로 만들기 위해 노력해야 한다. 공공의 건강, 안전, 복지를 위하여 소프트웨어 엔지니어는 8개의 원칙을 준수해야 한다”고 말하였다. 이때 8개의 원칙은 다음과 같다.

- 소프트웨어 엔지니어는 공공의 이익에 부합하도록 일해야 한다.
- 소프트웨어 엔지니어는 자신의 고객 및 고용자의 최선의 이익을 위하여 일하되 공공의 이익과 부합되는 방식으로 일해야 한다.
- 소프트웨어 엔지니어는 자신이 개발한 제품과 그에 대한 수정이 가능한 최고의 전문적 수준에 이르도록 노력해야 한다.
- 소프트웨어 엔지니어는 자신의 전문가적 판단에 있어서 언제나 정직성과 독립성을 유지해야 한다.
- 소프트웨어공학 관리자와 리더는 소프트웨어 개발과 유지보수에 대한 관리를 함에 있어서 윤리적 방법을 따르고 이를 장려하여야 한다.
- 소프트웨어 엔지니어는 공공의 이익과 부합되는 방식으로 자신의 직업의 청렴성과 명성을 발전시켜야 한다.
- 소프트웨어 엔지니어는 자신과 함께 일하는 동료들에 대해 언제나 공정하고 지원을 아끼지 않아야 한다.
- 소프트웨어 엔지니어는 자신의 전문성 발전을 위해 평생 배우고, 자신의 전문분야의 일을 수행함에 있어서 윤리적인 방법의 사용을 장려해야 한다.

예제

■ O/X형

1 4세대는 3세대보다도 추상화된 언어로 인간의 언어와 더욱 가까워져 일반화하기 쉽다.

2 커맨드는 명령어를 하나씩 처리해야 하므로 매번 번거롭다는 단점이 있다.

3 ERP에서는 특정 산업군에서 가장 우수한 기업으로 선정된 Best Practice를 전산화하는데, 나머지 회사는 그 프로세스를 그대로 전산화한다.

답 ×, ○, ×

■ 단답형

1 하나의 CPU로 2개 이상의 일을 처리하는 방식을 무엇이라고 하는가?

답 멀티프로그래밍

■ 서술형

1 OS의 기능을 서술하시오.

2 클라우드 컴퓨팅이 가능해진 배경을 서술하시오.

CHAPTER 05 데이터베이스관리시스템

제1절 데이터의 개념과 데이터처리방식

1.1 데이터

데이터의 가장 작은 단위는 비트(bit)이며 1비트는 0 또는 1값을 가진다. 비트의 집합으로 구성된 기본 단위는 바이트(byte)이다. 바이트는 하나의 문자를 표현하는 단위이며 8비트로 1바이트를 구성하는 것이 일반적이다. 알파벳과 아라비아 숫자와 같은 반각문자는 한 자에 1바이트로 표현되지만 한글이나 한자와 같은 전각문자는 2바이트(16비트)로 표현된다.

바이트의 상위 개념은 데이터 속성(data item)으로, 사용자의 특정한 의미나 개체 속성을 나타내는 최소단위가 된다. 또한 여러 데이터 속성들이 모여 특정 개체를 나타내는 것을 레코드(record)라 하며 레코드들의 모음이 데이터 파일(data file)이다. 이때 데이터베이스(database)는 여러 데이터 파일들의 통합된 집합이다. 데이터베이스는 통합되어 있기 때문에 각각의 데이터 파일 또는 테이블의 중복된 내용들이 어떤 것인지에 대한 정보를 가지고 있다.

[그림 5-1]은 데이터 구조에 대한 이해를 돕기 위한 예시이다.

그림 5-1 비트와 바이트

Student Table

SID	Name	Dept	Hobby	Address
2010100001	홍길동	경영학부	농구	서울시 동대문구 회기동
2009100001	허 준	관광학부	여행	서울시 종로구 평창동

00000010 ➡ 2

00000010 ➡ 2

그림 5-2 데이터 속성

Student Table

SID	Name	Dept	Hobby	Address
2010100001	홍길동	경영학부	농구	서울시 동대문구 회기동
2009100001	허 준	관광학부	여행	서울시 종로구 평창동

[그림 5-3]은 데이터 속성들이 모인 개체 속성의 집합인 레코드이다.

그림 5-3 레코드

Student Table

SID	Name	Dept	Hobby	Address
2010100001	홍길동	경영학부	농구	서울시 동대문구 회기동
2009100001	허 준	관광학부	여행	서울시 종로구 평창동

그림 5-4 데이터 파일

Student Table

SID	Name	Dept	Hobby	Address
2010100001	홍길동	경영학부	농구	서울시 동대문구 회기동
2009100001	허 준	관광학부	여행	서울시 종로구 평창동

그림 5-5 데이터베이스

Student Table

SID	Name	Dept	Hobby	Address
2010100001	홍길동	경영학부	농구	서울시 동대문구 회기동
2009100001	허 준	관광학부	여행	서울시 종로구 평창동

Class Table

CID	Dept	Credit
MIS	경영학부	3
국문학 산책	관광학부	3

Enrol Table

CID	SID	Score
MIS	2010100001	A+
국문학 산책	2010100001	P

1.2 데이터처리방식

컴퓨터가 데이터를 처리하는 방식에는 일괄처리방식(batch processing)과 즉응처리방식(immediate processing)이 있으며 즉응처리방식은 다시 온라인 데이터처리방식(on-line data processing)과 실시간 데이터처리방식(real-time data processing)으로 나뉜다.

(1) 일괄처리방식(batch processing)

사용자들의 정보처리 요구를 일정 기간 또는 일정량이 될 때까지 쌓아두었다가 한 번에 일괄적으로 처리하는 방식을 의미한다. 일괄처리방식은 공급자가 최적의 시간이라고 판단될 때 처리할 수 있다는 점에서 공급자에게 효율적인 방식이다. 컴퓨터시스템을 효율적으로 사용할 수 있을 뿐만 아니라 기계사용시간의 계획을 세울 수 있기 때문이다. 그러나 자료 발생으로부터 최종결과를 얻을 때까지 시간이 비교적 많이 소모되어 사용자의 만족도가 떨어진다는 단점이 있다.

(2) 즉응처리방식(immediate processing)

정보처리 요청을 하는 시점부터 즉시 수행하는 즉응처리방식은 다시 두 종류로 나뉜다.

1) 온라인 데이터처리방식(on-line data processing)

CPU, 주변기기들과 파일들이 그물망처럼 연결되어 이산적(discrete)으로 처리하는 방식을 의미한다. 즉 정보처리 요청의 이벤트 발생이 사용자로부터 이루어지는 방식이다. 그 예로는 POS, ATM, 온라인 예약시스템을 들 수 있다.

2) 실시간 데이터처리방식(real-time data processing)

이산적으로 처리하는 방식인 온라인 데이터처리방식과 달리 연속적으로 제어하며 정교하게 처리하는 방식이다. 사용자가 아닌 시스템이 스스로 이벤트를 발생시키며 처리하기 때문에 온라인방식에 비해 더욱 신속하게 대응하고, 처리속도가 빠른 경향이 있으며 사람이 일일이 관찰하며 처리하기 어려운 작업에 적합하다. 다만 온라인 데이터처리방식과 실시간 데이터처리방식을 처리속도로 구별해서는 안 된다. 둘의 비교기준은 일이나 과업을 시스템이 스스로 발생시킬 수 있느냐, 없느냐의 차이이다. 실시간 데이터처리방식의 예로는 재해 예방시스템, 미사일 통제시스템이 있다.

제2절 데이터베이스관리시스템(DBMS)

2.1 데이터 저장법

데이터 저장방법의 대안으로 변수선언(variable declaration)방식과 파일(file)방식 그리고 데이터베이스(DB: DataBase)방식이 있다. 먼저 소스프로그램(source program)에 변수선언을 하여 데이터를 저장관리하는 변수선언방식은 비록 데이터 처리가 빠르다는 장점이 있으나, 데이터를 찾거나 수정하기 위해서 소스(source)들을 다 샅샅이 들춰봐야 하기 때문에 데이터관리가 매우 비효율적이다. 더구나 개발자와 관리자의 역할이 분리되어 있기 때문에 실질적으로는 관리가 불가능하다. 따라서 기업의 데이터 저장방식으로는 적합하지 않다. 따라서 파일 또는 데이터베이스를 선택하는 것이 일반적이다.

파일방식과 데이터베이스방식 중에 어떤 것을 채택해야 하는가를 결정하기 위해 다음과 같은 몇 가지 평가치(metrics)가 존재한다. 다음 여러 개의 기준치 중 하나라도 해당 사항이 있는 경우 데이터베이스방식을 채택하는 것이 좋다.

- 공유가능성(shareability)은 데이터를 타인과 공유할 수 있음을 의미한다. 데이터베이스를 사용하면 손쉽게 다른 사람들과 정보를 공유할 수 있다.
- 재사용성(reusability)은 데이터를 재생산하여 여러 다른 정보를 만들 수 있음을 말한다.
- 유연성(flexibility)은 정보 사용자들의 정보검색 요구를 사전에 특정하기 어려운 경우에 그때그때마다의 검색 요구에 유연하게 검색할 수 있어야 한다는 의미이다. 즉 애드혹(ad hoc) 쿼리를 할 수 있다는 의미인데 이는 (예측이 어려운) 문제가 발생하더라도 즉석에서 바로바로 문제를 해결할 수 있는 능력을 의미한다. 정보여부는 사용자가 결정하는 것이므로 사용자가 가치 있게 여기는 정보가 무엇인지에 대해 다양하게 요구해오더라도 이를 대응할 수 있어야

한다.

- 일치성(consistency)은 어떠한 삽입, 삭제, 수정에도 데이터가 완전한 것을 의미한다.
- 마지막으로 중·장기적 투자를 고려한다면 데이터베이스를 구축해야 한다. 데이터베이스는 파일에 비해 구축비용은 비싸지만 유지비용은 더 저렴하다. 따라서 중·장기적 관점에서는 데이터베이스를 구축하는 것이 더 효율적이다. 이상과 같은 여러 평가치 중 어느 하나라도 필요하다면 파일보다는 데이터베이스가 더 적합하다.

2.2 데이터 저장시스템 구축 시 고려사항

우리는 데이터의 구조와 처리방식, 데이터 저장의 선택방안에 대해 살펴보았다. 그렇다면 데이터를 관리하기 위해서는 어떤 것들을 고려해야 할까?

(1) 데이터 저장방식 결정

제일 먼저 데이터 저장을 위해 파일방식을 사용할 것인지 데이터베이스방식을 사용할 것인지를 정해야 한다. 매트릭스를 기반으로 공유성, 재사용성, 유연성, 일치성, 중장기적 운영비 중 하나라도 해당하는 경우 데이터베이스를 사용해야 하며 해당 사항이 없는 경우 파일을 사용하더라도 무방하다.

(2) 데이터베이스를 사용한다면 어떤 데이터베이스를 사용할 것인지 결정

데이터베이스에도 [그림 5-6]과 같이 다양한 종류가 있다. 각 데이터베이스의 특징을 파악한 다음 선택해야 할 것이다. 특히 RDB, HDB, NDB, OODB와 같은

SQL 계열을 지원하는 데이터베이스관리시스템으로는 오라클(Oracle), MySQL, MairaDB 등이 있으며, NoSQL 계열을 지원하는 프로그램으로는 Cassandra, MongoDB, Riak 등이 있다.

그림 5-6 데이터베이스의 종류

RDB (관계형 데이터베이스)	데이터를 단순한 관계로 표현하는 형식의 데이터베이스이며 데이터들은 테이블을 재구성하지 않더라도 다양한 방법으로 접근하거나 조합될 수 있어 많이 사용된다.
HDB (계층형 데이터베이스)	트리형태로 데이터들이 모두 연결된 데이터베이스로서 사전에 데이터를 어떻게 처리할 것인지 정한다. 정보 추출을 위해 데이터 구조를 알아야 하며 데이터 파일은 서로 종속적이다.
NDB (네트워크 데이터베이스)	모자(母子)집합이라는 레코드 간 구조를 가지며, 자 레코드가 복수의 모 레코드를 갖는 복잡한 표현도 가능한 데이터베이스이다. 표현력은 좋으나 다소 복잡하여 사용이 어렵다.
OODB (객체지향형 데이터베이스)	객체들을 생성하여 계층에서 체계적으로 정리하고, 다시 계층들을 하위 계층이 상위계층으로부터 속성과 방법들을 물려받을 수 있는 계승가능한 구조이다.
NoSQL (비정형 데이터베이스)	저장할 데이터의 형태가 계속 변화하거나(비정형데이터) 빅데이터일 때 사용한다.

(3) 제품 결정

사용하고자 하는 데이터베이스관리시스템이 어떤 특성을 가지고 있는지 또한 고려할 필요가 있다. 먼저 제품이 개방형(openness) 제품인지 고려한다. 개방형이란 이질적인 데이터베이스에도 접근을 허용할 수 있는 성질을 의미한다. 시장의 후발 주자들이 보통 개방형 제품을 선택한다. 두 번째로 처리속도에 대해 고려한다. 처리속도는 제품의 성능과 직접적인 관계가 있기 때문이다. 세 번째로 벤더의 전문성과 안전성에 대해 검토한다. 벤더가 제품에 대한 전문성이 없거나 없어질 가능성이 있는 기업이라면 추후 문제가 발생할 때 제대로 지원되지 않는 등의 문제가 발생할 수 있다. 네 번째로 OLAP, 중역정보시스템 등 다른 정보시스템과의 확장성을 고려한다. 마지막으로 제품의 총소유비용(TCO)을 고려한다.

(4) 플랫폼 결정

데이터베이스관리시스템을 어떤 하드웨어와 OS에서 작동시킬지를 결정한다. OS를 결정할 때 크게는 Windows OS와 UNIX로 구분할 수 있다. Windows OS는 상대적으로 가격이 저렴하여 구축비용이 적게 소요되나 불안정하다는 단점이 있다. 반면 UNIX는 가격이 비싸나 상당히 안전하다는 장점을 가진다.

(5) 레퍼런스

현재 도입하려는 데이터베이스관리시스템을 이미 사용하고 있는 신뢰할만한 타 조직이나 기관이 있는지 살펴야 한다. 레퍼런스가 존재한다면 사전에 접촉하여 문의할 수 있을 것이다.

2.3 데이터 구축 순서

데이터베이스를 구축하는 순서는 [그림 5-7]과 같다. 데이터베이스 구축 대상이 되는 업무에 대해서 E-R 다이어그램을 통해 개념화하고, 이로부터 SQL을 이용하여 데이터베이스를 정의함으로써 구축하는 순서이다.

그림 5-7 데이터베이스 구축 순서

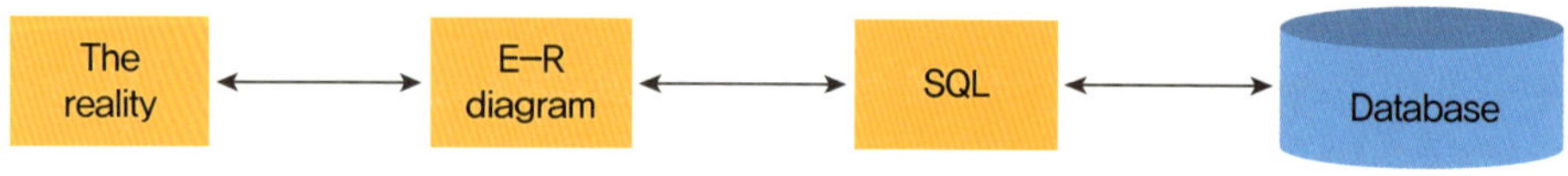

'The reality'는 데이터베이스 구축 프로젝트가 진행되기 전, 데이터베이스 구축 대상이 되는 회사업무를 의미한다. 데이터베이스를 구축하기 위해 먼저 E-R 다이어그램을 작성하게 되는데 이는 본격적인 구축 전에 대상업무에 대해 개념적인 모델링을 하여 대상을 이해하기 위한 과정이다. 여기서 E는 'Entity'로 개체를 의미하고 R은 관계성 'Relationship'을 의미하는 것으로 E-R diagram은 업무에 관련된 '개체'와 '개체 간의 관계성'을 사전에 약속된 도식에 의해 시각화한 것이다.

SQL은 Structured Query Language의 약자로 데이터베이스를 생성하거나 조작(manipulation)하기 위한 언어이다. SQL은 DDL(Data Definition Language)과 DML(Data Manipulation Language)로 이루어져 있는데 DDL은 테이블 형성과 같이 데이터베이스를 구축하는 데 사용된다. 이와 달리 DML은 DDL을 통해 구축된 데이터베이스를 관리하고 활용하는 데 사용한다. 즉 DML의 기능은 CRUD인데 CRUD란 Create(삽입), Retrieve(검색), Update(수정), Delete(삭제)를 의미한다.

제3절 E-R모델링

E-R 다이어그램을 작성하는 E-R모델링(modeling) 구축 순서는 대체로 다음과 같은 6단계를 따른다.

- 개체 파악하기
- 관계성 파악하기
- 대응관계 결정하기
- 개체들과 관계성에 속하는 속성 나열하기
- 속성들로부터 기본키(primary key) 정하기
- 필요 시 외래키(foreign key) 정하기

3.1 Step 1 : 개체 파악하기

업무를 나타내는 문장에서 개체(entity)란 대체로 유의미한 속성을 가진 명사형에서 발견된다. 예를 들어 "학생이 과목을 수강한다"에서 개체는 학생과 과목이다. 학생은 학번, 성명, 습관 등의 속성을 정보로 사용할 수 있는 명사이기 때문이다. E-R모델에서 이러한 개체는 직사각형으로 표현한다([그림 5-8] 참조).

그림 5-8 개체 작성 예

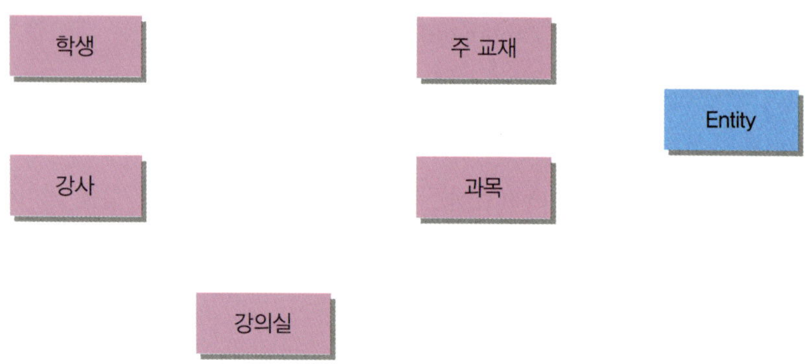

3.2 Step 2 : 관계성 파악하기

관계성(relationship)이란 이상의 목적어를 갖는 문장에서 주로 동사형으로 나타난다. 예를 들어 "학생이 과목을 수강한다"에서 관계성을 나타내는 것은 '수강'이다. E-R모델에서 관계성은 마름모꼴로 표현한다. 두 개의 개체가 하나의 관계성으로 인해 관계성이 형성되는 경우를 이항관계(binary relationship)라고 한다. 이항관계 중에서 한 개의 객체가 자신과 관계성을 형성하는 것을 Auto-relationship이라고 한다. 예를 들어 "어떤 학생이 다른 어떤 학생과 협동한다"와 같은 문장에서 Auto-relationship이 나타난다. 세 개의 개체가 하나의 관계성을 형성하는 경우는 Ternary relationship, 관계성과 관련한 개체가 네 개 이상일 경우 N-ary relationship이라고 한다([그림 5-9] 참조).

그림 5-9 관계성 작성 예

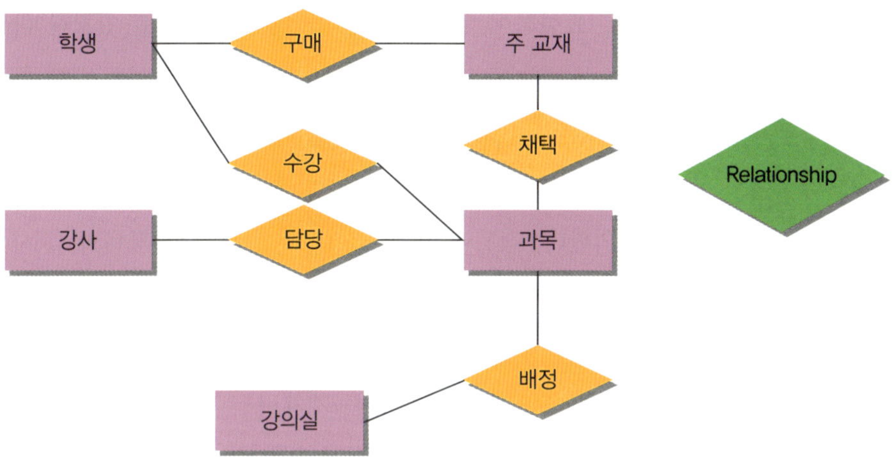

3.3 Step 3 : 대응관계 결정하기

개체끼리의 대응관계(cardinality)는 1:1, 1:M, M:M(M:N)으로 표시할 수 있다. [그림 5-10]과 같이 "학생은 과목을 수강한다"에서 학생이 수강하는 과목은 한 가지이며 한 과목은 여러 학생이 수강할 수 있다는 것을 대응관계를 통해 나타낼 수 있다. 1:1은 개체가 각각 1대 1로 대응될 때 사용하며, M:M은 여러 개의 개체가 대응될 때 사용한다.

그림 5-10 대응관계 작성 예(1)

3.4 Step 4: 개체들과 관계성의 속성 나열하기

하나의 개체와 관계성은 일반적으로 하나 이상의 속성을 갖는다. 속성은 E-R 다이어그램에서 타원형으로 표현하며 얼마든지 많은 속성을 가질 수 있으나 다만 그 속성은 데이터베이스를 통해 제공하려는 정보시스템에서 사용자들에게 가치(value)가 부여될 수 있는 속성이어야 한다. 예를 들어 학생에게 취미는 속성이 될 수 있으나 수강신청시스템에서 학생의 취미는 가치 있는 정보는 아닐 것이므로 데이터베이스 구축에서는 제외한다. 객체에 있는 특성들 중 다른 개체와 구별을 시켜주는지, 개발하려는 업무에서 가치(value)로 쓸만한지가 속성 선택의 기준이다. 만약 개체가 가치 있는 속성을 갖지 않을 경우, 그 개체는 다른 개체의 속성일 수 있다. 또한 각 개체들을 구분할 수 있는 속성이 없는 개체라면 'weak entity'이며 점선의 직사각형으로 표현하거나 E-R diagram에서 제거한다.

그림 5-11 대응관계 작성 예(2)

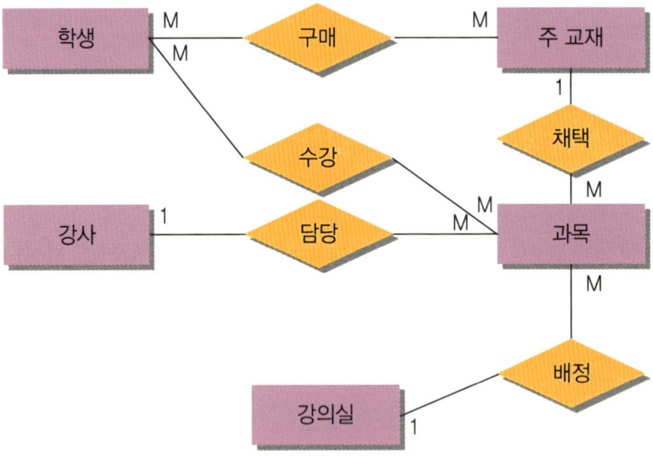

3.5 Step 5 : 속성들로부터 기본키 정하기

각 개체나 관계성은 기본키를 가질 수 있다. 기본키(primary key)는 키(key)들 중에서 선택되는데, 여기서 키(key)란 개체 속의 모든 개별 레코드(records)들을 100% 확률로 서로 구분해줄 수 있는 유니크(unique)한 속성이다.

다음으로 후보키(candidate key)는 키 안의 어떤 속성을 제거하면 키(key)의 역할을 수행하지 못하고 키에 소속한 속성 외의 다른 속성을 추가하면 군더더기가 되는 키를 의미한다. 그래서 후보키를 미니멀키라고도 한다. 예를 들어 학생 테이블에서 [학번], [주민번호], [학번, 주민번호] 는 모두 키가 될 수 있다. 하지만 [학번] 혹은 [주민번호]만으로도 모든 개체들을 구분할 수 있으므로 [학번, 주민번호]처럼 두 가지 속성이 함께 존재할 필요는 없다. 이에 비해 [학번]과 [주민번호]는 그 속성을 제거하면 공집합이 되므로 키의 성질을 잃게 되고 그 속성에 임의의 다른 속

그림 5-12 속성 작성 예

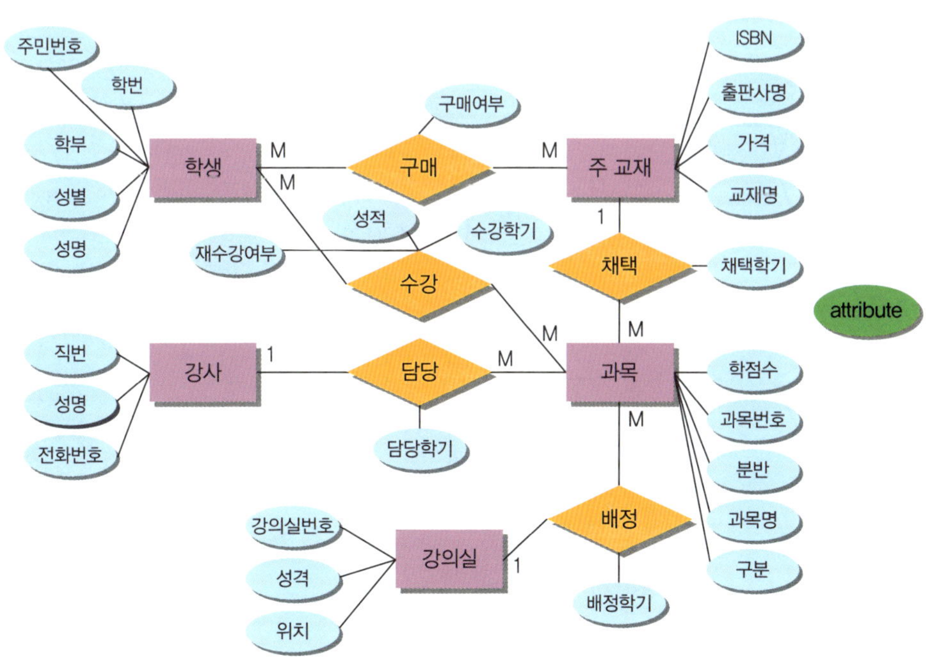

성을 넣는 것은 중복되어 경제적이지 못하다. 따라서 [학번, 주민번호]는 후보키가 될 수 없고 [학번]과 [주민번호]는 후보키가 될 수 있다.

최종적으로 기본키(primary key)는 후보키 중에서 임의의 하나를 선정하면 된다. 그러나 일반적으로 여러 후보키 중에서 데이터베이스 조작이나 검색에 더욱 자주 등장할 후보키, 그 데이터 사이즈가 더 작은 후보키, 그리고 후보키 안에 유용한 정보가 더 많이 내포된 후보키를 기본키로 하는 것이 좋다. 예를 들어 [학번]과 [주민번호]는 모두 기본키가 될 수 있으나 수강신청시스템의 맥락에서는 [학번]이 [주민번호]보다 더 빈번하게 사용되는 키일 것이며, 학번 안에는 입학년도나 소속학과 등의 유용한 정보가 내포되어 있음에 비해 [주민번호]에 들어 있는 생년월일이나 성별은 수강신청시스템에서는 덜 중요한 정보일 것이다. 그러므로 최종적으로 [학번]을 기본키로 삼는 것이 더 유리할 것이다. 한편 E-R 다이어그램에서 기본키는 다른 속성에 비해 밑줄 1개로 표시한다([그림 5-13] 참조).

그림 5-13 기본키 작성 예

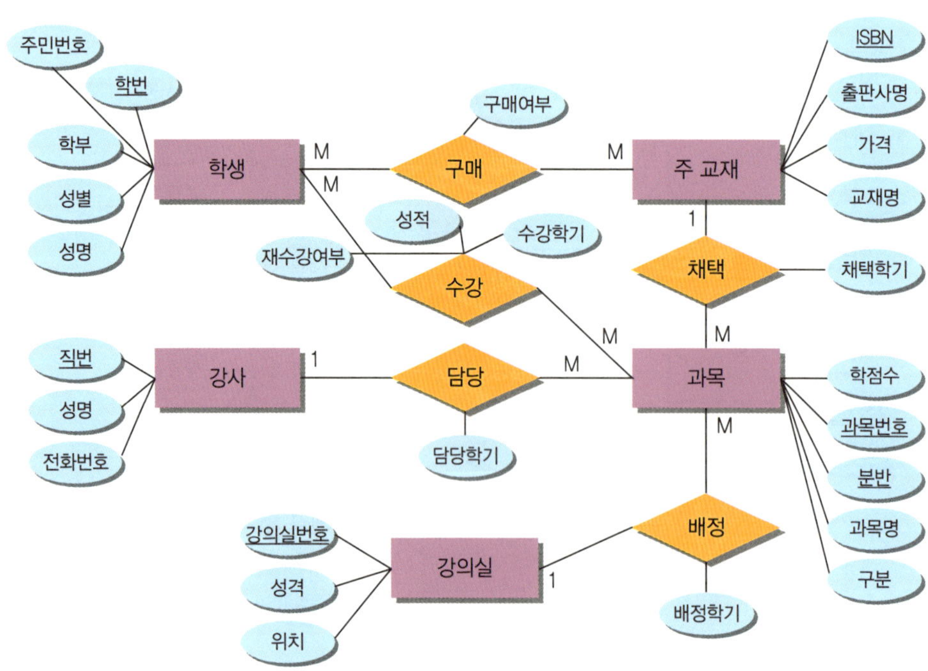

3.6 Step 6 : 외래키 정하기

관계성인 경우 자체적으로 기본키를 보유하지 않는 경우가 있다. 이러한 경우 인접한 개체들의 기본키를 빌려 키로 사용할 수 있는데 이때 이 키를 외래키(foreign key)라고 한다. 외래키를 표시할 때에는 해당 속성에 밑줄 2개로 표시하거나 밑줄 1개로 표시한 후에 속성의 이름을 이탤릭체로 처리할 수 있다([그림 5-14] 참조).

그림 5-14 외래키 작성 예(1)

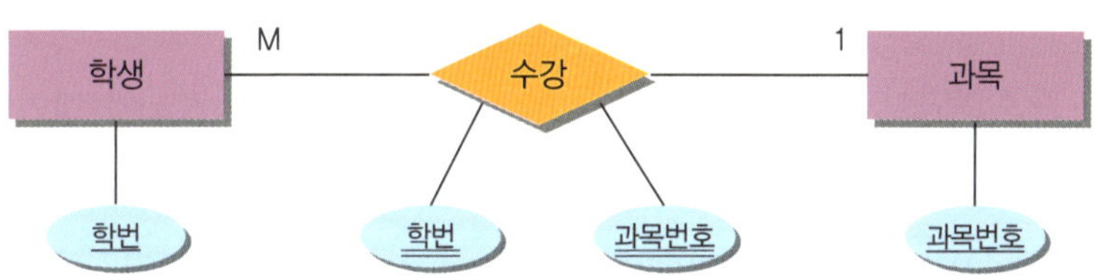

그림 5-15 외래키 작성 예(2)

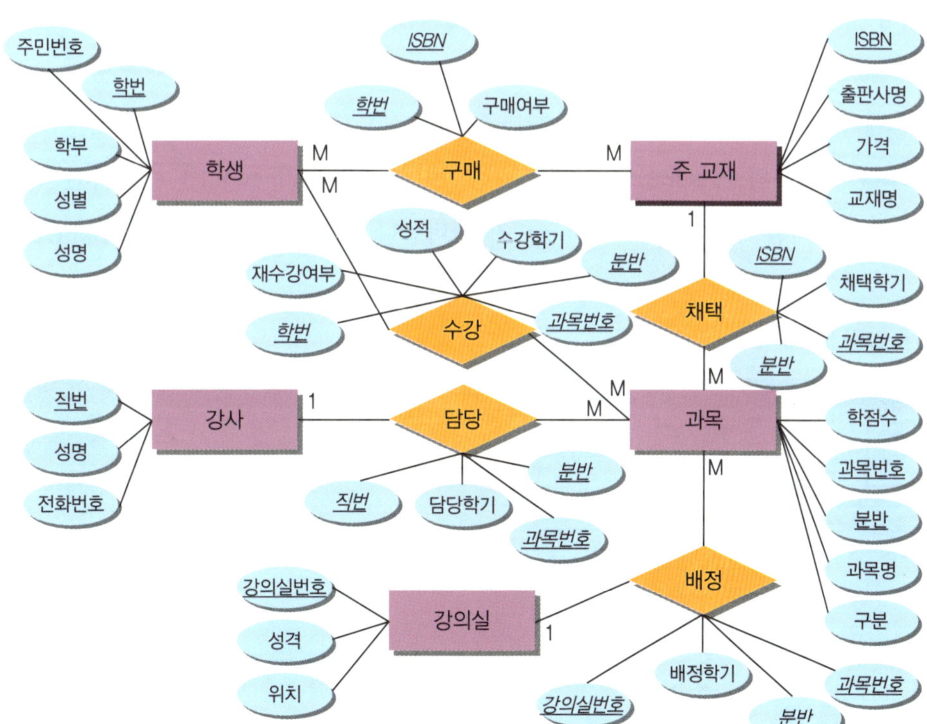

지금까지 수강신청 DB를 예로 하여 E-R 다이어그램을 작성하는 여섯 단계를 모델링해보았다. 6단계를 모두 거친 E-R 다이어그램은 [그림 5-15]와 같다.

제4절 SQL

컴퓨터 프로그램이 C, Java, Python과 같은 언어로 이루어지듯이 데이터베이스는 SQL이라는 언어를 통해 구축될 수 있다. SQL은 DDL(Data Definition Language)과 DML(Data Manipulation Language)로 이루어져 있다. 테이블을 형성할 때 DDL을 사용하며, 구축된 데이터베이스를 관리하고 사용할 때에는 DML을 사용한다. SQL을 지원하는 프로그램으로는 오라클(Oracle), MySQL, MariaDB 등이 있다. MS에서 지원하는 MS Access SQL을 지원하므로 MS Access를 통해 간단한 데이터베이스를 구축해보고자 한다.

MS Access의 메뉴모음에서 [만들기-쿼리디자인-보기-SQL]을 수행하면 직접 SQL을 입력할 수 있는 쿼리(Query)가 나타난다. [그림 5-16]은 수강신청 DB를

그림 5-16 SQL 보기

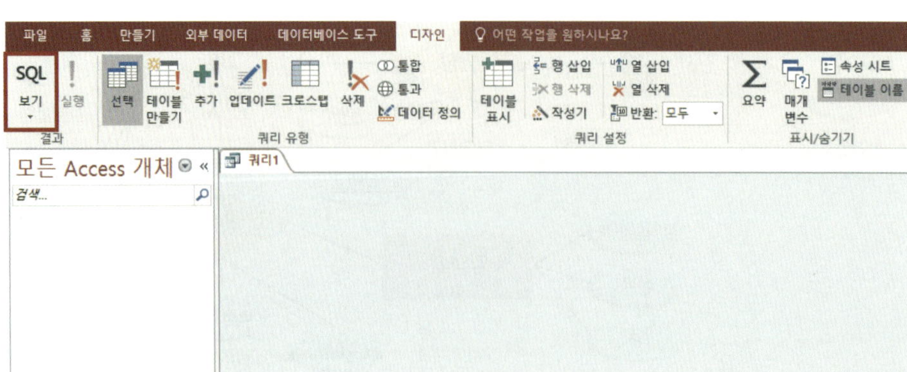

구성하는 요소들 중에서 '학생' 테이블을 만들기 위한 SQL 문장이다. [그림 5-17]과 같이 SQL 문장을 쿼리에 작성하여 [실행] 버튼을 누르면 학생 테이블이 생성된다.

그림 5-17 테이블 생성 예

```
CREATE TABLE 학생
(학번 CHAR(8) NOT NULL,
주민번호 CHAR(13),
성명 CHAR(10) NOT NULL,
성별 CHAR(2),
학부 CHAR(12),
PRIMARY KEY(학번));
```

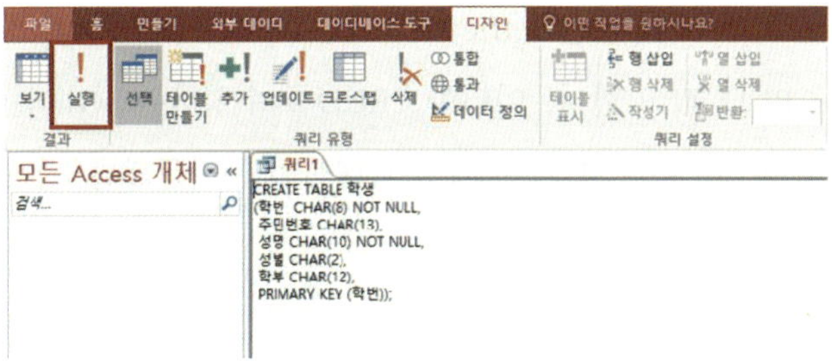

테이블을 만드는 SQL 문장의 예는 [그림 5-18]과 같다. CHAR은 Character(속성)를 의미하며 속성 옆의 괄호 안의 숫자는 몇 자리 수인지를 나타낸다. 예제에서는 학번이라는 속성이 8자리 수로 이루어졌다는 것을 알 수 있다. NOT NULL은 필수적으로 입력되어야 함을 의미한다. Int는 숫자가 정수임을 의미하며 Float은 실수를 의미한다. 개체 간의 관계성인 수강 테이블은 학생테이블과 과목테이블을 참조하여 외래키를 사용하기 때문에 위와 같은 방법으로 테이블을 형성해야 한다. FOREIGN KEY(학번) REFERENCES 학생은 학생이라는 테이블에서 학번이라는 키를 빌려왔다는 것을 뜻한다.

그림 5-18 DDL 예

```
CREATE TABLE 과목
(과목번호 Char(4) NOT NULL,
분반 Int NOT NULL,
과목명 Char(5),
학점수 Int,
구분 Char(4),
PRIMARY KEY(과목번호, 분반));
```

```
CREATE TABLE 수강
(학번 Char(8) NOT NULL,
과목번호 Char(4), NOT NULL,
분반 Int NOT NULL,
성적 Float,
수강학기 Char(8),
재수강여부 Char(4),
FOREIGN KEY(학번) REFERENCES 학생,
FOREIGN KEY(과목번호, 분반) REFERENCES 과목);
```

수강신청 DB를 만들기 위해 DDL을 이용하여 학생, 과목, 그리고 수강 테이블을 만든 후에 몇 가지 예를 [그림 5-19]와 같이 입력하였다.

지금까지 SQL의 DDL을 이용하여 데이터베이스를 구축하는 실습을 해보았다. 지금부터는 형성한 테이블들에서 자료를 관리하고 조작하는 방법을 알아본다. 이를 Create(삽입), Retrieve(검색), Update(수정), Delete(삭제)의 앞 글자를 따서 'CRUD' 라고 한다. 이러한 CRUD를 수행하는 SQL 언어를 DML이라고 한다. 지금부터 CRUD의 네 가지 과정에 대하여 알아본다.

그림 5-19 수강신청 DB

학생

학번	주민번호	성명	성별	학부
2001001	830182	홍길동	남	국경
2002003	830213	홍기연	여	외국어
2003032	840402	김동민	남	외국어

과목

과목번호	분반	과목명	학점수	구분
M201	1	경컴	3	전선
M302	1	MIS	3	전필
M201	2	경컴	3	전선

수강

학번	과목번호	분반	성적	수강학기	재수강여부
2001001	M201	1	70	2010봄	Yes
2001001	M302	1	90	2009가을	No
2001001	M201	2	33	2010봄	No
2002003	M201	1	80	2010봄	No
2003032	M302	1	78	2010봄	No

4.1 검색

가장 먼저 구축된 데이터베이스를 바탕으로 데이터를 검색하는 방법을 배워볼 것이다. 테이블을 만들 때와 같은 방법으로 'SQL 보기'를 클릭한 후, 다음과 같은 방식으로 쿼리를 작성한다.

```
SELECT field_name [, field_name ...]
FROM table_name
WHERE condition
```

field_name이란 프로그램 작성자나 사용자가 데이터의 특정 필드에 부여하는 기호식 이름으로 학생 테이블을 예로 들면 학번, 주민번호, 성명, 성별, 학부를 의미한다. AS를 이용하면 검색할 때 field_name을 사용자가 원하는 이름으로 바꿀 수 있다. [그림 5-20]과 같이 입력하면 성적의 평균이 반평균이라는 이름으로 바뀌어서 나타난다. AS를 사용할 때는 앞, 뒤로 반드시 띄어쓰기를 해야 한다는 것에 유의한다.

그림 5-20 DML 예

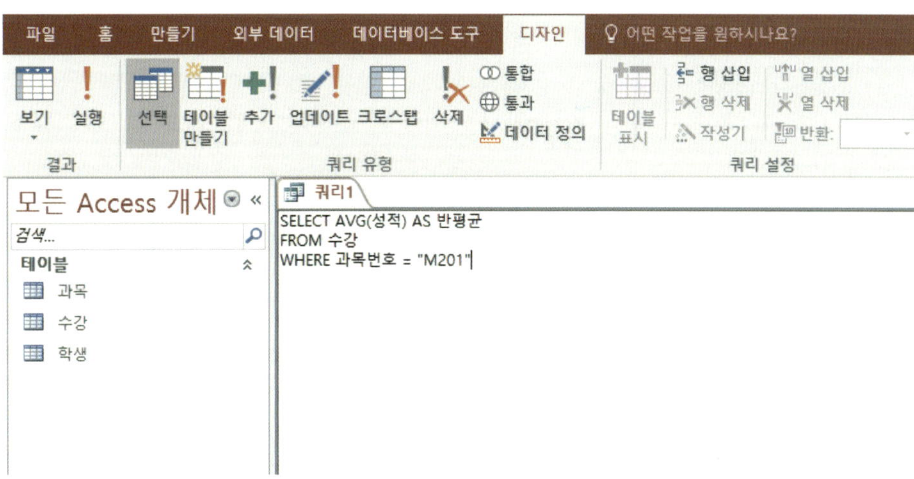

WHERE은 조건을 달 때 사용하는 조건문이다. AND나 OR 또는 XOR을 이용하여 여러 개의 조건을 붙일 수 있으나 명령어는 한 개이다. AND는 교집합을, OR은 합집합을, XOR은 합집합에서 교집합을 제외한 부분을 뜻한다. M201에 " "를 붙인 이유는 201이 숫자로서가 아닌 문자로서 표현되었기 때문이다. " "를 붙이지 않을 경우, 숫자로 인식되므로 꼭 붙여야 한다.

[그림 5−20]과 같이 작성된 쿼리는 수강 TABLE에서 과목번호가 M201인 것들의 성적을 평균하여 반평균으로 나타낼 것을 의미한다. 따라서 [실행] 버튼을 클릭하면 다음과 같은 결과를 얻을 수 있다. 그리고 과목번호가 "M201"인 반평균은 61인 것을 알 수 있다([그림 5−21] 참조).

그림 5-21 DML 수정 예

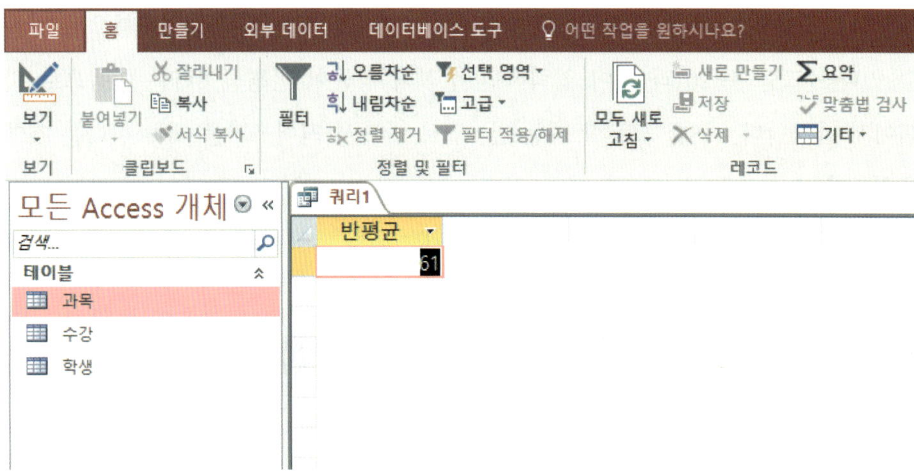

이번에는 성명의 첫 글자가 'ㄱ'에서 'ㅍ' 사이인 학생을 찾고자 [그림 5−22]와 같은 쿼리를 입력하였다. 하지만 'ㄱ'부터 'ㅌ'의 성을 가진 학생은 검색이 가능했으나 'ㅍ'을 성으로 가진 학생은 검색되지 않는다. 이러한 이유는 아스키 코드(ASCII code)의 특징 때문이다.

조건문에 있는 성명 like "[ㄱ - ㅍ]*"는 성명의 첫 글자가 ㄱ~ㅍ까지의 모든 사람들을 의미한다. 예를 들어 성명이 '홍'으로 시작하는 사람을 찾고 싶으면 [ㄱ−ㅎ]*에서는 검색이 안 되고 '[ㄱ−홍]*' 또는 '[ㄱ−히]*'을 해야 검색이 가능하다. 그 이유는 컴퓨터에서 처리하기 용이한 8비트 데이터를 이용하기 위하여 숫자, 문자, 특수문자에 번호를 부여한 아스키 코드를 바탕으로 검색을 하는데, 'ㅎ'보다 '홍' 또는 '히'가 아스키 코드값이 크기 때문이다. 즉 'ㅎ'이 '홍'보다 앞에 놓여있기 때문에 [ㄱ−ㅎ]*로는 '홍'씨를 포함시킬 수 없다.

따라서 [그림 5-22]와 같이 작성된 쿼리는 학생 테이블에서 성명의 첫 글자가 ㄱ~ㅍ인 학생의 성명과 학부를 나타낼 것을 의미한다. 따라서 [실행] 버튼을 클릭하면 다음과 같은 결과를 얻을 수 있다.

그림 5-22 LIKE 활용 예

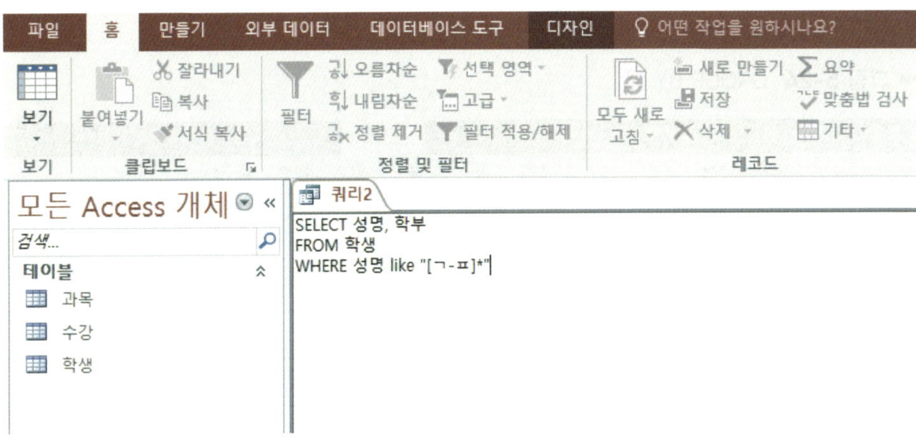

김동민, 홍길동, 홍기연이라는 학생 중 성명이 ㄱ~ㅍ으로 시작하는 사람은 '김동민'이므로 김동민 학생의 성명과 학부를 알 수 있다([그림 5-23] 참조).

그림 5-23 그림 5-22 실행결과

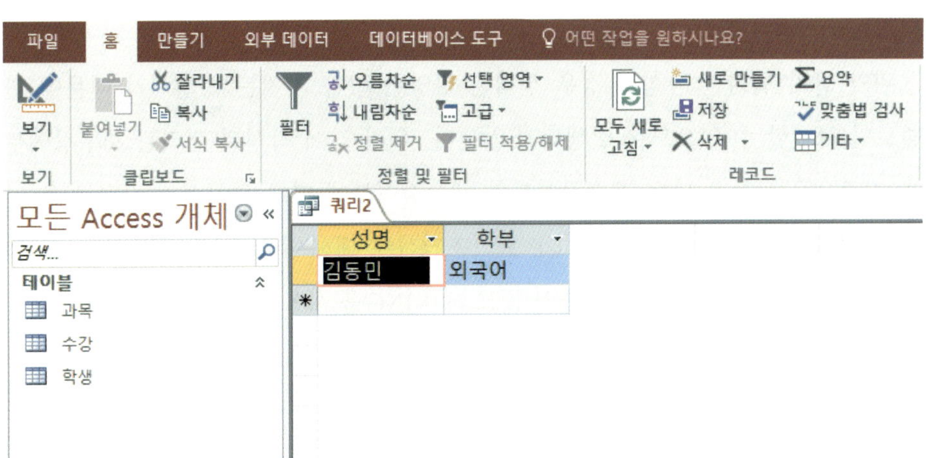

GROUP BY는 특정한 기준을 바탕으로 그룹을 지어서 데이터베이스를 분류해주는 조건문이다. [그림 5-24]에서 'GROUP BY 재수강여부'는 재수강여부를 기준으로 그룹을 지어서 나타냄을 의미한다. 이때 주의할 점은 각 그룹별로 결과가 한 줄 나오게 하는 속성만을 선택해서 사용해야 한다. 그룹별로 결과가 한 줄씩 나오지 않는다면 만들 수 없다. 예를 들어보자.

그림 5-24 GROUP BY 예

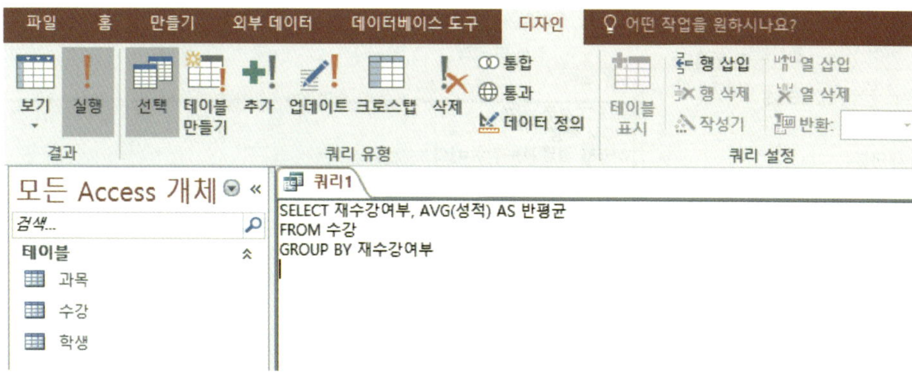


```
SELECT 재수강여부, 성적
FROM 수강
GROUP BY 재수강여부
```

위와 같이 쿼리를 작성할 경우 성적은 다양한 값을 가지는 속성이기 때문에 한 줄로만 표현할 수 없으므로 실행되지 않는다. 위와 같이 작성된 쿼리는 재수강여부를 기준으로 그룹을 나눠 재수강여부와 재수강여부에 따른 평균성적(반평균)을 나타낼 것을 의미한다. 만약 GROUP BY 조건식에 대해 추가로 조건을 삽입하기를 원하는 경우는 WHERE을 사용하지 않고 HAVING을 사용하면 된다.

재수강여부가 'NO'인 학생들의 평균은 70.25인 반면, 재수강여부가 'YES'인 학생들의 평균은 70인 것을 알 수 있다([그림 5-25] 참조).

그림 5-25 그림 5-24 실행결과

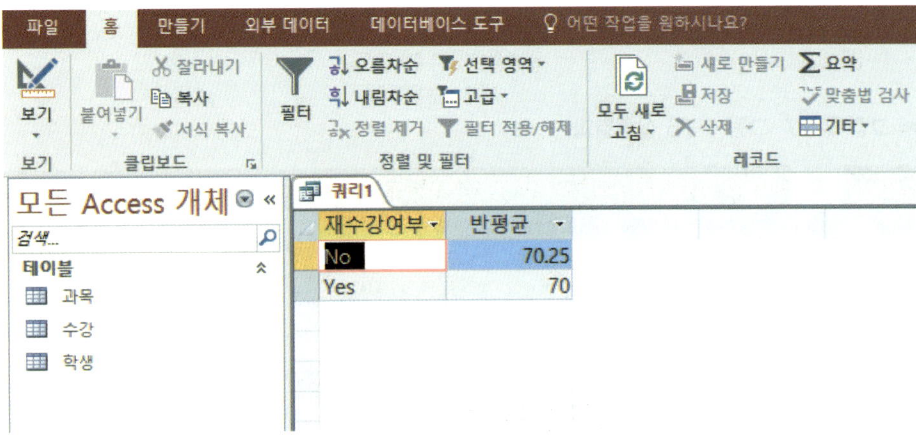

여러 가지 테이블의 속성들을 한 번에 검색하고 싶을 때는 'SELECT Table명.속성명'으로 나타낸다. 또한 WHERE을 이용하여 기본키(primary key)가 같다는 표현을 통해 양쪽 키를 일치시켜야 한다. 즉 학생 테이블의 학번과 수강 테이블의 학번이 같다는 것을 의미한다. [그림 5-26]과 같이 작성된 쿼리는 학생 테이블과 수강 테이블로부터 성적이 80이 넘는 학생을 찾아 주민번호와 성명 그리고 성적을 나타낼 것을 의미한다. 주민번호와 성명은 학생테이블의 속성이고, 성적은 수강테이블의 속성이다.

그림 5-26 복수 개의 테이블 이용 검색 예

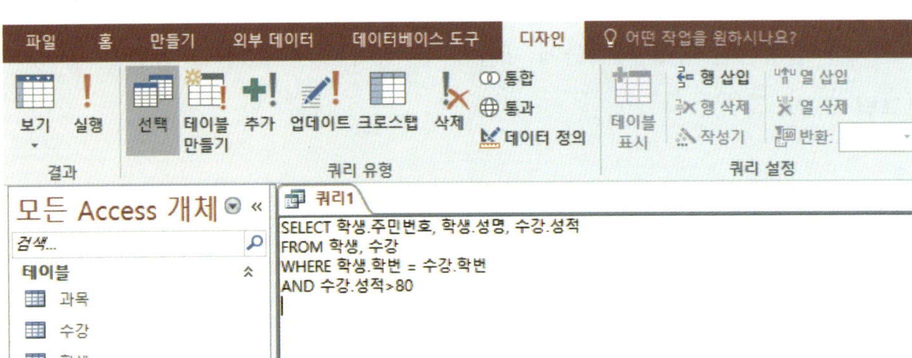

쿼리를 수행하면 성적이 80이 넘는 홍길동 학생의 주민번호와 성명, 성적이 나타난다([그림 5-27] 참조).

■ **그림 5-27** 그림 5-26 실행결과

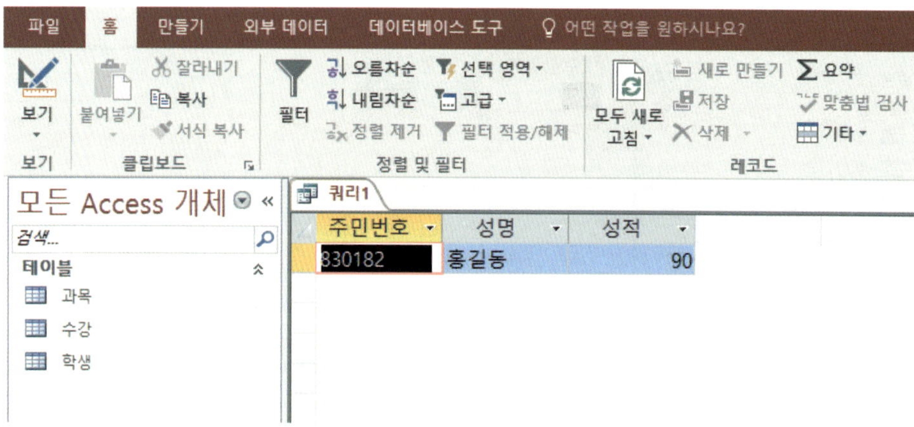

4.2 삽입

기존 테이블에 새로운 자료를 추가할 때는 INSERT문을 사용하면 된다. INTO를 통해 테이블의 속성을 차례대로 입력하면 되며 만약 모든 속성을 입력할 경우에는 속성의 이름들은 생략하고 'INTO 테이블명'으로 입력할 수 있다. 그 다음 VALUES를 이용하여 속성의 값을 입력한다([그림 5-28 참조]).

쿼리를 실행하면 학생 테이블에 새롭게 한 행이 추가되었음을 확인할 수 있다([그림 5-29] 참조).

■ **그림 5-28** INSERT 사용 예

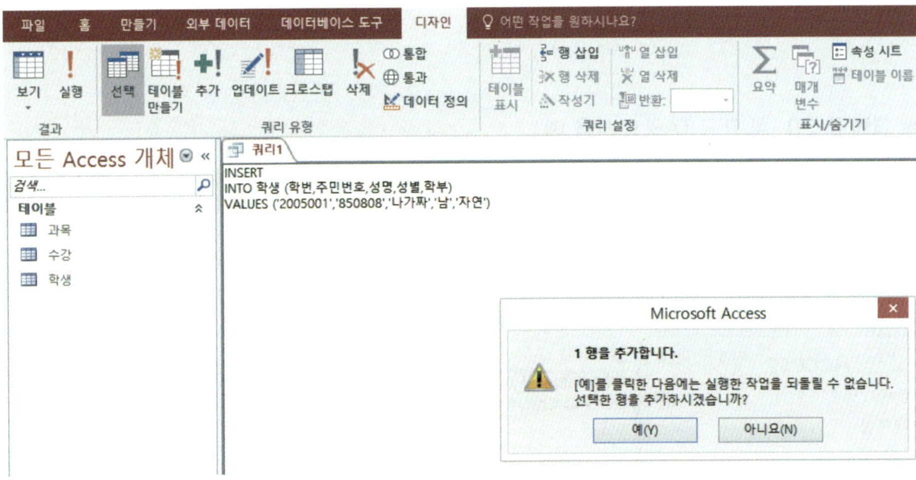

■ **그림 5-29** 그림 5-28 실행결과

ALTER문을 사용하면 테이블에 특정 속성을 추가할 수도 있다. [그림 5-30]의 쿼리는 학생 테이블에 주소라는 속성을 추가하는 것을 보여준다. 특정 속성을 추가할 때는 Add를 사용하지만 삭제할 때는 Drop을 사용한다. 만약 학생 테이블에서 주소라는 속성을 아예 삭제하고 싶은 경우, 다음과 같이 쿼리를 작성한다.

ALTER TABLE 학생

Drop 주소 Char(40);

그림 5-30 ALTER TABLE 사용 예

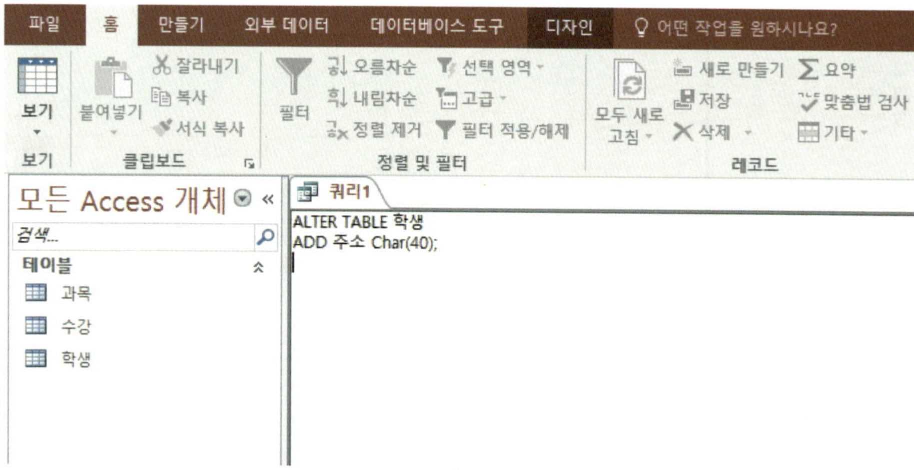

4.3 수정

속성값을 수정할 때 UPDATE문을 사용한다. SET은 속성의 값을 바꾼다는 의미이다. WHERE은 앞서 말했듯이 조건문이다. 만약 [그림 5-31]의 쿼리에서 “WHERE 성명 = ‘나가짜’”라는 조건문이 없을 경우, 모든 학생의 성별이 ‘여’로 바뀌게 된다. 위와 같은 쿼리는 성명이 나가짜인 학생의 성별만을 ‘여’로 바꾸라는 것을 의미한다.

■ **그림 5-31** UPDATE 사용 예

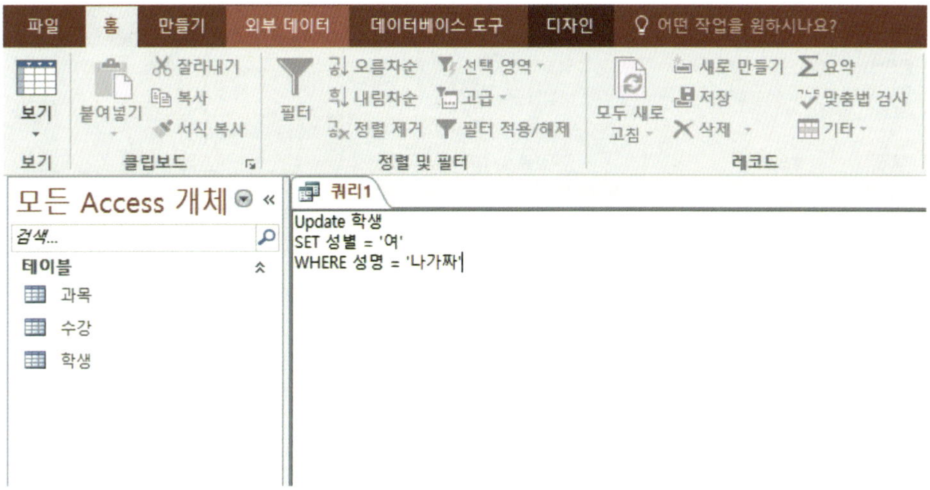

4.4 삭제

데이터 테이블에서 임의의 행을 삭제할 때에는 DELETE문을 사용하면 된다. [그림 5-32]와 같은 쿼리는 학생 테이블에서 성명이 '나가짜'인 학생의 모든 속성을 학생 테이블에서 삭제한다는 의미이다. 쿼리를 수행하면 나가짜란 성명의 학생의 모든 속성값이 학생 테이블에서 사라진 것을 확인할 수 있다([그림 5-33] 참조).

그림 5-32 DELETE 사용 예

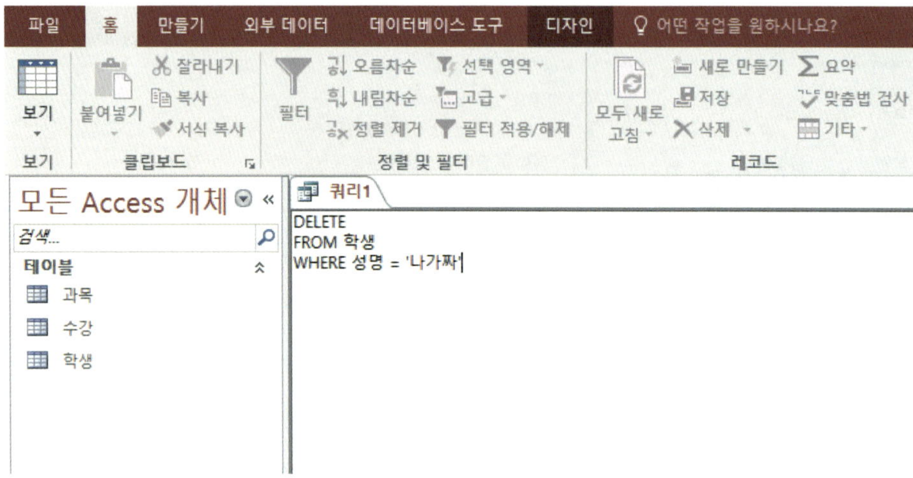

그림 5-33 그림 5-32 실행결과

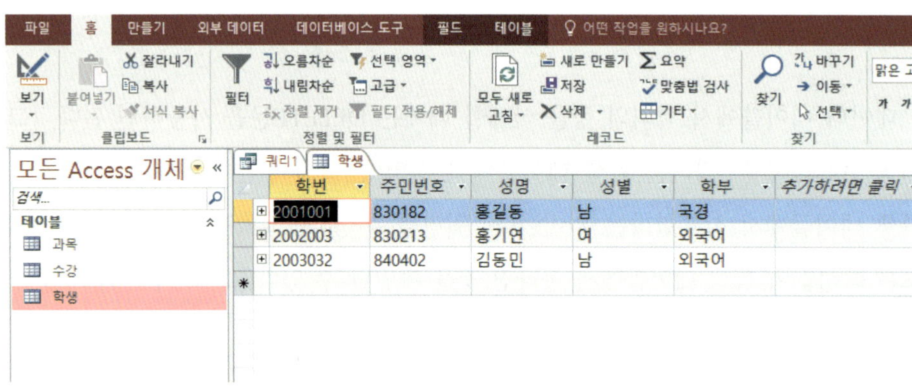

예제

■ O/X형

1 실시간 정보처리방식의 예로 ATM이 있다.

2 데이터베이스에서는 중복된 속성으로 인해 비정상(anomaly)상태가 발생할 수 있다.

3 SQL 계열의 데이터베이스 소프트웨어에는 오라클, MySQL, Cassandra 등이 있다.

답 ×, ○, ×

■ 서술형

1 데이터베이스의 다섯 가지 평가기준을 제시하고 그에 대해 설명하시오.

2 데이터베이스를 선택할 때 고려해야 할 사항들에 대해 설명하시오.

3 데이터베이스의 CRUD기능이 무엇인지 설명하시오.

■ 실습형

1 주어진 자료를 바탕으로 MS Access를 이용하여 데이터베이스를 구축하고, CRUD기능을 사용해보시오.

CHAPTER

06 빅데이터분석

제1절 빅데이터의 개념

빅데이터(big data)란 단순히 대량의 데이터를 말하는 것이 아닌, 미래의 예측 또는 의사결정 추천을 위한 실효성 있는 통계, 트렌드, 패턴을 제공하는 데이터들의 합이다. 빅데이터는 다양한 특징을 가지고 있는데, 이는 크게 네 가지(4V)로 정

그림 6-1 빅데이터의 특징

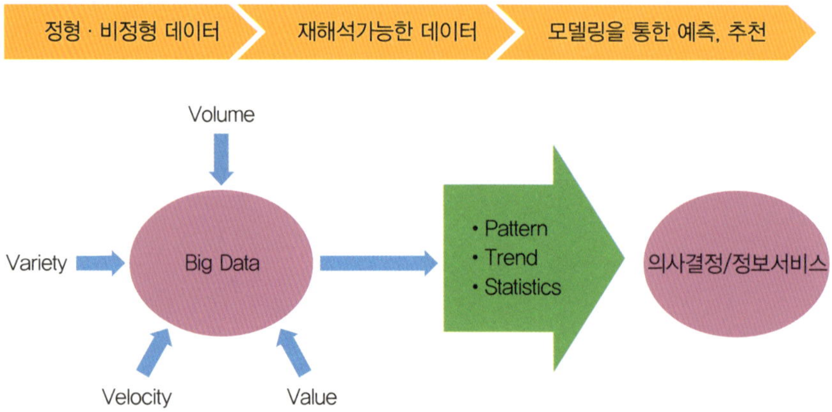

의될 수 있다. 4V는 대용량(Volume), 비정형성(Variety), 빠른 갱신속도(Velocity), 그리고 가치(Value)를 말한다([그림 6-1] 참조).

1.1 대용량

빅데이터는 기존의 기술로는 저장, 관리, 분석하기 어려운 대용량의 데이터이다. 데이터의 양은 Mega, Giga, Tera, Peta, Exa, Zetta, Yotta 순으로 커지며, 일반적으로 페타바이트(peta byte) 이상의 데이터를 빅데이터라고 말한다.

1.2 비정형성

정형화된 일반적인 데이터와는 다르게 비정형성을 가지는 이질적인(heterogeneity) 데이터도 빅데이터이다. 비정형 데이터로는 댓글, 좋아요, 태그(tag)와 같은 소셜미디어, 음성자료, 사진, 영상, 지형정보, QR 코드 등이 있다. 이러한 비정형 데이터뿐만 아니라 정형 데이터와 비정형 데이터의 특징을 모두 가지는 하이브리드(hybrid) 데이터도 빅데이터에 포함된다. 하이브리드 데이터의 예로 온도, 습도 등의 정형 데이터와 지형정보 같은 비정형 데이터를 동시에 가지는 날씨 데이터 등이 있다. 그 외에도 E-Commerce, POS, RFID, NFC 등의 데이터 또한 하이브리드 데이터이다.

비정형 데이터 중 이미지 데이터를 활용한 사례로는 히타치 소각장이 있다. 히타치 소각장은 소각장의 불꽃과 관련된 20만 컷의 사진을 확보하고 이미지분석을 통해 연소 정도와 이미지와의 관계를 확보한다. 또한 실시간 불꽃 이미지로 투입할 쓰레기량과 투입 산소량을 최적화한다. 이를 통해 히타치 소각장은 석유 등의 보조 연료 사용량을 80%만큼 감축할 수 있었다.

1.3 빠른 갱신속도

갱신속도가 빠른 데이터도 빅데이터가 될 수 있다. 갱신속도가 빠른 데이터로는 센서(sensor)로부터 생성되는 데이터나 스트리밍(streaming) 데이터 등이 대표적이다. 빅데이터는 많은 센서들을 통해 수집되며 센서환경에 대한 정보를 파악해서 내부의 요구를 분석한다. 한편 기존의 데이터분석은 먼저 환경을 검색한 후 그에 필요한 데이터를 수집하는 선 검색, 후 수집방식을 택했다. 그러나 빅데이터를 다루는 환경에서 내부의 요구를 분석하는 작업은 매우 빠른 속도를 요구한다. 예를 들어 스마트 자동차의 경우 매 순간마다 올바른 의사결정을 내려야 하므로 기존의 방식은 이에 맞지 않다. 따라서 빅데이터를 다루는 환경에서 요구분석방법은 선 수집, 후 검색이라는 스트리밍방식을 택한다.

1.4 가치

일반적으로 데이터 자체는 가치가 없다. 그러나 데이터를 분석하는 과정을 통해 새로운 가치가 창출된다. 예를 들어 교통카드 데이터를 분석하여 요금계산, 밀집지역 파악, 교통혼잡 등을 추측할 수 있다. 이와 같은 빅데이터는 버스회사가 새로운 노선을 개발하는 데 도움이 되는 가치를 줄 수 있고 시청에서 교통요금 인상에 대한 의사결정을 하거나 도로 보수 시간대를 결정하는 데 도움을 준다. 또한 음식점에서 점포입지를 결정하거나 온라인쇼핑회사에서 마케팅용 이메일 전송시간대를 파악할 때 가치 있는 데이터가 될 수 있다([그림 6-2] 참조). 어떤 데이터셋이 빅데이터가 되기 위해서는 필수적으로 그 데이터셋이 가치가 있어야 한다.

■ 그림 6-2 데이터분석과정을 통한 가치창출의 예

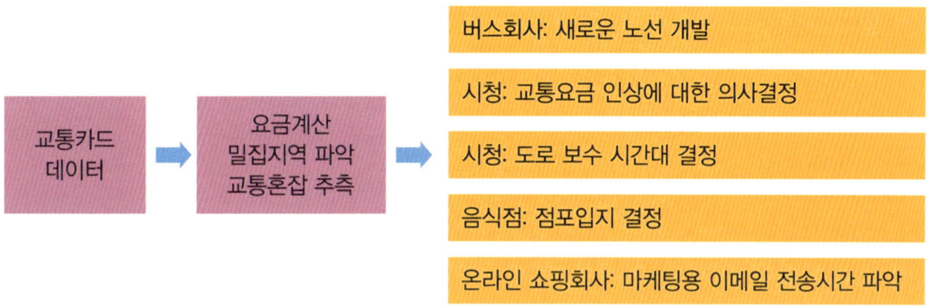

빅데이터가 가치를 주는 방법으로는 수리적 모형을 이용하여 보다 더 정확한 예측을 하고, 요인과 요인 사이의 인과관계를 파악하여 반복적인 패턴과 모델을 찾아주는 것이 있다. 또한 개인화나 맞춤형 처방을 해주는 방법도 있다. 예를 들어 유튜브는 동영상을 보고 나면 관련된 다른 동영상들을 보여주는 기능을 제공한다. 이는 사용자가 이용하는 콘텐츠를 기반으로 탐색한 것인데, 이 방법을 통해 사용자 수를 증가시킬 수 있을 뿐만 아니라, 광고수익도 증대시키고 있다. 페이스북 또한 친구 찾아주기와 맞춤형 광고 보여주기 등의 기능을 빅데이터를 이용해 제공하고 있다.

현실적으로 이 네 가지 특징을 모두 갖는 빅데이터는 드물다. 그래서 통상적으로 가치를 필수적으로 가지고, 나머지 세 가지 특징들 중 한 가지 이상을 가진다면 빅데이터로 본다.

제2절 빅데이터분석 의사결정단계

데이터 사용자는 이러한 빅데이터를 바탕으로 효과적인 의사결정을 하려면 데이터를 가지고 있는 것만이 아니라 데이터를 분석하여 의미 있는 정보를 얻어야 한다. 데이터분석에 따른 의사결정은 시각화, 인과관계분석, 지능형 추론 및 예측, 추천 및 최적화, 의사결정 및 전략 수립의 5단계를 따른다.

2.1 시각화

먼저 데이터에 내재된 의미를 쉽게 파악하기 위해서는 데이터를 시각화할 필요가 있다. 시각화의 장점은 시각화된 자료를 볼 때 직관을 얻기 용이하다는 것이다. 데이터 시각화의 효과를 잘 보여주는 사례로 영국 존 스노우(John Snow)의 콜레라 지도가 있다([그림 6-3] 참조). 1854년 영국 소호지방에서 콜레라가 유행하였는데 당시에는 콜레라의 원인을 나쁜 공기나 악취로 보고 그것을 해결하는 데 중점을 두었다. 하지만 그럼에도 콜레라의 유행을 막지 못하였다. 그때 스노우는 지도

그림 6-3 시각화 활용 예

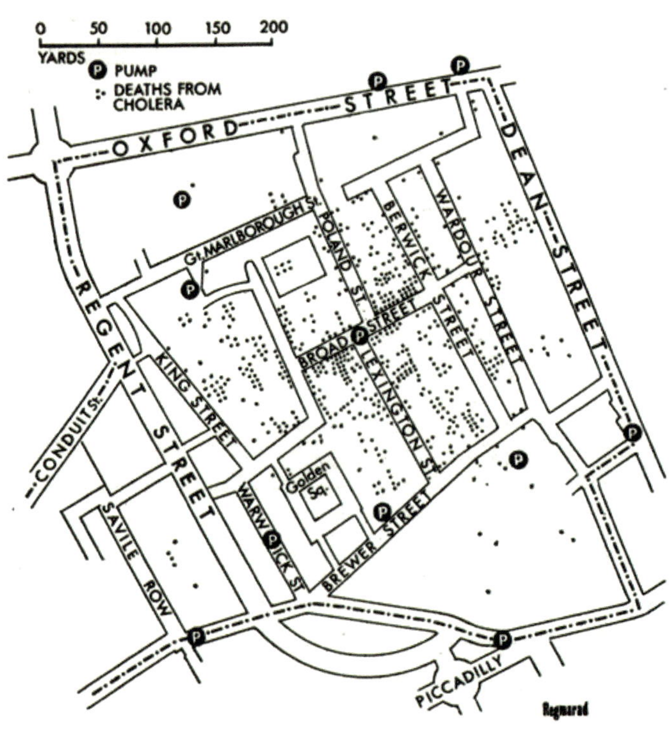

에 콜레라에 전염된 가구들을 표시하여 [그림 6-3]과 같이 콜레라의 확산 데이터를 시각화하였다. 그는 시각화된 데이터를 통해 마을 한가운데 있는 상수도원 주변으로 전염병 환자가 많다는 것을 추론하였다. 결국 그는 상수도원을 중점적으로 조사하였고 콜레라의 원인은 상수도문제에 의한 오염된 물이었음을 밝혀냈다. 이처럼 시각화된 데이터는 의사결정자가 직관적으로 더 효과적인 의사결정을 하는 데 도움을 준다.

시각화 종류는 매우 다양하다. 히스토그램 혹은 산포도 등이 그 예이다.

2.2 인과관계분석

데이터를 시각화하였다면 존 스노우가 우물과 콜레라의 관계를 밝힌 것처럼 데이터 간의 원인과 결과를 분석해야 한다. 인과관계분석은 회귀분석과 같은 통계적인 방법으로 분석할 수도 있다. 한편 의사결정나무(decision tree), 랜덤 포레스트(random forest)와 같은 데이터마이닝방법으로 분석할 수도 있다([그림 6-4], [그림 6-5] 참조).

그림 6-4 의사결정나무(Decision Tree)

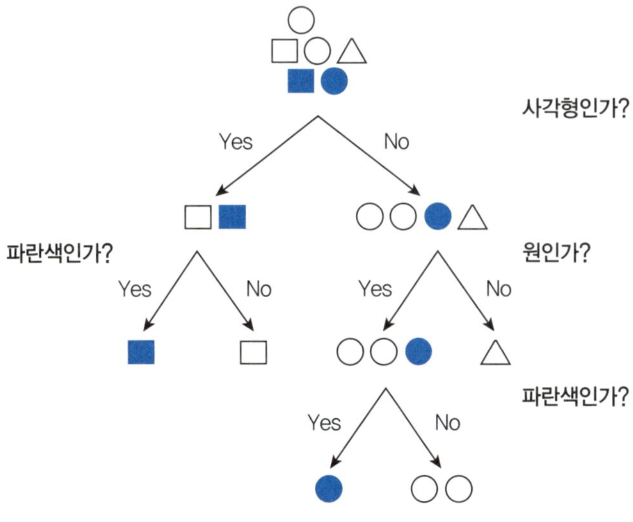

■ 그림 6-5 랜덤 포레스트(Random Forest)

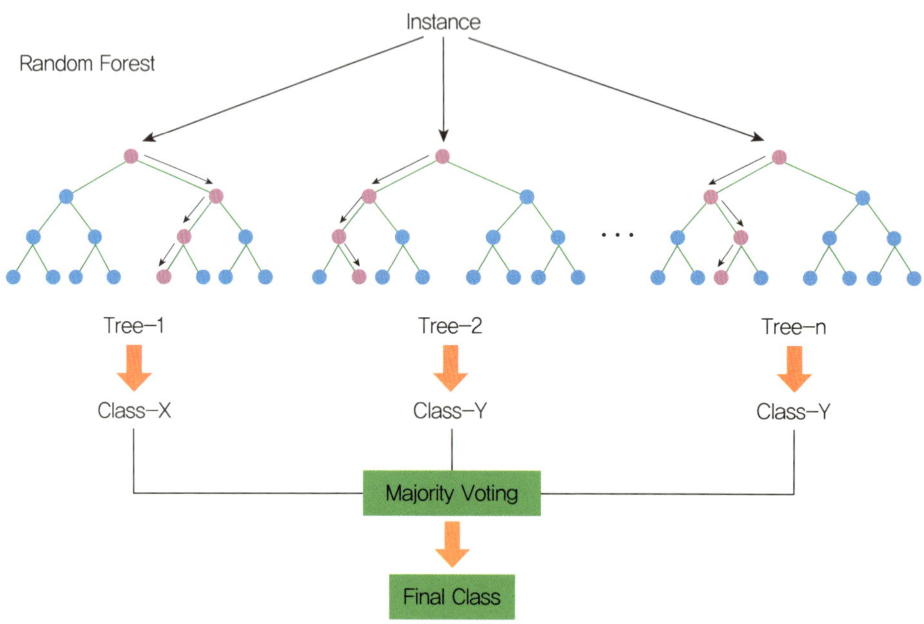

인과관계를 분석할 때 데이터의 비례성과 관계성에 주의해야 한다. 왜냐하면 비례성을 가진다고 해서 관계성을 가지는 것은 아니기 때문이다. 예를 들어 국가의 초콜릿 소비와 노벨상 수상자 수를 파악하면 비례관계가 나타난다. 하지만 그것이 인과관계를 가지는 것은 아니다.

2.3 지능형 추론 및 예측

최근 인공지능이 발전함에 따라 데이터를 인공신경망(ANN: Artificial Neural Network)을 통해 분석하는 기법이 등장하였다. 지능형 추론이 가능해지면서 이제는 존재하는 데이터의 관계뿐만 아니라 미래의 데이터까지 예측할 수 있게 되었다. 이에 대해서는 다른 장에서 자세히 다룰 것이다.

■ 그림 6-6 인공신경망(ANN)

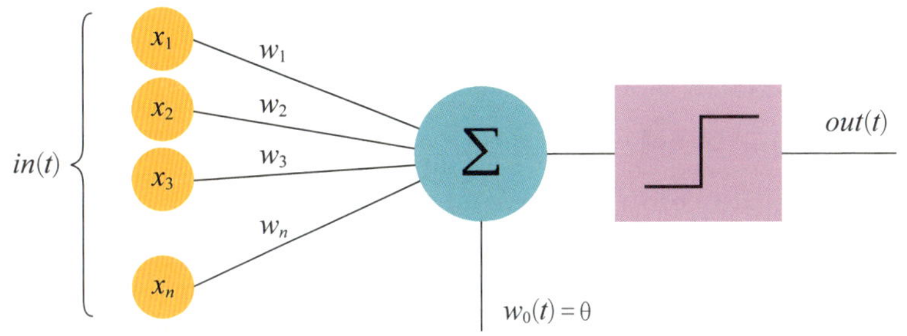

2.4 추천 및 최적화

지능형 추론을 통한 예측을 통해 데이터 이용자에게 맞춤형 추천을 해줄 수 있으며, 미래의 소비를 예측하여 생산라인을 최적화할 수 있다. 이를 바탕으로 의사결정담당자는 다양한 경영전략들을 수립할 수 있을 것이다.

제3절 데이터와 윤리

다량의 데이터를 다루는 기술은 우리의 삶에 많은 긍정적인 영향을 미쳤지만 다양한 윤리적인 문제를 야기하기도 한다. 그 중 가장 대두되는 문제는 개인정보 유출과 데이터 조작문제이다.

3.1 개인정보 유출

2018년 3월, 5,000만 명에 달하는 페이스북(Facebook) 사용자의 개인정보가 유출되어 2016년 미국 대선에서 트럼프 캠프에 이용되었다는 사실이 밝혀져 전 세계가 발칵 뒤집힌 사건이 있었다. 한국인 계정 또한 약 35,000개 계정의 개인정보가 유출되었다고 방송통신위원회는 밝혔다([그림 6-7] 참조).

그림 6-7 페이스북 '개인정보 유출' 사건 주요 일지

2014년	• 페이스북, 알렉산드로 코건 케임브리지대학 심리학 교수에게 앱 통한 사용자정보 획득 허용
2016년	• 코건 교수, 데이터분석회사 '케임브리지 애널리티카'(CA)에 사용자 개인정보 전달 • CA, 미국 대선 당시 트럼프 캠프에 개인정보 토대로 유권자 성향분석한 데이터 제공
2018년 3월 17일	• 가디언, NYT 등 페이스북 개인정보 유출 최초 보도
19일	• 미 · 영 · EU, CA 조사 착수
20일	• 페이스북 주주들, 페이스북 상대로 집단소송

빅데이터의 목적은 다량의 데이터의 수집과 분석을 바탕으로 개인에게 맞춤형 서비스를 제공하여 이익을 창출하는 것이다. 페이스북은 이러한 서비스를 제공하는 가장 대표적인 기업 중 하나이다. 하지만 이러한 빅데이터에 기반한 서비스는 항상 프라이버시(privacy)에 관한 문제를 가지고 있다.

개인 맞춤형 서비스 제공을 위해 기업은 개인들의 사적인 정보를 가능한 많이 수집하기 위해 노력하며, 개인들 또한 빅데이터분석을 통해 자신에게 맞는 정보를 얻기 위해서는 자신의 개인적 정보가 활용될 수 있도록 허락해야 한다. 즉 빅데이터의 혜택을 많이 얻기 위해서는 되도록 많은 사람들이 자신의 프라이버시를 보호하기보다는 활용하도록 동의해야 하는 역설적(paradox)인 상황이 발생하는 것이다. 다시 말해 빅데이터에 기반한 지능형 서비스를 받기 위해서는 지나치게 프라이버시의 보호를 주장할 수 없으며, 반대로 프라이버시를 보호하기 위해서는 최대한 데이터를 공개하지 않음과 동시에 필요한 정보를 얻는 데 소외되는 것을 각오해야 한다. 예를 들어 빅데이터분석을 통해 교육분야에서는 맞춤형 아동교육을 실현할 수 있다. 의료분야에서도 개인의 건강을 한층 더 증진할 수 있다. 그러나 이런 시스템을 구축하기 위해서는 아동의 데이터, 개인 의무기록, 개인정보 등을 수집해야 하는 것이다.

3.2 조작가능성

데이터 조작의 대표적인 사례로는 '폭스바겐 배기가스 조작' 사건이 있다. '디젤게이트'라고도 하는 이 사건은 2015년 9월 폭스바겐사가 주행시험으로 판단이 될 때만 저감장치를 작동시켜 환경기준을 충족하도록 엔진제어장치를 프로그래밍하여 배기가스 데이터를 조작한 사건이다. 실제로는 폭스바겐의 디젤 엔진에서 디젤 배기가스가 기준치의 40배나 발생한다는 사실이 밝혀졌다. 배기가스 조작은 폭스바겐뿐만 아니라 아우디까지 이러한 조작을 하였다는 사실이 밝혀져 파장을 일으켰다. 이처럼 데이터 조작문제는 데이터 자체뿐만 아니라 경제, 환경에까지 영향을 미칠 수 있는 중요한 문제이다([그림 6-8] 참조).

빅데이터시대를 여는 데 큰 기여를 한 하둡(Hadoop)기술을 창시한 더그 커팅(Doug Cutting)은 데이터 활용을 극대화하고 좋은 일에 쓰이게 하려면 신뢰를 구축하는 게 가장 중요하다고 말한다. 그는 신뢰 구축을 위한 네 가지 요소로 투명성, 모범 사례 제시, 경계 설정, 검증을 제시하였다.

첫째로 조직은 데이터로 무엇을 하는지 사전에 분명히 파악하고 투명하게 이를 공개해야 데이터 수집에 대한 사람의 신뢰를 얻을 수 있다고 본다. 그는 "사람은 예기치 못한 방식으로 자신의 데이터가 사용되는 걸 보면 놀라워하고, 싫어하므로 이런 효과가 없도록 사전에 어떻게 데이터를 쓸 것인지 투명하게 알려줄 필요가 있다"고 말한다.

그림 6-8 폭스바겐의 배출가스 저감장치 원리

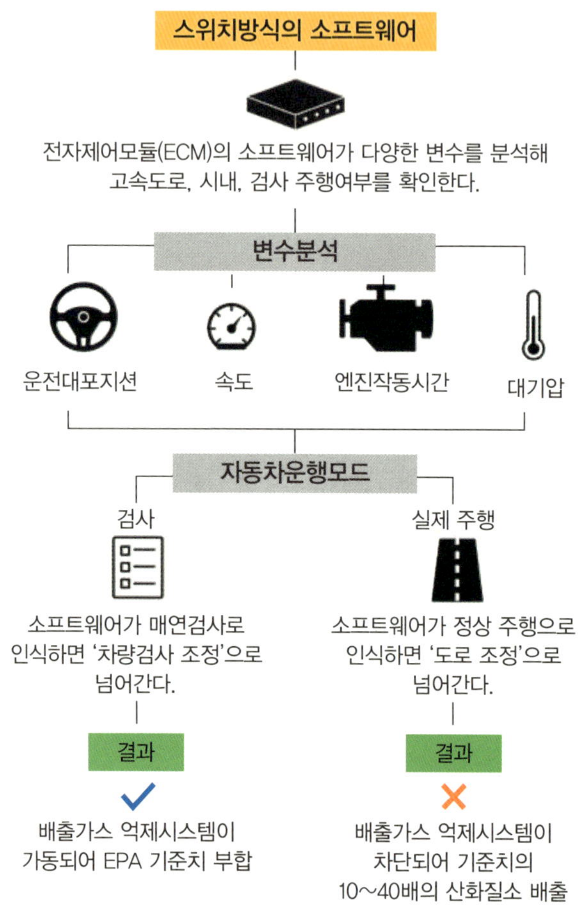

둘째로 산업계에서 데이터관리방법, 암호화, 익명화방법, 특정 데이터 마스킹 등의 베스트 프랙티스를 분명하게 마련해야 한다고 본다. 이것이 기준이 되어 다른 사람들이 자발적으로 이를 따른다면 데이터관리형태가 체계화될 것이라고 본다.

셋째로 허용되는 것과 허용해서는 안 되는 것 사이의 경계를 분명히 해야 한다고 본다. 개인정보 노출 금지, 주소나 사생활 노출 금지 같은 사안은 이미 잘 알려진 사실이지만, 어떤 정보는 나중에 가서야 활용되어서는 안 되는 것이었다고 알게 되는 경우도 있기 때문이다.

마지막으로 어떤 기관이나 조직이 대외적으로 데이터 활용방안을 밝혔다면, 이를 정확하게 수행하는지 검증할 수 있어야 한다고 본다. 예를 들어 개인정보를 재배포하지 않는다고 해도 정말로 재배포하지 않는지에 대해 감독 및 규제가 필요하다는 것이다. 정부뿐만 아니라 각 산업 내에서의 자율적인 규제가 필요하며, 금융업계나 증권거래소, 의사, 회계사, 변호사도 신뢰도 구축을 위해 자율규제와 감사를 하는 것처럼 데이터 신뢰에도 이런 검증이 요구된다.

예제

■ O/X형

1 시각화는 데이터 이용자가 직관을 얻게 하여 효과적인 데이터 이용을 하게 한다.

2 빅데이터분석 시 랜덤 포레스트 방법을 이용하여 지능형 추론 및 예측을 할 수 있다.

답 ○, ○

■ 서술형

1 빅데이터의 특징 네 가지를 4V의 관점에서 설명하시오.

2 빅데이터분석의 5단계에 대해 설명하시오.

3 자신이 생각하는 빅데이터 윤리문제에 대해 간략하게 서술하시오.

CHAPTER 07 인공지능

제1절 인공지능의 정의와 분야

인공지능(AI: Artificial Intelligence)은 지식기반 정보시스템의 중요한 요소기술이다. 인공지능이란 인간의 지능적 활동을 컴퓨터에서 재현시키고자 하는 연구활동으로, 인간의 두뇌활동을 컴퓨터에서 모방하게 하려는 것이다. 사람들이 어떻게 인지, 학습, 추론하는지를 전산화시킨 것인데 현재 화학이나 생물 · 공학 · 의료분야의 조언시스템과 로보틱스를 비롯 전 분야로 그 응용 영역이 확대되고 있다.

인공지능이 비즈니스에서 필요한 이유로는 첫째, 인간 전문가는 지식을 주지 않고 결과만 제시하는 경우가 많은데 전문가의 지식을 추가 확보하기 위해서는 더 많은 비용이 들기 때문이다. 특히 인간인 전문가가 보유한 지식은 퇴직이나 사망 등으로 인해 망실되기도 하며, 이럴 경우 조직으로서는 손해가 아닐 수 없다. 인공지능은 바로 이런 인간 전문가의 전문지식을 체계화하여 저장하고자 할 때 필요하다. 둘째, 정보를 능동적인 형태로 저장해두기 위해서이다. 과거에는 자료가 있고 정보가 만들어져서 의사결정을 하였고 이를 가지고 의사결정을 할 때 정보를 이용하여 지식을 창출하는 작업을 한 번 더 해야만 했던 것을, 인공지능으로 인한 자동화로 어느 영역까지는 구현이 가능해졌다. 셋째, 사람은 비일관성, 주관적 인지, 선택적 지각, 왜곡 등의 원인으로 지식의 신뢰성에 문제가 생기는 경우가 많다는 단점이 있지만 컴퓨터는 이로부터 자유롭다. 넷째, 인력 감축의 효과를 들 수 있다. 이 밖에도 사람들이 단기간에 분석하기 힘든 복잡한 문제해결을 신속하게 처리를 해준다거나, 푸는 문제 자체는 어렵지 않은데 방대하다 보니 시간이 걸리는 작업에 적용하면 많은 도움이 되고 있다. 결국 인공지능은 조직 내의 지식생산성 향상과 비용 감축을 꾀하려고 할 때 고려될 수 있는 기술이라고 볼 수 있다.

인공지능분야는 지식표현, 탐색, 지식습득 세 가지로 나누어볼 수 있다.

1.1 지식표현

정보는 의사결정자에게 앎을 제공하는 수동적인 역할 외에도 의사결정자의 행위를 자동화하거나 특정 행위를 유발시키기도 하는데 후자를 지식의 범주로 본다. 그러한 지식은 그 회사의 지식저장소에 있거나 회사 내부에 있는 어떤 노하우를 가지고 있는 현업의 종사자나 지식전문가가 보유하고 있는 경우가 많다. 그래서 이러한 것들을 컴퓨터가 이해할 수 있는 형태로 표현하는 것이 중요하다.

지식을 표현한다는 것은 지식을 사람과 컴퓨터가 동시에 이해할 수 있는 형태, 즉 컴퓨터와 사람이 의사소통할 수 있는 형태로 나타내는 것이다. 이러한 것을 지식표현(knowledge representation)이라고 한다. 지식을 표현하는 방법에는 여러 가지가 있다. 컴퓨터에 이미 주어진 사실과 지식을 가지고 새로운 사실, 즉 어떤 결론에 도달해가는 방법을 추론(reasoning)이라고 한다. 이를 위해 지식기반시스템(knowledge based system)에서는 추론을 위해 추론기관(inference engine)을 필요로 한다. 추론기관이란 지식기반을 통해 추론이라는 행위를 함으로써 결과를 유도하도록 하는 전문적인 프로그램이다. 이는 지식획득을 용이하게 하는 형태로 표현해야 하며 저장이 간단하고, 표현이 정확해야 한다. 또한 여러 가지 표현방식을 가지고 있어야 한다.

인공지능을 전산학분야에서 본격적으로 연구하게 된 것은 1950년대인데 그동안 여러 가지 많은 지식표현방법들이 제안되어왔다. 그 중에 규칙(rule), 의미망(semantic net), 논리(logic), 틀(frame) 등이 있고, 이들 중에서 두 가지 이상의 표현방식을 동시에 사용하는 하이브리드형태도 많이 고려되고 있다.

1.2 탐색

해결하려는 문제를 상태공간(state space)으로 표현할 수 있는데 상태공간은 'N, A, IS, GS'로 이루어져 있다. 여기서 N(Node)은 상태의 집합이라고 할 수 있다. A(Arc)는 한 상태에서 다음 상태로 전이하는 모든 가능한 연결들의 집합이다. IS(Initial State)는 탐색의 첫 출발점을, GS(Goal State)는 최종적으로 찾아가려고 하는 목표상태를 말한다.

처음으로 부여받은 문제를 IS(Initial State)라고 했을 때 이것을 옮길 때마다 다음 상태로 옮겨갈 수 있게 된다. 상태들은 서로 연결되어 있고 결국은 GS(Goal State)로 가게 되는데, 이때 IS에서 GS로 어떻게 찾아가는 것이 최적인지를 파악하는 것이 중요하다고 볼 수 있다. 이러한 것들을 인간의 두뇌를 이용하는 대신 컴퓨터가 하게 하는 것으로, 이러한 탐색은 일반경영에서도 여러 가지 문제해결을 하는데 많이 쓰이고 있다. 최적해에 도달하기 위해서 가능한 모든 대안들이 있고 그런 대안들을 거쳐서 최적대안을 찾아가야 한다. 이 최적대안을 컴퓨터가 자동적이고 효율적으로 선택할 수 있으려면 탐색에 관련된 알고리즘을 가지고 있어야 한다.

1.3 지식습득

지식습득이란 여러 형태의 지식원천으로부터 필요한 지식을 추출해서 이것을 구조적으로 조직화하는 과정이다. 지식을 획득하는 과정은 문제인식단계, 개념화단계, 정형화단계, 구현단계, 지식검증단계의 다섯 가지 단계로 이루어진다. 먼저 문제인식단계는 지식획득의 동기가 부여된 단계이다. 지식을 획득하기 위해 필요한 사람은 영역전문가(domain expert)와 지식공학자(knowledge engineer)인데, 영역전문가는 해당 전문분야에 대한 지식을 가지고 있는 전문가고, 지식공학자는 그 지식을 추출해서 컴퓨터가 이해하고 관리할 수 있는 형태로 표현하는 사람들이다. 지식습득을 위해서는 먼저 참가자를 확인하고, 문제를 확인하고, 문제의 특성을 파악하며, 문제가 광범위한 경우에는 여러 가지 하위문제들로 분해(decompose)하기도 한다. 이러한 지식습득을 위한 문제확인작업은 한 번에 되지 않고 여러 차례 인터뷰를 통해서 이루어지며, 이러한 이유로 많은 비용이 소요된다. 어떤 자원을 확인해보았을 때 그 지식을 습득하는 것이 굉장히 유용함에도 불구하고 그것이 경제적으로 불가능하거나 또는 지식을 습득하는 행위 자체가 불가능한 경우가 있는데, 이런 경우는 더 이상 작업을 진행시키지 못하게 된다. 또한 어디까지 지식을 표현할지에 대한 목표지점을 확인해야 한다. 습득하는 내용들이 습득한 이후의 이익보다 많아지는 경우가 있기 때문이다. 이러한 문제인식이 끝나면 개념화단계가 진행된다.

개념화한다는 것은 지식을 우리가 인지할 수 있는 수준으로 모델링한다는 의미가 있다. 일반적으로는 어떤 심벌들을 이용해서 지식을 그려보는 것을 말한다. 그래서 가장 많이 쓰는 것이 의미망(semantic net)이다.

정형화단계는 심벌라이즈된 지식을 인코딩하는 단계이다. 여기서는 어떤 특정한 지식프로그램기법을 사용하는데 화면상에 지식을 표현하는 트리 같은 것을 그릴 수 있다. 그려서 생성 버튼을 누르면 규칙에 관한 지식이 자동으로 생성된다.

정형화가 마무리되었으면 특정 개발도구나 프로그래밍 언어를 통하여 구현하고, 마지막으로 제대로 구현되었는지 테스트한다. 테스트란 원래 의도한 내용을 의도한 방법론을 따라 의도한 성능을 내게끔 개발되었는지를 점검, 측정하는 것인데, 타당성과 정확성 테스트가 있다. 타당성(validation)은 지식이 얼마나 현실을 잘 반영했는지를 측정하는 것이다. 또한 정확성(verification)은 지식표현 구축방법대로 잘 따라갔는지를 측정하는 것이다. 예를 들어 오류 혹은 중복된 지식은 없는지, 지식 간 충돌은 없는지, 규칙이 잘 표현되었는지 등을 테스트한다.

제2절 판별 알고리즘

판별이란 데이터를 어떤 주어진 수의 클래스 중 어느 하나로 분류하는 것이다. 판별 알고리즘으로 가장 많이 사용되는 것으로는 KNN(K-Nearest Neighbor), 의사결정나무(Decision Tree), 랜덤 포레스트(Random Forest), 나이브 베이즈(Naïve Bayes), SVM(Support Vector Machine), 로지스틱 회귀분석 등이 있다. 판별 알고리즘은 자연과학분야로부터 시작하여 CRM, 바이오, 금융, 이동통신, 고객개발, 위치기반서비스 등 다양한 비즈니스 인텔리전스 도메인까지 사용되고 있다. 이들 도메인은 또한 다양한 환경 및 상황에 의하여 더 세분화된다. 최근 빅데이터 활용의 중요성이 대두되면서 판별 알고리즘의 사용은 더욱 활발해지고 있다.

벨기에의 로봇 제조업체인 옥티니온(Octinion)은 2017년 '딸기 수확 로봇'을 개발했다. 이 로봇은 판별 알고리즘을 통해 딸기의 성숙도나 상처를 판별할 수 있다. 3D 프린팅으로 제작된 팔이 딸기를 따서 판매용 바구니에 부드럽게 집어넣는다. 또한 수확하기에 이른 딸기가 있으면, 로봇은 자동적으로 이를 판단하여 수확가능한 날짜를 예측할 수 있다. 옥티니온 측은 개발한 로봇은 5초 단위로 딸기를 따기 때문에 사람의 3초보다는 느린 편이나, 도입에 따른 경제적 이점은 큰 것으로 밝히고 있다.

제3절 데이터마이닝

데이터마이닝(data mining)은 대규모로 저장된 데이터 안에서 체계적이고 자동적으로 통계적 규칙이나 패턴을 찾아내는 기술이며 KDD(Knowledge-Discovery in Databases)라고도 일컫는다. 데이터마이닝이란 용어는 광산에서 가치 있는 광물을 캐내는 것을 비유한 것에서 유래되었지만, 데이터 더미에서 정보가 될 수 있을 데이터를 추출하는 과정만을 의미한 것은 아니다. 데이터마이닝의 목적은 데이터 안에서의 패턴을 추출하거나 의미 있는 통계치를 찾아내고 이로부터 유용한 지식을 습득하는 것이기 때문이다. 따라서 견해에 따라서 '데이터마이닝'이라는 단어 자체가 부적절하다고 생각할 수 있다.

데이터마이닝은 통계학에서 패턴인식에 이르는 다양한 계량기법을 사용한다. 데이터마이닝기법은 통계학 쪽에서 발전한 탐색적 자료분석, 가설검정, 다변량분석, 시계열분석, 일반선형모형 등의 방법론과 데이터베이스 쪽에서 발전한 OLAP(온라인 분석처리, On-Line Analytic Processing), 인공지능 진영에서 발전한 SOM, 신경망, 전문가시스템 등의 기술적인 방법론이 쓰인다.

데이터마이닝의 응용분야로 대출자의 파산 확률을 계산하는 신용평점시스템(credit scoring system)의 신용평가모형 개발에 활용될 수 있으며, 사기탐지시스템(fraud detection system), 장바구니분석(market basket analysis), 최적 포트폴리오 구축과 같이 다양한 산업분야에서 광범위하게 사용되고 있다. 군사분야에서는 미사일의 정확도에 영향을 주는 요인들이 어떠한 작용을 하는지를 알아내기 위해 데이터마이닝을 활용하고 있으며, 국가정보기관은 도청되는 엄청난 통신량 가운데, 특히 중요성이 높은 통신을 찾아내기 위해 데이터마이닝을 활용하기도 한다. 한편 보안전문가들은 패킷별로 네트워크에 위협요인이 있는지를 판단하기 위해, 그리고 의학연구자들은 암의 재발가능성을 예측하기 위해 데이터마이닝을 사용한다.

데이터마이닝은 주로 이상치 탐지(anomaly detection), 연관성분석(association rule), 군집화(clustering), 분류모델 설정(classification), 회귀분석, 자동요약 등을 포함한다. 또한 시계열 데이터에서 과거의 보편적인 패턴을 벗어나는 측정값을 찾아내는 데에도 활용된다.

3.1 이상치 탐지

데이터마이닝에서의 이상치 탐지는 어떤 데이터군에서의 평균값에서 크게 벗어난 사건이나 관측치를 파악하고 확인하는 과정이다. 이상치 탐지는 은행 사기, 송유관 등에 대한 구조적 결함, 의학적 문제 등을 파악하고 분류해내는 데 적용되고 있다.

3.2 연관성분석

연관성분석은 [그림 7-1]과 같이 데이터베이스 안에서 변수들 간의 유의미한 관계를 발견해내는 분석방법이다. 흔히 매장에서의 기저귀와 맥주의 연관성 발견 사례가 많이 언급되는 장바구니분석(market basket analysis)으로도 알려진 연관성

그림 7-1 기업의 사회적 무책임에 관한 키워드들의 연관성분석 예시

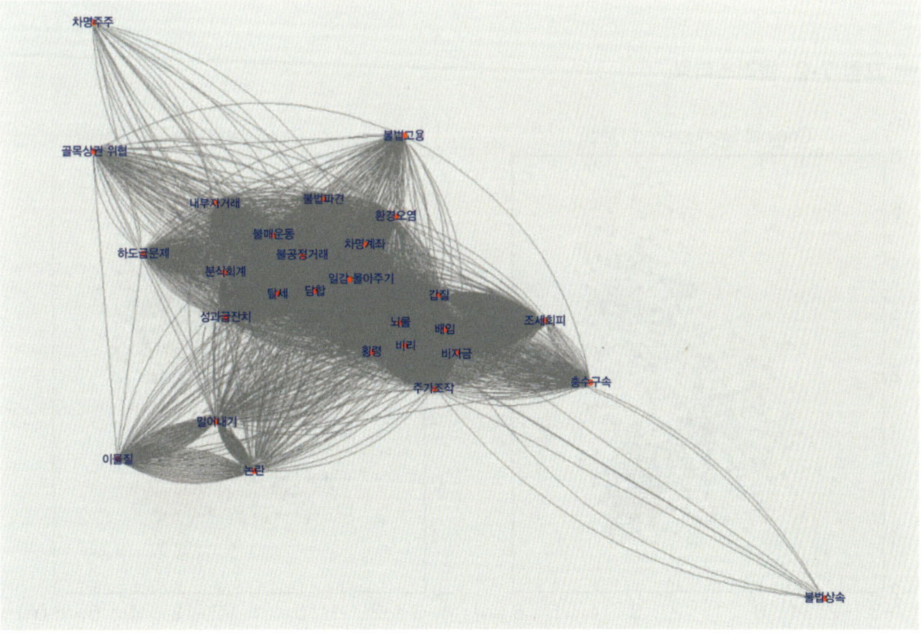

분석은 데이터셋을 구성하는 아이템 중에 동시에 출현하는 것을 찾아내고 이런 것들이 서로 연관성이 있을 것이라고 추측하는 데 유용하다. 또한 연관성분석을 활용해서 관련 상품을 추천하거나 매장의 진열을 바꾸거나 새로운 상품을 구성할 수 있다. 장바구니분석 외에도 오늘날 웹 사용량 마이닝, 텍스트분석, 침입 감지, 생물정보학을 비롯한 많은 분야에서 사용되고 있다.

3.3 군집화

군집화란 어떠한 데이터셋 안에서 요소들을 그것들의 특징적 유사도를 기반으로 그룹화하는 것을 의미한다. 패턴공간에 주어진 유한 개의 패턴들이 서로 가깝게 모여서 무리를 이루고 있는 패턴집합을 군집(cluster)이라 하고, 이것을 분류하는 처리과정을 군집화(clustering)라 한다. 군집화는 하나의 데이터를 여러 개의 부분집합(clusters)으로 분할하는 것을 의미하며, 그때 각 부분집합에 있는 데이터는 몇 가지의 공통된 특징(trait)을 공유하는데, 그것은 몇 가지 거리 측정법을 사용하여

그림 7-2 클러스터링

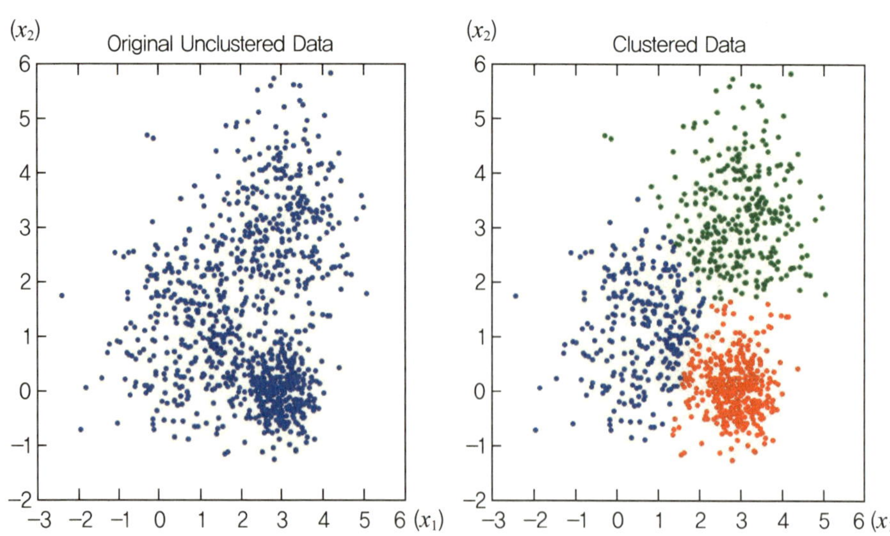

유사도(similarity or proximity)를 계산함으로써 이루어진다. 즉 군집이란 비슷한 특징을 가진 데이터들의 집단이다. 반대로 데이터의 특징이 다르면 다른 군집에 속하는 것으로 간주한다. 특징들의 이질성을 거리로 표현하고, 그것을 기반으로 가까운 특징들을 [그림 7-2]와 같이 한데 묶는 기법이다.

3.4 회귀분석

회귀분석은 관찰된 연속형 변수들에 대해 두 변수 사이의 모형을 구한 뒤 적합도를 측정해내는 분석방법이다. 회귀분석은 시간에 따라 변화하는 데이터나 어떤 영향, 가설적 실험, 인과관계의 모델링 등의 통계적 예측에 이용될 수 있다. 회귀분석은 주어진 자료들이 어떤 특정한 경향성을 갖고 있다는 아이디어로부터 비롯된다. 회귀분석은 기본적으로 변수들 사이에서 나타나는 경향성을 설명하는 것을 주 목적으로 한다.

3.5 자동요약

데이터마이닝으로서의 자동요약은 어떠한 텍스트 안에서 주목할만한 정보를 갖고 있을 것으로 판단되는 문장만을 추출해내는 것을 의미한다. 포털의 검색엔진을 주된 예로 들 수 있다. 또한 문자적 텍스트뿐만 아니라 이미지에도 요약방법은 활용될 수 있다. 감시 영상을 요약한다면 사건이 없는 영상은 배제되고, 특별한 사건이 발생한 시점들의 영상들만을 추출할 수 있을 것이다.

제4절 딥러닝

최근 들어 딥러닝에 대한 관심이 높아지고 있지만 사실 딥러닝구조는 인공신경망(ANN: Artificial Neural Networks)에 기반하여 설계된 개념으로 최소 1980년 쿠니히코 후쿠시마(Kunihiko Fukushima)에 의해 소개된 'Neocognitron'까지 거슬러 올라간다. 인공신경망은 기계학습(machine learning)과 인지과학에서 생물학의 신경망에서 영감을 얻은 통계학적 학습 알고리즘이다. 데이터로부터 학습하는 다른 기계학습과 같이 신경망은 일반적으로 규칙기반 프로그래밍으로 풀기 어려운 컴퓨터 비전 또는 음성인식과 같은 다양한 범위의 문제를 푸는 데 이용된다.

2000년대 이후 딥러닝의 출현 이후 신경집합의 새로운 관심은 다시 조명받고 있다. 2012년 스탠포드대학의 앤드류 응(A. Ng)과 구글이 함께한 딥러닝 프로젝트에서는 16,000개의 컴퓨터 프로세서와 10억 개 이상의 Neural Networks 그리고 DNN(Deep Neural Networks)을 이용하여 유튜브에 업로드되어 있는 1,000만 개 넘는 비디오 중 고양이 인식에 성공하였다([그림 7-4] 참조).

그림 7-3 인공지능과 딥러닝

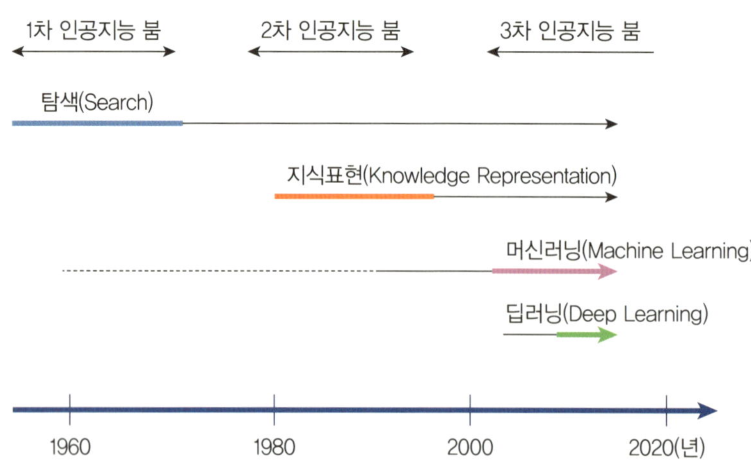

그림 7-4 딥러닝으로 인식된 고양이 그림

1989년에 얀 르쿤(Yann LeCun)과 그의 동료들은 오류역전파 알고리즘에 기반하여 우편물에 손으로 쓰인 우편번호를 인식하는 Deep Neural Networks를 소개했다([그림 7-5] 참조). 알고리즘이 성공적으로 동작했음에도 불구하고, 0부터 9까

그림 7-5 오류역전파 알고리즘의 숫자인식 알고리즘

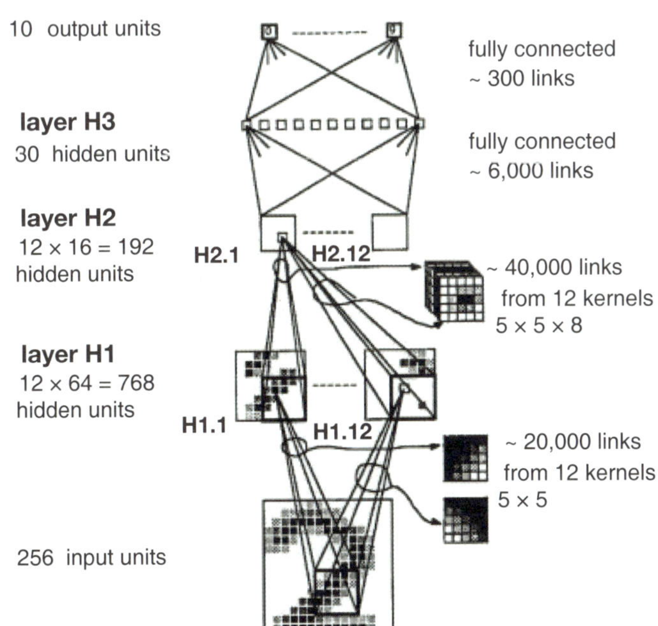

지의 숫자를 신경망에 학습시키는 데에 소요되는 시간이 거의 3일이 걸렸고 이것은 다른 분야에 일반적으로 적용되기에는 비현실적인 것으로 여겨졌다.

딥러닝의 중흥기는 2000년대 들어서 제프리 힌튼(G. Hinton) 등에 의해서 비롯되었다. 기존 신경망의 과적합문제를 해결하기 위해 이들은 비지도기반(unsupervised) RBM(Restricted Boltzmann Machine)을 통해 학습할 순방향 신경망(feedforward neural network)의 각 층을 효과적으로 사전훈련(pre-training)하여 과적합을 방지할 수 있는 수준의 초기 시작값을 잡았고, 이를 다시 지도기반 역전파(supervised backpropagation)방법을 사용하는 형태로 학습을 진행하였다.

그림 7-6 서포트벡터 머신

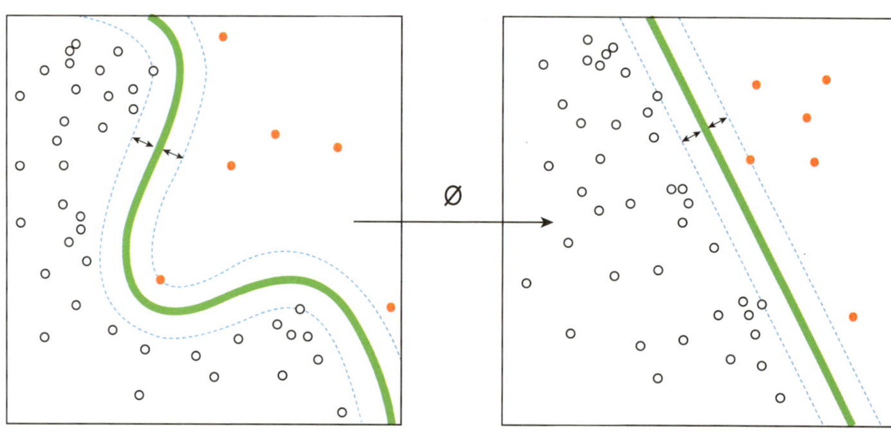

딥러닝이 부활하게 된 이유는 크게 세 가지로 꼽힌다. 첫 번째는 앞서 딥러닝의 역사에서 언급한 바 있는 기존 인공신경망모델의 단점이 극복되었다는 점이다. 그러나 과적합문제만 해결되었다고 해서 느린 학습시간이 줄어드는 것은 아니다. 두 번째 이유는 여기에는 하드웨어의 발전이라는 또 다른 요인이 존재한다. 특히 강력한 GPU(Graphic Processing Unit)는 딥러닝에서 복잡한 행렬연산에 소요되는 시간을 크게 단축시켰다. 마지막으로 언급하지만 가장 중요한 세 번째 이유는 빅데이터를 들 수 있다. 대량으로 쏟아져 나오는 데이터들, 그리고 그것들을 수집하기 위한 노력, 특히 SNS 사용자들에 의해 생산되는 다량의 자료와 태그정보들 모두가 종합되고 분석되어 학습에 이용될 수 있다. 인공신경망의 학습에 사용되는 트레이닝벡터는 이름이 붙어 있는(labeled) 데이터여야 하는데(supervised learning의 경우) 대량의 트레이닝셋 모두에 레이블(label)을 달아주는 일은 불가능한 일이다. 이런 이유로 초기 학습에 사용되는 일부 데이터에 대해서만 지도학습(supervised learning)을 수행하고 나머지 트레이닝셋에 대해서는 비지도학습(unsupervised learning)을 진행하며, 학습된 결과는 기존 학습의 결과와 앞서 분석된 메타 태그 정보들을 종합하여 인식기가 완성된다.

딥러닝의 부활 이후 다양한 분야, 특히 자동음성인식(ASR: Automatic Speech Recognition)이나 [그림 7-7]과 같은 자율주행자동차 등에 필수적인 컴퓨터 비전 분야에서 훌륭한 성능을 보여주고 있다.

페이스북에서는 딥러닝을 활용하여 자동으로 얼굴을 인식해 태그를 달아주는 얼굴인식 알고리즘인 '딥페이스(Deep Face)'기술을 활용한다([그림 7-8] 참조). 얼

그림 7-7 딥러닝을 활용한 컴퓨터 비전

그림 7-8 페이스북의 딥페이스

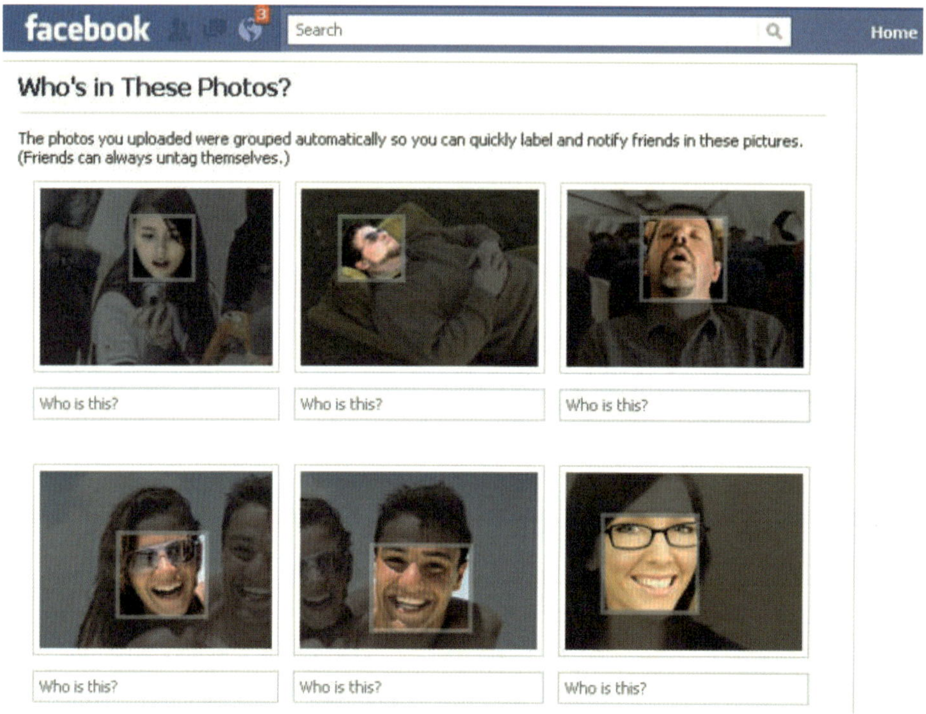

굴인식 정확도는 97.25%로 인간의 눈을 통한 인식 정확도인 97.53%와 거의 차이가 없다.

또한 딥러닝은 분류문제뿐만 아니라 창작의 영역에서도 활용되고 있다. [그림 7-9]는 구글에서 개발한 인공지능 화가 '딥드림(Deep Dream)'의 작품이다. 이미지 생성은 원래부터 구성되어 있던 사진, 그림을 토대로 이뤄지며, 이 과정에서 딥드림은 모델이 원래 의도된 이미지의 형태만을 과장하고 그 외의 요소는 무시해 이미지를 왜곡한다. 더불어 아무런 의미도 없는 노이즈 이미지에 반복적으로 절차를 시행해 이미지를 생성해낼 수도 있다. 구글은 이를 두고 "우리는 인공지능이 예술 영역에까지 깊이 영향을 줄 수 있는 혁신이라고 생각한다"고 언급했다.

그림 7-9 구글의 딥드림

딥러닝은 게임분야에도 적용되고 있다. 인공지능의 학습에 있어 데이터와 연산 능력만큼 중요시되는 것이 알고리즘이다. [그림 7-10]의 알파고는 구글의 딥마인드가 개발한 인공지능프로그램이다. 알파고는 훈련된 심층신경망 몬테카를로 트리 탐색을 통해 선택지 중 가장 유리한 선택을 하도록 설계되었다. 이를 통해 무한대에 가까운 광범위한 경우의 수를 줄일 수 있었다. 이를 실현하기 위한 기계학습은 여러 계층으로 디자인된 정책망을 구성하고 정책망 지도학습, 정책망 강화학습, 가치망 강화학습단계를 거친다.

그림 7-10 구글 알파고

AlphaGo

고사양의 게임 구현에 있어서 높은 성능의 GPU가 필요했다는 점이 딥러닝의 GPU 연산능력의 향상과도 맞물린다는 것은 재미있는 사실이다. 구글의 딥마인드는 [그림 7-11]에서처럼 그들의 인공지능을 컴퓨터 게임에도 적용시켰다. 바둑과 달리 자신의 차례가 구분되지 않는 실시간으로 진행되는 게임으로서 블리자드의 '스타크래프트 Ⅱ'에 적용된 인공지능프로그램의 시연을 통해, 인공지능 기억력의 효과적인 사용방법, 장기 계획능력, 새로운 정보에 따라 계획을 적용시키는 능력을 증명하였다.

그림 7-11 구글 딥마인드의 스타크래프트 Ⅱ 연산과정

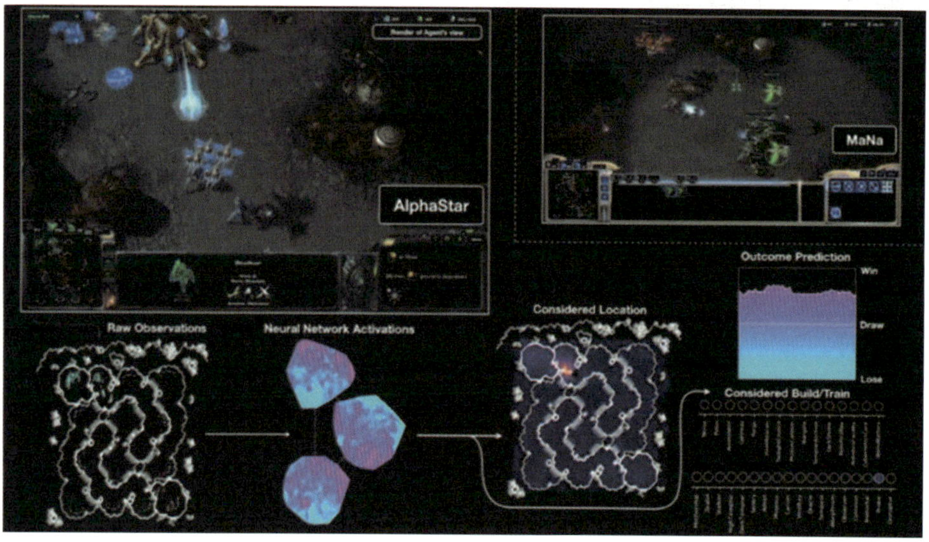

제5절 휴머노이드

5.1 휴머노이드의 개념

휴머노이드(humanoid)란 "인간(human)의 형태를 한(-oid) 것"을 말하며, 1867년에 만들어진 단어다. 세 글자로 줄여 말하면 '인간형'이란 뜻이다. 인간형 로봇 또는 인간형 생명체를 의미하는 용도로 많이 쓰이는 단어이다. 오늘날에는 휴머노이드라 하면 대개 인간형 로봇을 지칭하는데, 대체로 머리 하나, 팔 둘, 다리 둘, 정면에서 봤을 때 좌우대칭적 신체구조, 직립보행 등의 특성을 갖고 있으면 휴머노이드형태라고 부른다. 눈이나 손가락 개수가 인간보다 많거나 적거나, 꼬리나 날개가 있어도 위의 특성들을 공유하면 일단 휴머노이드형태로 분류한다.

세계 최초의 휴머노이드 로봇은 1973년 일본의 가토 이치로가 선보인 [그림 7-12]의 와봇 1호(WABOT-1)이며, 사람처럼 걸어 다니는 이족보행 휴머노이드 로봇은 1996년에 일본의 혼다사가 세계 최초로 공개했다.

그림 7-12 와봇 1호와 와봇 2호

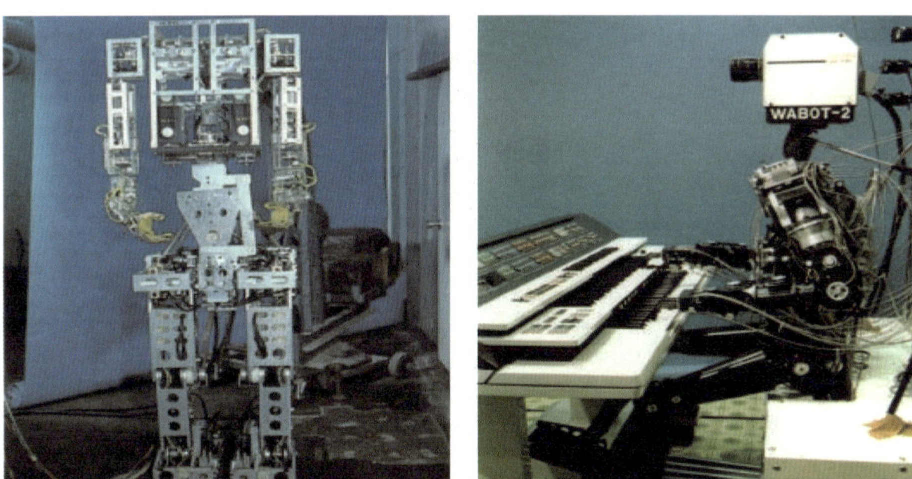

5.2 일본의 휴머노이드 개발

일본은 지난 30년간의 지속적인 노력으로 많은 기능을 탑재한 세계 최고의 휴머노이드 기술력을 과시했다. 일본의 경우 타 국가와 달리 기업체 기술 과시용으로 제작되는 휴머노이드가 많다. [그림 7-13]의 '아시모'로 대표되는 혼다를 비롯하여 역시 달리는 휴머노이드 로봇을 선보인 도요타, 그리고 강아지 로봇 '아이보'에 이어 최초로 달리는 휴머노이드 로봇 '큐리오'를 선보인 소니 등을 들 수 있다. 이들 회사는 만화나 애니메이션 등으로 로봇문화에 친숙한 일본의 특징하에서 회사에 필요한 기술력 증가 및 광고효과 등을 노리고 휴머노이드를 만들어왔으나, 이들 로봇들은 회사 홍보용에 그치고 연구용으로 시판되지는 않는다. 아시모 같은 경우 해외대학에 연구용으로 제공되지만, 시판되는 것은 아니고 핵심 알고리즘은 철저한 보안하에 유지된다.

2015년부터는 소프트뱅크가 [그림 7-14]의 '페퍼'라는 개인용 휴머노이드를 일본 전역의 매장에서 판매하기 시작하였다. 그러나 일반적으로 생각하는 이족보행 로봇이 아니라 바퀴로 움직이는 방식이다. 이족보행이라는 것에 집착하기보다는 "인간의 감정을 이해"한다는 소프트웨어적인 것에 초점을 맞췄다.

그림 7-13 혼다 '아시모'

■ **그림 7-14 소프트뱅크 '페퍼'**

5.3 한국의 휴머노이드 개발

한국의 경우 일본과는 달리 국가연구소에서 로봇을 제작하는데 기업체와는 다르게 그에 따라오는 부가적인 기술 확보목표를 겸하여 로봇을 제작하며, 국가의 예산으로 제작하는 물건인 만큼 어렵게 만든 로봇이 아무런 효용성이 없다면 애초에 만들 수 없다. 즉 '휴보(Hubo)'의 개발목적은 충분한 고급기술 확보나 기술 발표에 있다. 일본의 경우처럼 실용성은 없지만 홍보만을 위해 제작하는 로봇을 만들 명분이 한국의 경우는 거의 없다고 볼 수 있다. 미국의 경우는 이러한 경향이 더욱 심하다.

5.4 미국의 휴머노이드 개발

미국은 제어이론, 최적화이론, 관절 고정밀 제어 등 로봇 개발 구성학문들에 있어서 최상위수준이다. 이는 소프트뱅크에 인수되기 이전인 구글의 보스턴 다이나믹스 '아틀라스(ATLAS)' 로봇과 미국 방위고등연구계획국(DARPA) 다르파 로보틱스 챌린지(DRC)대회 등을 통해 명백하게 드러났는데, 1~2년 만에 의복 테스트용으로 만든 [그림 7-15]의 ATLAS 로봇은 과거 어느 로봇들도 흉내 낼 수 없었던 거친 돌밭에서의 고속 주파를 보여주었다. ATLAS는 복잡한 지형에서도 자동으로 자세를 유지하며 보행 경로를 설정하며 보행이 가능하다. 두 팔로 주위환경을 조작하는 건 물론 넘어져도 직접 일어나고 물체까지 들어올릴 수 있으며 심지어 공중제비까지 돌 수 있다.

그림 7-15 보스턴 다이나믹스 'ATLAS'

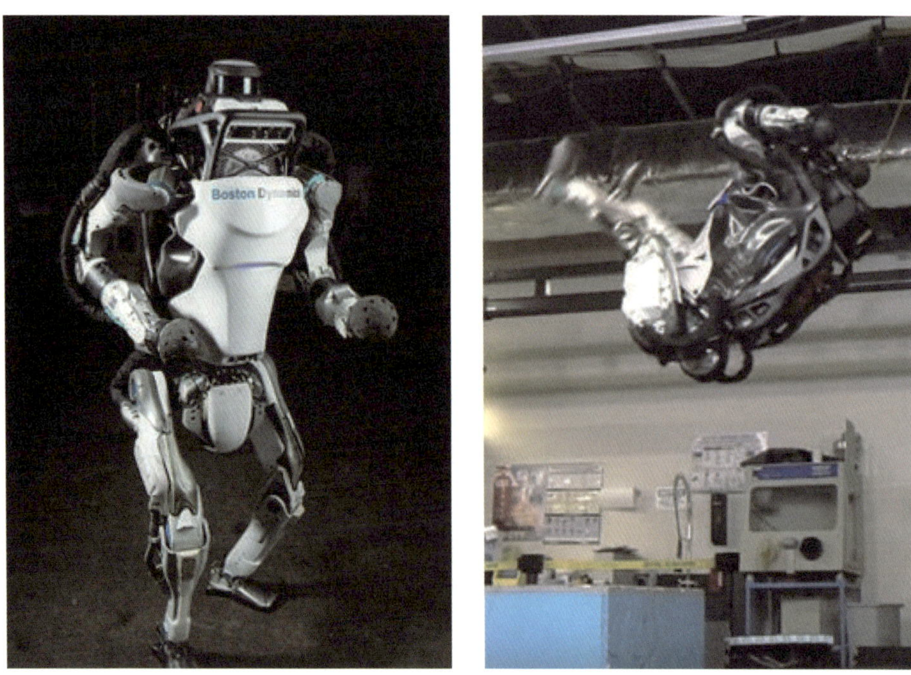

이런 미국의 잠재력은 NASA 로봇의 개발과정에서 잘 드러나는데, 우주에서 사용할 목적으로 DARPA에서 받은 연구비와 NASA 펀딩을 투입해서 개발진이 일일 3교대로 개발에 참여해 로봇을 초단기간에 제작했다고 한다. 개발진들은 NASA 엔지니어들과 우주 비행사들로 구성되었고 배터리는 우주정거장에 들어가는 초고성능 배터리를 사용했다. 이처럼 미국은 역사는 일본에 뒤지지만 기술력은 뒤지지 않으며, 앞으로도 실용성을 확보할 수 있다면 현존하는 어떤 휴머노이드의 성능을 뛰어넘는 휴머노이드를 만들 수 있는 기반이 있다.

그림 7-16 NASA 린든 B. 존슨 우주센터 'Valkyrie'

제6절 인공지능윤리

인공지능의 활용이 불러올 윤리적 문제는 크게 인간의 안전문제, 일자리문제, 지식재산권문제 등이 있다. 또한 그동안의 인공지능 제작이 인류 보편적인 가치보다는 특정 계층의 이익에 편중되어온 경향이 있다. 일부 계층에 불이익을 가져다주는 편견을 양산해 계층 간 혹은 개인 간의 갈등을 일으키는 요인으로 작용해온 것이다.

이에 따라서 인공지능(AI) 제작과 관련하여 윤리적 규제가 필요하다는 목소리가 높아지고 있는 가운데 지침 마련을 위한 움직임이 늘어나고 있다. 지난 2016년 9월 구글의 지주회사인 알파벳, 아마존, 페이스북, IBM, MS 등 5개 IT기업들은 모임을 갖고 인공지능 제작과 관련된 토의를 시작했다. 의견을 모아 인공지능 활용과 관련된 윤리지침을 작성할 계획이다. 작성된 지침은 5개 사의 사인을 받아 향후 인공지능 제작에 적용하게 된다. 구글 관계자는 “인공지능에 대한 명확한 정의가 내려지지 않은 상황에서 혼란이 가중되고 있다”며 지침 마련에 대해 강한 의지를 표명했다. 국가 차원에서도 윤리문제가 거론되고 있다. 영국 의회는 지난 2016년 10월 12일 보고서를 발표하고, 윤리지침을 마련하기 위한 모임을 갖겠다고 밝혔다. 보고서는 “인공지능 관련 윤리적인 문제들이 잇따라 발생하고 있다”며 지침 마련의 시급성을 강조했다.

또한 미국 전기전자학회(IEEE)는 ‘Ethically Aligned Design’이란 제목의 문서를 발표했다. 인공지능윤리와 관련 IEEE는 물론 국제기술자단체에서 처음 발간한 기초문서다. 100여 명의 전문가들이 참여한 이 가이드라인에는 인공지능의 보편적 가치를 추구할 수 있는 방안이 제시되어 있다. 이 문서에서는 인공지능 제작에 앞서 관심을 기울여야 할 네 가지 쟁점(issue)을 제시하고 있는데, 그것은 인권(human rights), 책임(responsibility), 투명성(transparency), 교육(education)이다.

인공지능기술의 활용이 목전에 다가오면서 소위 인공지능의 윤리적 딜레마를 어떻게 해결하느냐가 쟁점 중의 하나이다. 예를 들어 자율주행 차량이 사고를 냈을 때의 배상책임과 처벌, 자동 주식거래시스템에 대한 규제, 로봇활동에 대한 규제를 전담하는 정부기구의 필요성과 역할, 자율주행 차량의 사고 등 알고리즘의 실수로 불법행위나 피해가 발행했을 때의 법적 처리, 인공지능에 의한 질병의 검진과 로봇수술 허용여부가 있다. 또한 사람의 지시에 따라 활동하는 원격로봇에 법인격을 인정할 것인가, 로봇을 도덕적 행위자(AMA: Artificial Moral Agent)로 볼 수 있는가, 주식거래 알고리즘은 규제되어야 하는가, 로봇의 진단과 로봇수술을 안전성을 이유로 규제할 것인가, 알고리즘의 편향이 누군가에게 피해를 주었을 때의 처리와 해결책은 어떻게 할 것인가 등이다.

예제

■ O/X형

1 인공지능의 지식표현방법으로 규칙, 의미망, 논리, 틀 등이 있으며 이들의 복합형태도 가능하다.

2 딥러닝은 기존의 데이터마이닝기법보다 항상 성능이 우수하다.

3 딥러닝은 인공신경망에 기반하여 설계된 개념이다.

답 ○, ×, ○

■ 서술형

1 인공지능의 기업에서의 활용방법에 대해서 사례를 들어서 설명하시오.

2 인공지능의 개발 및 활용에서 발생하는 윤리 이슈는 무엇이며, 그 해결책은 무엇인지 서술하시오.

3 최근 알파고 열풍으로 한국정부는 곧 인공지능 관련 대규모 펀드를 조성하고 정부 재정지원사업을 통해 인공지능을 활용한 다양한 제품이나 서비스를 개발한다고 한다. 또한 인공지능이 개발되면 많은 직종이 기계로 대체될 것이라고 예측하고 있다. 이러한 흐름에 대해 당신은 찬성하는가 아니면 반대하는가? 수업시간에 접한 여러 이론이나 MIS에 대한 접근법(approach)을 가지고 당신의 주장을 뒷받침하시오.

CHAPTER

08 통신

제1절 통신의 개념

1.1 통신의 정의

통신(telecommunication)이란 컴퓨터 네트워크를 활용해서 원격에 떨어진 노드들(sender and receiver) 사이에 정보를 전달하고 처리하는 것을 의미한다. 이때 노드는 IP를 가진 컴퓨터를 의미하며 송신자(sender) 또는 수신자(receiver)의 역할을 하게 된다. 여기서 주의해야 할 점은 컴퓨터가 주변장비와 정보를 전달하고 처리하는 것은 경영정보학에서는 통신의 범주로 고려하지 않으며, 원격에 위치한 부서나 개인 혹은 조직 사이의 통신을 말한다. 또한 경영정보학에서의 통신은 최종 사용자에 초점을 맞추고 있다. 한편 통신의 대상에는 음성, 이미지, 메시지, 데이터 등이 있다.

1.2 통신과 기업경영

그렇다면 통신이 기업경영에서 왜 중요한 것일까? 바로 다음과 같은 다섯 가지 이유 때문이다. 첫 번째로 기업환경의 불확실성이 증가하기 때문이다. 환경의 불확실성이 증가하면 불확실성 저감을 위해 외부정보의 가치가 증가하기 마련이다. 두 번째로 오늘날의 기업들은 정보자원을 공유해야 할 필요성이 커졌기 때문이다. 조직의 혁신과정에서 집권화에서 분권화로 변함에 따라 정보가 분산된다. 따라서 분산된 정보를 공유하기 위해 통신이 중요하게 되었다. 세 번째로 분산처리이다. 두 번째 이유와 비슷하게 전산자원 역시 분산된다. 따라서 원격의 컴퓨터에 접속하여 특정 작업을 요청하는, 즉 분산처리가 필요하게 되었다. 네 번째 이유는 기업전략의 변화이다. 전략적 제휴나 네트워크 마케팅과 같은 기업 간 협력과 관련한 기업전략의 필요성이 증가할수록 통신의 필요성이 커지게 된다. 마지막으로는 작업환경의 변화 때문이다. 특히 최근에는 모바일 및 재택근무의 형태가 늘어나면서 자연히 통신기술의 도움이 필요하다. 이러한 다섯 가지 이유로 기업경영에 있어 통신의 중요성은 갈수록 커지고 있다.

1.3 데이터처리방법

데이터처리방법에는 크게 병렬처리(parallel processing)방법과 직렬처리(sequential processing)방법이 있다. 병렬처리방법은 8비트 이상의 데이터를 동시에 보내는 방식이다. 자연스럽게 병렬처리방법의 장점은 빠른 속도에 있다. 동시에 여러 데이터를 보낼수록 동일한 출력으로는 원격 전송이 어려워질 수밖에 없다. 따라서 병렬처리방식은 보통 CPU와 주변장비까지의 데이터 전송에 사용된다. 이에 반해 직렬처리방법은 한 번에 한 데이터씩 보내는 방식이다. 그러므로 직렬처리방식은 병렬처리방식과 반대로 속도가 느리다는 단점을 가지지만, 원격 전송이 가능하다는 장점을 가지므로 원격 통신을 위한 랜포트 등이 직렬처리방식의 대표적인 사용 예이다.

한편 직렬처리방법에는 동기식(synchronous) 방식과 비동기식(asynchronous) 방식이 있다. 동기식 방식은 보내는 노드와 받는 노드가 데이터를 보낼 시간을 약속한 후에 그 시간에 데이터를 보내는 방식이다. 전송의 정확도는 보장되겠지만 이 과정에서 양 노드가 사전약속을 해야 한다는 번거로운 점이 존재한다.

이러한 단점을 극복한 방법이 비동기식 방식이다. 보내는 노드와 받는 노드 사이의 사전 약속 없이 데이터 묶음, 즉 패킷(packet)을 보내는 방식이다. 여기서 패킷이란 데이터를 한 번에 보내는 단위를 뜻한다. 그렇게 보내면 받는 노드 입장에서는 수신한 데이터가 어디서 온 무엇인지 잘 모를 수 있다. 따라서 [그림 8-1]과 같이 패킷의 맨 앞인 헤더 부분에 보내는 쪽 IP주소, 패킷의 고유번호가 들어간다. 이를 통해 이 데이터가 누구로부터 왔는지 몇 번째 데이터인지 파악가능하다. 따라서 받는 사람은 패킷의 헤더 부분을 보고 출처확인 및 동일 주소의 데이터를 한 번에 모아서 확인가능하다는 편의를 준다. 이 방식이 대용량 데이터를 주고받을 때 가장 유용하게 쓰일 수 있어서 요즘 대부분의 기업들이 이 방식으로 데이터를 처리한다.

그림 8-1 패킷의 구성

1.4 통신성능 측정

통신성능의 대표적인 통신속도 측정방법에는 bps(bits per second), 보레이트(baud rates), 대역폭(bandwidth) 등이 있다. 우선 bps는 초당 몇 비트의 데이터를 보내는지를 통해 속도를 측정하는 것으로 가장 많이 사용하는 속도 측정방법이다. 예를 들어 전화선은 2,400~28,800bps이며, T-span은 빠른 디지털 채널을 뜻하는데 T-1급이 1.544Mbps, T-2급이 6.312Mbps, T-3급이 44.736Mbps, T-4급이 274.176Mbps이다.

두 번째는 초당 펄스(파동이)가 몇 번인지를 측정하는 보레이트이다. 만약에 보레이트가 9,600bps이면 초당 9,600번 진동하는 것을 의미한다(1/9,600s). 물론 보레이트가 클수록 속도가 빠른 것을 의미한다. 마지막으로는 대역폭이다. 대역폭은 빈도의 범위의 격차를 측정하는 방법이다. 빈도의 최대치, 최저치의 차이가 클수록 더 다양한 데이터를 동시에 보낼 수 있게 된다. 즉 빈도의 차이가 클수록 광대역폭(broad bandwidth)이라고 할 수 있다.

1.5 데이터 통신성능방법

데이터 통신방법은 [그림 8-2]에서 순서대로 Simplex, Half-duplex, Full-duplex방식이 있다. Simplex방식은 보내는 노드는 항상 보내기만 하고 받는 노드는 항상 받기만 하는 방식이다. 대표적인 예로 TV, 라디오가 있다. Half-duplex방식은 수신도 송신도 가능하지만 어느 한순간에는 수신 또는 송신만 가능한 방식이다. 대표적인 예가 무전기이다. 마지막으로 Full-duplex방식은 동시에 양방향으

그림 8-2 데이터 통신의 방법

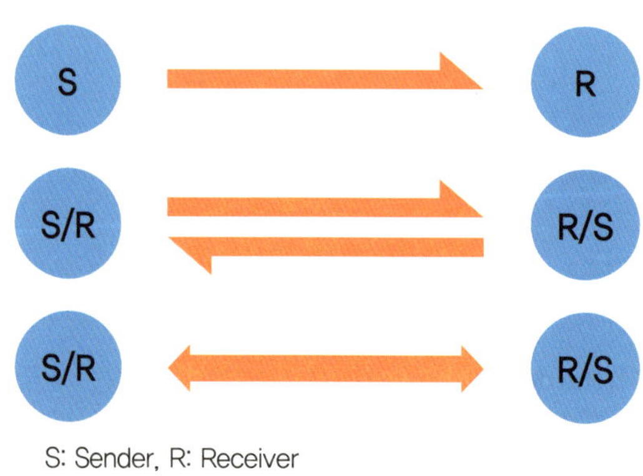

로 데이터를 주고받을 수 있는 방식이다. 대표적인 예로 전화나 채팅, 이메일 등이 있다.

1.6 데이터 통신장비

데이터 통신을 하기 위한 하드웨어장치를 알아보면, 먼저 '모뎀(MODEM)'이 있다. 모뎀은 MOdulator–DEModulator(변조–복조)의 약어로서 각각 디지털화, 아날로그화시키는 역할을 한다. [그림 8–3]을 보면 이해가 쉽다. 전송선의 경우는 파장정보를 다루기 때문에 아날로그 신호이다. 따라서 컴퓨터 1에서 디지털 신호를 아날로그화하는 것이 Demodulator이고 컴퓨터 2로 정보를 전달할 때 아날로그 신호를 디지털화해주는 것이 Modulator이다. 다음으로는 CPU와 주변장치들의 통신을 해주는 '콘트롤러(controller)'가 있고 여러 개의 통신회선 중 멀리 가지 못하는 선들을 선택하여 하나로 모아서 보내는 '멀티플렉서(multiplexer, Mux)'가 있다.

[그림 8–4]의 멀티플렉서는 여러 개 회선을 하나로 모아서 보내므로 출력이 세기 때문에 장거리 전송이 가능하다. 마지막으로는 콘센트레이터(concentrator)가 있는데 이것은 멀티플렉서 플러스 알파라고 생각하면 된다. 데이터를 어떻게 받고

그림 8-3 모뎀

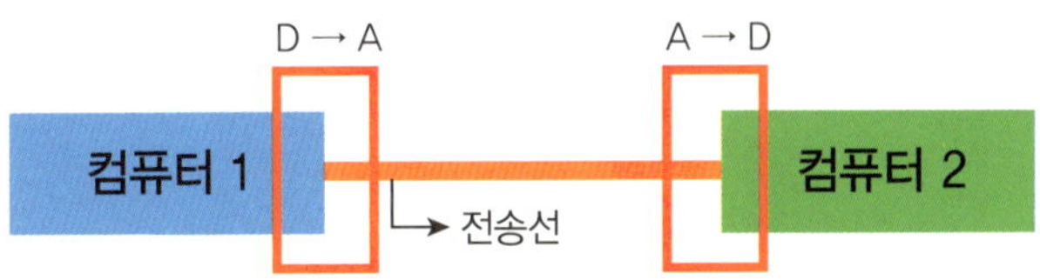

그림 8-4 멀티플렉서

어떻게 저장하고 처리하는지를 기록하는 똑똑한 멀티플렉서이다.

제2절 네트워크 토폴로지

네트워크 토폴로지(network topology, 위상)는 쉽게 말하면 통신선을 어떻게 컴퓨터와 연결시켰는지에 대한 모양을 의미한다. 그 종류는 네 가지가 있는데 첫 번째는 [그림 8-5]의 스타(star)방식이다. 스타방식은 중앙에 성능이 좋은 컴퓨터(데이터와 처리능력을 몰아준 컴퓨터)가 위치하고 그 주변에 처리능력이 상대적으로 낮은 컴퓨터들을 연결하는 방식이다.

그림 8-5 Star방식

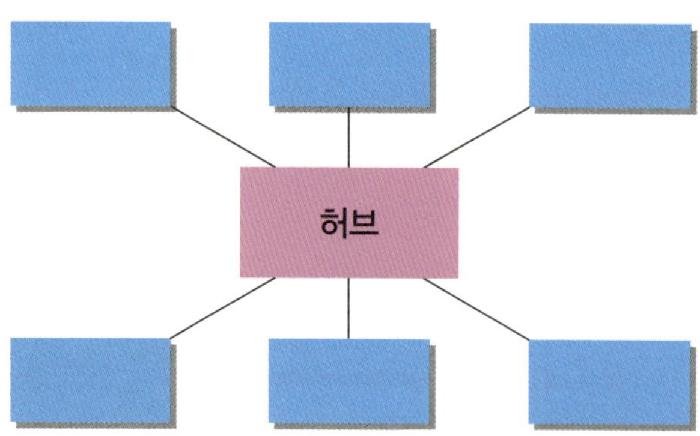

두 번째는 [그림 8-6]의 버스(bus)방식이다. 버스방식은 하나의 케이블로 연결되어 있고, 하나의 토큰이 매우 빠르게 오가면서 데이터를 실어 나르는 방식이다. 시작점 터미네이터에서 종점인 터미네이터까지 토큰이 왔다 갔다 하는 방식이 버스와 같아서 버스방식이라고 불린다. 여기서 토큰은 IP주소를 가지고 있고 어떤 IP

에 보내라는 명령을 받으면 IP주소가 일치하는 것을 찾아 연결하게 된다. 버스방식은 하드웨어성능이 높고 가격이 저렴한 것들의 서버를 연결하기 때문에 다운사이징할 때 유리하며, 버스방식으로 구성한 것을 클라이언트–서버(client/server)방식이라고도 부른다. 단 버스방식의 경우 만약 선이 한 부분이라도 끊어지면 전체가 작동하지 못한다는 취약점이 있다.

그림 8-6 Bus방식

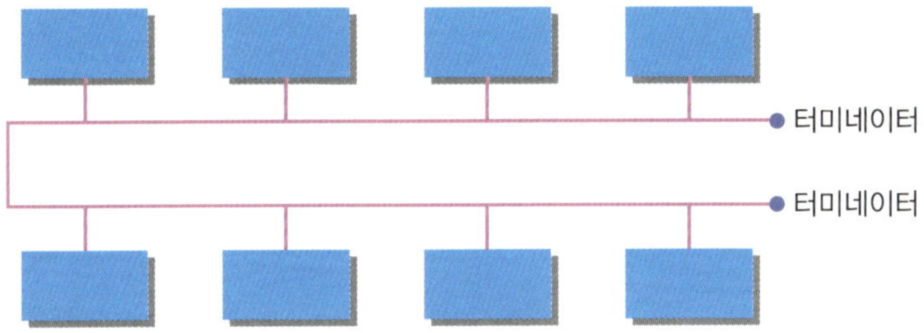

세 번째는 [그림 8–7]과 같은 링(ring)방식이 있다. 특별한 주요 컴퓨터가 없고 역방향으로 데이터를 전송할 수 있어 회선 하나가 절단되어도 작동에 문제가 없고, 서로 서버 또는 클라이언트의 역할을 수행하는 것이 가능하다.

그림 8-7 Ring방식

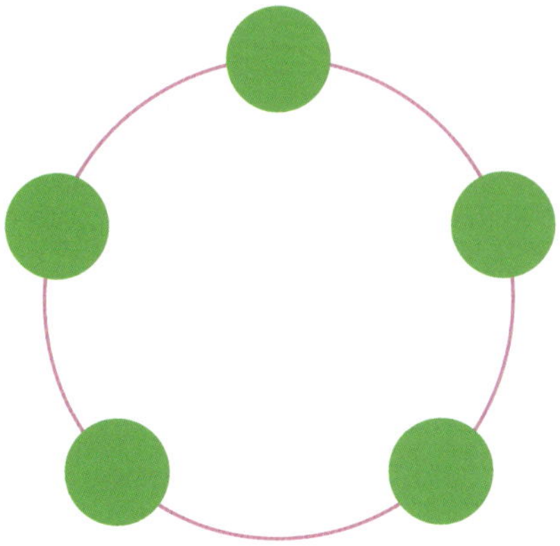

다음으로 메시(mesh)방식이 있는데 링방식보다 더 복잡한 방식이다. 링과 메시 방식은 네트워크 선 중 한 군데가 끊어져도 전송이 가능하다는 이점이 있지만 복잡해서 관리가 어려운 단점이 존재한다.

그림 8-8 Mesh방식

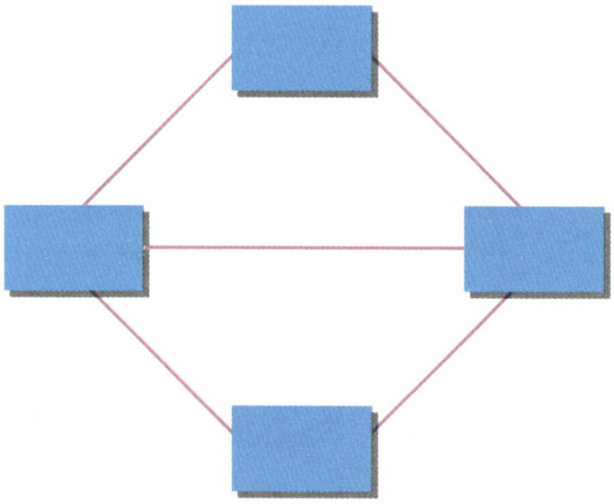

만약 기업이 투자 여유가 있어 고성능의 컴퓨터를 운영할 수 있다면 스타방식을 선택하는 것이 바람직할 것이다. 왜냐하면 관리비는 저렴하기 때문이다. 그런데 통신 쪽으로 많은 투자가 어렵고 현존하는 PC를 최대한 활용하고 싶다면 버스방식이 적합하다. 구축비는 적고 기존 컴퓨터를 활용할 수 있기 때문이다. 마지막으로 통신의 안전성이 필요하고 특정 서버의 구축과 관리의 필요성이 낮다면 링이나 메시 방식이 적합하다.

제3절 통신 활용서비스

3.1 통신망의 종류

통신망을 분류하는 한 가지 방법은 어느 정도의 범위까지 통신이 가능한가에 따른 것이다. 즉 통신의 범위를 가지고 통신망의 종류를 나누는 것인데, BAN, PAN, LAN, MAN, WAN이 그것이다. BAN, PAN, LAN, MAN, WAN 순서로 네트워크망이 넓다. BAN(Body Area Network)은 스마트폰, 시계, 안경, 신발, 휴대용 가방 등 사용자의 신체 또는 신체에 부착된 범위 안에서 사용되는 통신망이다. 다음으로 PAN(Personal Area Network)은 집, 오피스, 자동차 등과 같이 비교적 협소한 사생활 영역에서 쓰이는 통신망이다. LAN(Local Area Network)은 건물 또는 건물과 건물 사이 정도의 영역에서 통신이 가능한 것이며, MAN(Metropolitan Area Network)은 한국으로 보면 수도권, 미국으로 보면 워싱턴DC나 보스턴, 뉴욕 등을 연결하거나, 미국 서부의 LA 인근 등의 범위를 커버하는 통신망이다. 마지막으로 WAN(Wide Area Network)은 말 그대로 광범위한 통신망으로 대표적으로 인터넷이 있다.

특히 이 중 LAN은 비교적 제한된 범위에서 데이터를 빠르고도 신뢰성 있게 주고받을 수 있는 통신망이다. LAN과 관련된 기술장치에는 라우터(router)와 게이트웨이(gateway)가 대표적이다. 라우터는 LAN과 LAN 혹은 LAN과 WAN 등 LAN과 다른 통신망과 연결하는 장치이다. 그렇게 서로 다른 네트워크와 연결할 때는 번역해주는 장치가 필요한데 그 역할을 하는 것이 게이트웨이다. 게이트웨이는 데이터 송수신 약속인 통신규약(protocol)을 번역할 수 있다.

■ 그림 8-9 PAN서비스의 예

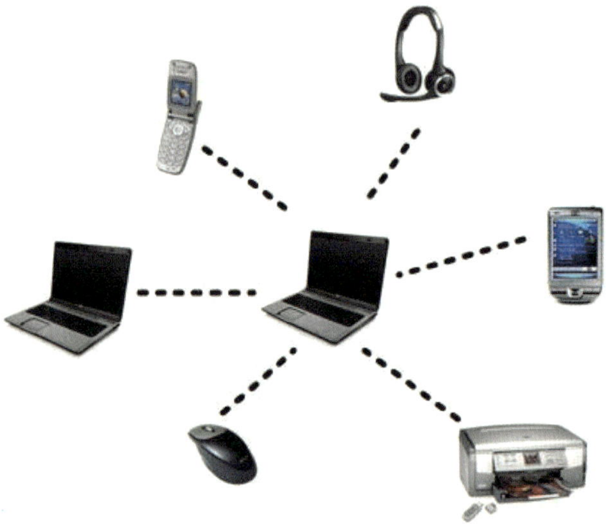

■ 그림 8-10 BAN서비스의 예

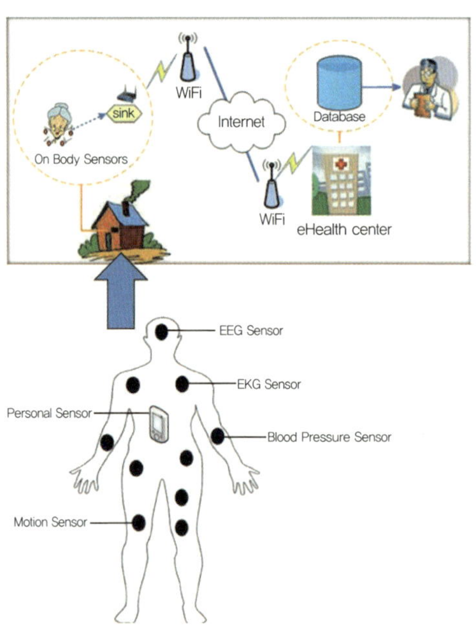

원격의료

스마트의류

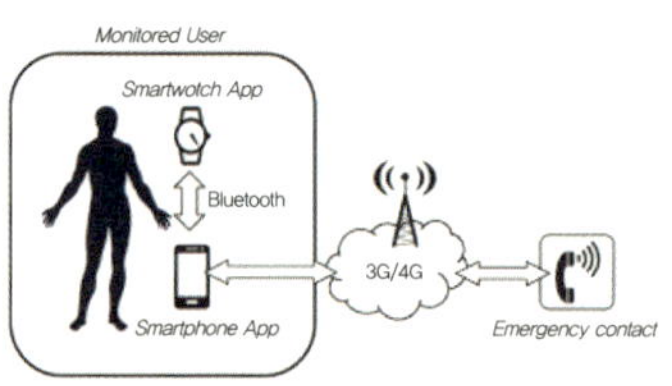

긴급출동서비스

3.2 VAN

VAN(Value Added Network)은 앞에서 말한 통신망 범위인 영역의 의미가 아니다. 어떤 종류의 네트워크인지 상관없이 그것을 통해 부가가치를 창출하면 VAN이라고 부른다. 파트너들 간의 EDI데이터(전자문서) 교환에 사용되는 가장 일반적인 방법이다. 부가가치를 창출하는 수준은 [그림 8-11]과 같다.

그림 8-11 부가가치 창출의 수준

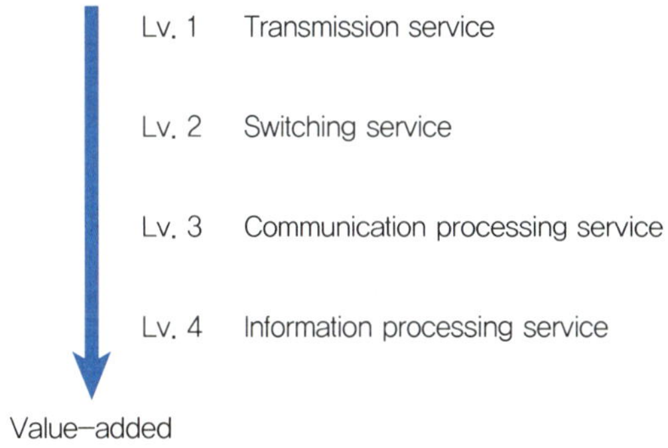

첫 번째로 가장 수준이 낮은 것은 단순히 데이터를 연결만 해주는 전송서비스이다. 실질적으로 부가가치가 창출되지 않는다. 두 번째는 교환서비스로서 교환기로 패킷을 교환한다. 전화 연결서비스가 여기에 속하며, 단순히 전송만 하는 것이 아닌 전원이 꺼졌거나 통화 중임을 상대방에게 알려주는 부가가치를 창출할 수 있다. 세 번째로 의사소통처리서비스이다. 이질적인 컴퓨터나 장치의 데이터를 송수신해준다. Speed transformation, Code transformation, Protocol(통신규약) transformation, E-mail, Chatting service가 여기에 속한다. 비록 이메일과 채팅이 무료로 제공되고는 있지만 실은 연결서비스보다 더 큰 효용을 제공하는, 즉 부가가치를 창출하는 서비스이다. 마지막으로 가장 부가가치수준이 높은 것이 정보처리서비스이다. 정보처리서비스는 응용프로그램을 이용하여 컴퓨터기반 데이터처리서비스를 수행하는 것이다. 가장 고부가가치를 창출하기에 그만큼 매출이 크게 나타난다. 예로는 클라우드 컴퓨팅서비스, 데이터베이스서비스, 고객관리, ASP가 있다.

ASP는 Application Service Provider의 약자로 원격에 있는 소프트웨어 혹은 또 다른 회사에 있는 소프트웨어에 로그인을 통해 서버접속 후 그 소프트웨어를 일정 사용료를 지급해서 사용하는 서비스이다. 하지만 이러한 ASP서비스는 개인 사용자가 사용할 진입요인이 없어서 실패한 서비스이다. 그 이유는 두 가지다. 첫 번째, 기업데이터를 원격의 서버에 저장해야 하는 것은 기업 입장에서는 보안상의 우려가 제기될 수 있다. 두 번째, 사용자가 사전에 일일이 ASP 서버 위치나 주소를 파악하고 ID를 발급받고, 매번 원격 로그인해야 하는 귀찮은 상황이 존재하기 때문이다.

3.3 클라우드 컴퓨팅서비스

ASP의 단점을 보완하고 나온 것이 바로 클라우드 컴퓨팅서비스(cloud computing service)이다. 클라우드 컴퓨팅서비스는 웹상에서 쉽게 검색해서 클릭 한 번으로 소프트웨어 등 전산자원 제공 장소를 알 수 있다. 즉 사용자의 서버탐색 비용을 줄여준다. 여기서 클라우드 컴퓨팅서비스가 성공한 이유를 알 수 있다. 원하는 서비스를 쉽게 검색 후 사용가능하기에 탐색비가 줄고, 빌려서 쓰는 것이기 때문에 가격도 저렴하다. 이러한 두 가지 주요한 이유로 클라우드 컴퓨팅서비스는 성장하고 있고 아마존웹서비스(AWS) 등에서 상용화되고 있다.

클라우드 컴퓨팅서비스에는 네 가지 종류가 있다. 첫 번째 SaaS(Software as a Service)이다. 원격에 있는 SW를 마치 내 컴퓨터에 있는 것처럼 사용하는 것이다. 그리고 그것이 어떤 제공자의 것인지를 알 필요도 없으며 접속방법이 어려운 것도 아니다. SaaS의 대표적인 대상으로는 ERP, E-Mail, SW Package 등이 있다. 두 번째 PaaS(Platform as a Service)이다. 플랫폼에는 프로그램 개발자들이 쉽게 자신들만의 소프트웨어를 개발하는 데 도움이 되는 다양한 함수 또는 라이브러리

(library)가 들어있다. 이 플랫폼을 이용하면 효율이 높아지고 소프트웨어 개발에 소요되는 인건비나 개발비를 줄일 수 있게 된다. PaaS의 예로는 Open API, DSS Tools 등이 있다. 세 번째 IaaS(Infrastructure as a Service)이다. 이는 내 컴퓨터가 대용량의 저장장치가 있고, 어떤 네트워크와 서버를 자신의 것처럼 사용할 수 있게 해주는 서비스이다. 마지막으로는 DaaS(Data as a Service)이다. 원하는 정보를 알아서 제공해주는 것이다. 예를 들어 A라는 데이터셋이 필요하면 예전에는 직접 찾았지만 이제는 다운로드만 받으면 찾을 수 있게 된다. 결론적으로 클라우드 컴퓨팅서비스는 일종의 전산자원 임대사업이라고 볼 수 있다.

제4절 네트워크 보안

무선 LAN 보안은 네 가지 레벨이 있다. 우선 무선통신과정 먼저 살펴본다. AP(엑세스 포인트)는 일정 공간에서 원격망과 연결해주는 장비이다. BSS는 한 AP가 관장가능한 영역을 뜻한다. 즉 무선통신은 1개의 AP와 이에 연결된 다수의 무선 단말로 구성된다.

무선통신 네트워크 보안이 취약할 수밖에 없는 이유는 바로 브로드캐스팅(broadcasting) 때문이다. 무선통신을 할 때 "나는 이런 ID를 가진 단말기다. A라는 데이터를 보내고 싶은데 내 주변에 데이터를 보낼 수 있는 AP가 있는지 알고 싶다"고 브로드캐스팅하게 되는데 이때 모바일 단말기의 SSID(Service Set Identifier)를 먼저 밝혀야 한다. 따라서 내 단말기 고유번호인 SSID(사용자 단말정보, 32-character unique identifier)를 공개하기 때문에 보안상 문제가 발생할 수 있다.

이러한 보안문제를 극복하기 위한 보안강화방법에는 네 가지 레벨이 있다. 가

■ 그림 8-12 AP와 BSS

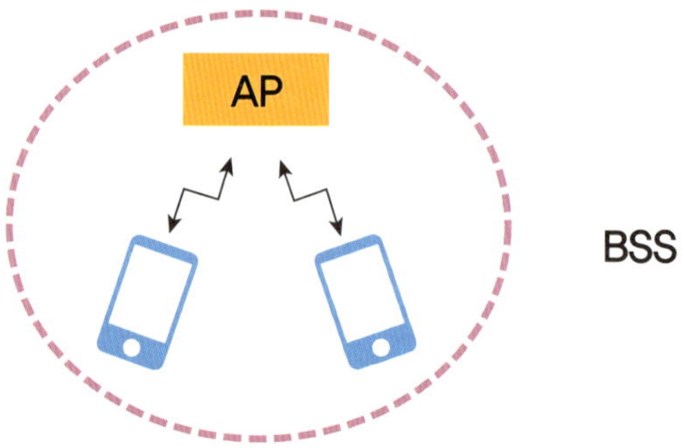

1개의 AP와 이에 연결된 다수의 무선단말로 구성

장 낮은 레벨은 SSID broadcasting 자체를 금지하는 것이다. 그 다음 레벨은 WEP(Wired Equivalent Privacy)이다. 이것은 AP 비밀번호를 설정하는 것인데 항상 비밀번호가 일정하다. 다음 레벨은 WPA(WiFi Protected Access)이다. 이것은 일정 시간 간격으로 비밀번호가 변경되는 것이다. 마지막으로 가장 보안수준이 높은 레벨인 EAP(Extensible Authentication Protocol)이다. 이것은 접속할 때마다 암호키가 바뀌는 수준 높은 보안 등급을 가지게 된다.

원격의 서버를 공격하는 것으로 가장 대표적인 것은 DDoS 공격이다. 서버는 클라이언트의 요청이 그 어떤 것이라도 반드시 회신해야 한다는 서버의 특징을 악용한 해킹방법이다. 해커가 자신이 관장하는 컴퓨터인 Handler을 활용해서 좀비 파일을 의도한 시각에 Victim에게 일제히 보내게 된다. 모든 응답에 회신하다가 어느 하나가 넘어가게 되면 Victim의 서버가 다운된다.

한편 Google Hacking이라는 것이 있다. 이는 구글 검색을 통해 할 수 있는 해킹방법으로 가장 대표적인 것이며, 방법은 구글 검색창에 'intitle:index.of admin'이라고 쓰는 것이다. 이것은 타이틀 안에 index.of admin이라는 스트링이 있는 모든 사이트를 찾으라는 뜻이다. 이렇게 검색했는데 admin에 중요한 기업정보가 있으면 보안이 취약한 기업임을 알 수 있다. 그 외에도 'intext', 'inurl' 등을 활용한 구글 해킹방법도 존재한다. 이는 각각 내용에서 모든 정보를 찾으라, URL에서 모든 것을 찾으라는 의미를 가진다.

그림 8-13 DDoS공격

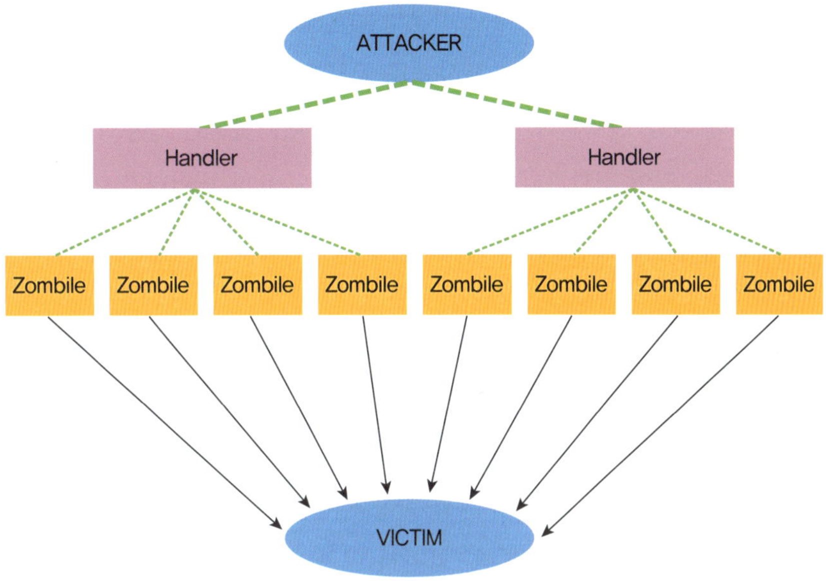

출처: cfs4.tistory.com

제5절 기업 내 네트워크 구축 시 고려사항

기업에서 통신시스템을 구축할 때는 전략과 관리 차원에서 고려해서 선택해야 한다. 이때 다음과 같이 총 여덟 가지의 사항을 고려하고 최적의 통신시스템을 구축하는 것이 좋다.

첫 번째 고려사항은 네트워크망의 범위(distance)이다. LAN, WAN 등 자신의 기업에 맞는 네트워크망 구축이 필요하다.

두 번째 고려사항은 서비스범위(range of service)이다. 네트워크서비스를 어디까지 사용할 것인지에 대한 의사결정이다. 단순히 내부용으로만 쓸 것인지, 제한된 타 조직까지 혹은 공개적으로 누구나 사용가능하게 할 것인지 고려해야 한다.

세 번째는 목표 보안수준이다. 통신망을 통해 전송되고 처리되는 데이터의 보안 등급 정도에 따라 선택된다. 만약 엄청 중요한 데이터라면 전용회선(dedicated line)을 이용하는 것이 적합하다. 반대로 엄청나게 중요한 데이터가 아니라면 VAN과 같은 것을 이용하면 된다. 대표적으로 전용회선을 사용하는 곳은 일부 대기업이나 연구소, 전자정부가 있다. 전자정부 중 내부에서 공유하는 데이터는 전용회선을 사용하고 있다.

네 번째는 접속자 수이다. 접속자 수에 따라 라인을 몇 개 사용할지 결정해야 한다.

다섯 번째는 사용률이다. 접속자 수가 항상 일정하지는 않다. 특히 수강신청이나 입시기간에는 접속자 수가 많아진다. 따라서 이러한 접속자 수의 변동, 특히 Peak load를 대비하는 것이 중요하다. [그림 8-14]는 시간의 변화에 따른 접속자 수 그래프이다. 1번의 경우는 Peak load는 어쩔 수 없다는 입장이다. 비용은 저렴하겠지만 서비스 퀄리티가 낮아서 잘못하면 망할 위험이 있다. 2번의 경우는 항상 Peak load 이상으로 장비를 설치하는 것이다. 이 경우는 서비스 퀄리티가 높지만

그림 8-14 접속자 수와 Peak load

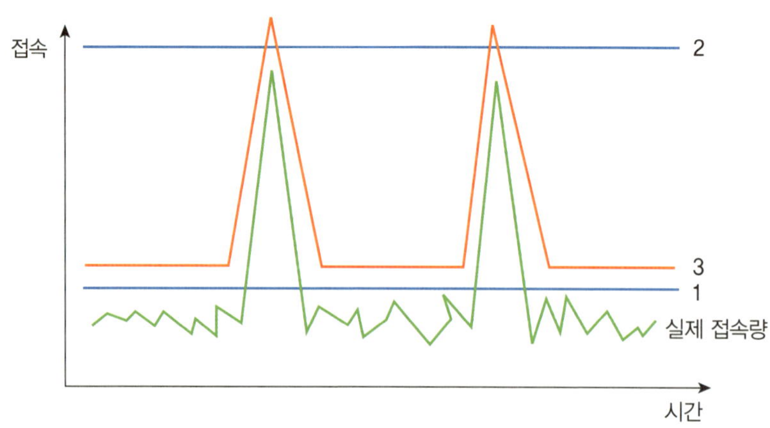

많은 비용이 들 것이다. 가장 이상적인 것이 3번이다. Peak load 때만 리소스를 투입하는 것인데 이렇게 되면 퀄리티도 높게 유지하고 2번보다 더 비용을 감소시킬 수 있다. 이때 리소스는 Peak load 때만 서버호텔에서 빌려오는 방법 등이 있다.

여섯 번째는 총소유비용(TCO)을 고려하는 것이다. TCO를 최소화하는 방법이 가장 좋다.

일곱 번째는 통신장비의 복잡성이다. 통신장비는 매우 복잡하고 전문적이기 때문에 밴더에게 의존하게 되는데 이때 통신장비 유지보수업체가 좋은 곳인지 잘 평가해야 한다.

마지막 여덟 번째는 연결성(connectivity)에 대한 고려이다. 즉 통신시스템을 오픈시스템으로 할지를 결정하고 그에 맞게 개방성을 보장하는 통신장비를 구매할 것인지 말지를 결정하는 것이다. 일반적으로 통신장비시장의 선두기업이라면 오픈하려 하지 않을 것이고 선두기업이 아니라면 잠재 고객기업이 선두기업의 장비를 보유할 가능성이 크기 때문에 개방성을 지원할 것이다. 기업의 입장에서는 폐쇄형 시스템을 지향하는 회사의 장비로 모두 구축할 것이 아니라면 개방성을 고려할 필요가 있다.

예제

■ O/X형

1 가장 대표적인 simplex방식의 통신장비로 무전기를 들 수 있다.

2 무선 네트워크 보안(security)을 위한 가장 쉬운 방법은 BSS(Basic Service Set) 내에서만 SSID를 공유하는 것이다.

3 PAN 및 BAN은 그 특성상 주로 무선으로 이루어진다.

4 컴퓨터와 가까운 장비들과의 빠른 데이터 전송을 위해서는 직렬전송(serial processing)이 병렬전송(parallel processing)보다 유리하다.

답 ×, ×, ○, ×

■ 서술형

1 오늘날 통신기술이 기업경영에서 중요해진 이유는 무엇인지 기술하시오.

2 클라우드 컴퓨팅서비스가 등장하게 된 배경 및 장점과 종류에 대해서 상세히 기술하시오.

3 DDoS공격의 메커니즘을 설명하시오.

4 회사 A에서 통신장비를 도입하려고 벤더업체들을 물색해보았다. 그랬더니 벤더 1과 벤더 2 두 업체가 제안을 했다. 제안 내용을 분석해보니, 벤더 1의 제안의 TCO(Total Cost of Ownership)는 $x + 2$억 원이며, 벤더 2의 제안은 TCO = $3\sqrt{x}$억 원으로 추정되었다. 단 x는 도입 후 경과시간이며 단위는 1년이다. 회사 A의 입장에서 볼 때 도입 후 경과시간에 따라 어떤 벤더의 것을 도입하는 것이 효율적인지 제시하시오.

CHAPTER 09 사용자 인터페이스

제1절 사용자 인터페이스 위기

사용자 인터페이스(UI: User Interface)는 사람과 기계 혹은 컴퓨터프로그램과 같은 사물과 시스템 사이에서 의사소통을 할 수 있도록 일시적 또는 영구적인 접근을 목적으로 만들어진 물리적 · 가상적 매개체를 뜻한다. 즉 사용자 인터페이스는 사람들이 컴퓨터와 상호작용하기 위해 만든 매개체이다. 예를 들어 우리가 컴퓨터 화면에서 볼 수 있는 텍스트, 아이콘 등 컴퓨터의 신호를 사람이 이해할 수 있도록 사람의 언어로 바꿔주는 사용자 인터페이스라고 할 수 있다. 간단히 말하면 사용자 인터페이스란 컴퓨터가 출력하는 기술(하드웨어)을 사람이 이용하기 위해 만든 소프트웨어라고 할 수 있다.

기존에는 컴퓨터기술과 사용자 인터페이스기술 간의 차이가 크지 않았다. 사용자는 텍스트와 같은 사용자 인터페이스를 사용했으며 컴퓨터 또한 이를 2D방식으로 출력하는 데 지나지 않았기 때문이다. 그러나 시간이 지나 기술이 발전함에 따라 컴퓨터기술과 사용자 인터페이스 간의 기술 격차가 크게 벌어졌다. 사용자 인터페이스기술은 아직도 텍스트를 입력하는 방식에서 크게 벗어나지 않은 반면, 컴퓨터 하드웨어는 멀티미디어(multimedia)뿐 아니라 3D를 넘어 4D를 구현하는 기술이 등장함에 따라 하드웨어의 발전에 비해 사용자 인터페이스와의 격차는 점점 더 벌어지게 되고, 하드웨어의 강점을 충분히 활용하지 못하고 있다는 문제가 제기되기에 이른다. 이러한 컴퓨터 하드웨어의 성능과 사용자 인터페이스기술의 차이를 인터페이스 위기(interface crisis)라고 한다([그림 9-1] 참조).

그림 9-1 인터페이스 위기(interface crisis)

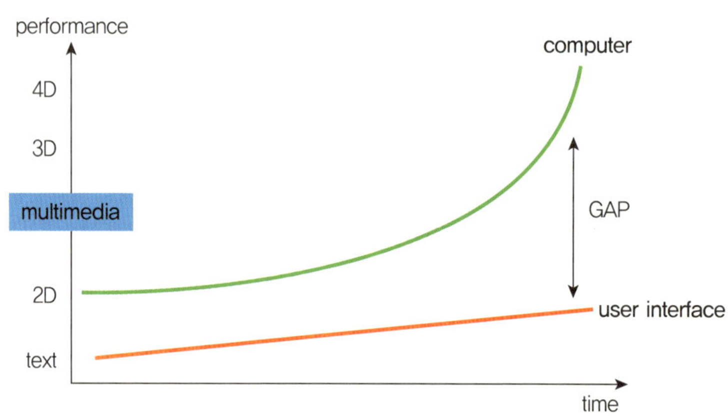

정보기술의 고른 발전과 하드웨어성능의 활용성 극대화, 그리고 이를 통한 정보산업의 지속가능한 발전을 위해 인터페이스 위기는 반드시 해결되어야 했다. 이는 사용자 인터페이스기술을 발전시킴으로써 해결할 수 있는데, 사용자 인터페이스의 발전은 현재 텍스트, 아이콘 등으로만 이루어져 있는 사용자 인터페이스기술을 가상화(virtualization), 증강화(augmentation), 멀티모달(multimodal, 다형화), 지능화(intelligent)하는 것이었다. 이번 장에서는 이러한 사용자 인터페이스기술의 발전에 대해 알아볼 것이다.

제2절 가상현실과 증강현실

2.1 가상현실

가상현실(VR: Virtual Reality)이란 실제와 유사하지만 실제가 아닌, 어떤 특정한 환경이나 상황을 가지는 인공적인 환경 혹은 그것을 만들어내는 기술을 말한다. 만들어진 가상의 환경은 사용자의 오감을 동반한 체험을 할 수 있게 하여 현실과 상상의 경계를 자유롭게 드나들 수 있게 한다. 또한 사용자는 디바이스를 이용하여 가상현실 속에 구현된 것들을 조작하고 명령하며 상호작용할 수 있다. 가상현실에 대한 개념은 오래전부터 존재해왔다. 영화 '매트릭스(Metrics)', 애니메이션 '공각기동대' 등이 가상현실을 배경으로 한 예이다.

가상현실시스템은 3차원 시뮬레이션을 통해 실제 같은 효과를 부여하는 시스템으로서 시스템이 사용되는 환경에 따라 몰입형 가상현실(immersive VR), 원거리 로보틱스(tele-robotics), 데스크톱 가상현실(desktop VR), 삼인칭 가상현실(third person VR)로 나뉠 수 있다.

- 몰입형 가상현실이란 HMD(Head Mounted Display), 데이터 의류와 같은 특수한 장비를 통해 인간이 실제로 보고 만지는 것 같은 감각적 효과를 느끼게 해 생생한 환경에 몰입하도록 하는 시스템을 말한다.
- 원거리 로보틱스란 로봇을 이용해 원거리에서 몰입형 가상현실을 느끼는 것을 말한다. 로봇을 이용하여 먼 거리에 있는 공간에 실제로 있는 것처럼 느끼게 하는 효과를 주는 시스템이다.
- 데스크톱 가상현실이란 입체안경, 조이스틱 등을 이용하여 일반 모니터에서 가상현실을 경험할 수 있는 시스템이다.
- 삼인칭 가상현실이란 비디오카메라로 촬영된 자신의 모습을 컴퓨터가 만들어내는 가상공간에 나타나게 하여 자신이 가상공간에 직접 존재하는 것처럼

느끼게 하는 시스템을 말한다. 주로 오락용으로 많이 쓰이며 대표적인 예로 'Xbox KINECT'가 있다([그림 9-2] 참조). 현재 VR시장은 대부분 이러한 삼인칭 가상현실시스템을 토대로 한 VR 게임에 집중되고 있다.

현재 사용되고 있는 VR기기는 대체로 [그림 9-3]과 같은 기어(gear)의 형태이다.

그림 9-2 Xbox KINECT

그림 9-3 삼성 기어 VR

2.2 증강현실

증강현실(AR: Augmented Reality)이란 물리적인 장면(natural scene)에 컴퓨터에 의하여 생성된 가상 장면(virtual scene)을 겹쳐 보이게 하는 기술을 말한다. 가상현실이 사용자, 배경과 환경 모두에 가상의 이미지를 사용하기 때문에 사용자가 실제환경을 볼 수 없는 반면, 증강현실은 현실세계의 기반 위에 가상의 사물을 합성하는 방식이기 때문에 사용자가 현실세계를 볼 수 있게 한다. 이를 통해 현실에는 존재하지 않는 속성을 가상현실을 통해 현실세계에 내재시킴으로써 현실세계에서는 얻기 어려운 부가적인 정보들을 보강해 제공할 수 있다는 특징이 있다. 예를 들어 스마트폰 카메라를 통해 상점을 찍으면 가상의 이미지가 상점의 정보를 입체 영상으로 제공해준다. 이러한 특징 때문에 VR기술이 게임과 같은 국한된 분야에만 적용되는 것과 달리 AR은 현실의 모든 분야에 적용될 수 있다.

증강현실의 개념을 구체화한 증강현실 연구가 로널드 아즈마(Ronald Azuma)에 따르면 증강현실시스템은 다음과 같은 특징을 가진다.

- 현실(real-world elements)의 이미지와 가상의 이미지를 결합하였다.
- 실시간으로 인터랙션(interaction)이 가능하였다.
- 3차원의 공간 안에 놓인 것이다.

아직 증강현실의 출력장치로 스마트폰을 벗어나 사람이 착용하는 안경, 렌즈, 시계 등으로 증강현실을 체험하려는 노력이 지속되고 있다. 한 예로 국제학술대회인 'TED'에서 공개된 '식스센스(SixthSense)'는 근미래 증강현실의 청사진을 보여주었다고 평가받는다. 식스센스는 목에 걸고 다니는 형태의 디바이스인데, 주변환경의 사진이나 영상을 받아들여 그에 해당하는 정보를 스마트폰 크기의 빔프로젝트로 보여준다. 식스센스에서 가장 주목할만한 점은 이 화면을 터치스크린처럼 손가락으로 제어할 수 있다는 점이다. 이를 이용해 손가락 제스처만으로 사진을 찍을 수도 있다([그림 9-4], [그림 9-5] 참조).

그림 9-4 식스센스(SixthSense) 디바이스

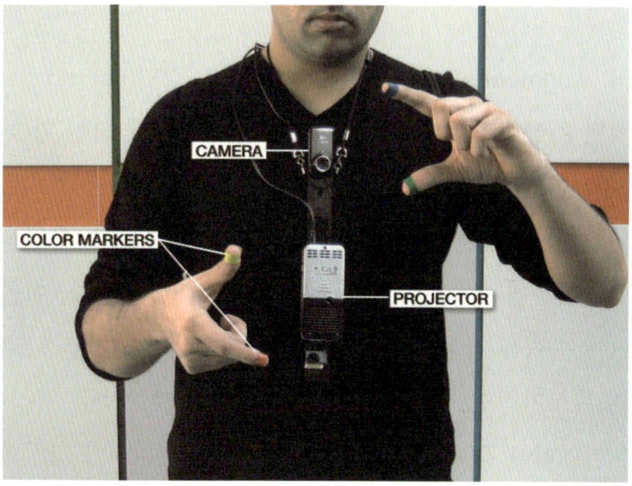

그림 9-5 식스센스를 이용한 손가락 제스처만으로 사진을 촬영하는 기술

2.3 가상현실과 증강현실의 활용

(1) 게임

가상현실과 증강현실을 이용한 가장 대표적인 사례는 게임이다. 특히 가상현실

게임의 경우 오래전부터 그 가능성이 제시되어왔고 현재는 이미 상용화되었다. 우리나라에도 이미 가상현실을 이용한 게임시설이 존재한다. 사용자가 VR장비를 착용하여 게임을 진행하면 가상환경 속에서 게임이 진행된다. 실제현실에서 자동차는 움직이지 않지만 가상환경 속에서 사용자는 캐릭터가 되어 자동차 경주를 진행한다([그림 9-6], [그림 9-7] 참조).

그림 9-6 VR 게임시설

그림 9-7 [그림 9-6]의 VR 게임 속 화면

가상현실처럼 증강현실 또한 많은 게임분야에서 적용되고 있다. 게임에서의 증강현실은 게임의 배경을 현실세계로 하여 게임 이용자가 더욱 현실감을 가지면서 게임을 할 수 있다. 이를 통해 기존 게임에 비해 더 높은 만족도를 가지게 할 수 있다는 장점이 있다. 증강현실을 적용한 게임의 예는 대표적으로 '포켓몬고(Pokémon GO)'가 있다. 2016년 나이앤틱사가 개발한 이 게임은 일본의 닌텐도 게임 '포켓몬스터'를 배경으로 하는 게임이다. 게임 이용자의 현실공간 위치에 따라 모바일기기상에 출현하는 가상의 포켓몬을 포획하고 훈련시켜, 다른 게임 이용자와 대전을 하고 거래도 할 수 있는 것이 이 게임의 특징이다. 게임 내에서 포켓몬은 실제 사람이 다니는 도로, 지하철, 공원 등 모든 곳에서 나타나며 체육관과 같은 게임 내 중요 시설 등은 실제 현실에서 유동인구가 많은 곳이나 랜드마크(landmark)에 설정하여 현실감을 높인 것이 특징이다([그림 9-8] 참조).

아직 증강현실 게임은 대부분 스마트폰을 매개체로 사용하지만 다른 증강현실 디바이스가 발명된다면 더욱 현실감 있는 플레이를 할 수 있다. 또한 단순히 게임만을 이용하는 것이 아니라 게임과 현실의 다양한 요소들이 비즈니스적으로 결합될 수 있다. 예를 들어 실제 상점과 제휴하여 게임의 물건을 게임에서가 아니라 제

그림 9-8 포켓몬고(Pokémon GO)

휴한 상점에서 구매할 수 있게 하여 더욱 현실감을 높이는 등의 방안이 제시되고 있다.

(2) 의료

의료분야에서도 가상현실과 증강현실이 적용될 수 있다. 수술에 증강현실을 도입하면 더욱 정확한 수술이 가능해지고 의사나 환자가 부담해야 할 기타 위험들을 확연하게 줄일 수 있는 효과가 있다. 실제로 VR 및 AR 솔루션기업인 스코피스 사가 척추수술에 VR과 AR을 도입한 '홀로그래픽 내비게이션 플랫폼(Holographic Navigation Platform)'을 발표했다. 이 기술은 마이크로소프트 증강현실 디바이스인 '홀로렌즈(HoloLens)'를 기반으로 한 플랫폼으로 척추수술과 같은 외과수술에서 집도의의 시선이 닿지 않는 사각지대를 증강현실 그래픽으로 실시간으로 구현해서 보여준다. 또한 수술 부위 중 중요한 위치를 그래픽으로 표시할 수 있고 X-ray나 CT, MRI 사진을 증강현실 속에서 볼 수 있게 한다. 이를 통해 집도의는 수술부위를 정확하게 파악하여 더욱 쉽고 정확한 수술을 할 수 있게 되었다. 한편 기존 수술 부위를 확인하기 위한 척추 투시법을 대체할 수 있어 환자가 방사선에 노출되는 것을 최소화할 수도 있다([그림 9-9] 참조).

그림 9-9 홀로그램 내비게이션 플랫폼을 이용한 척추수술

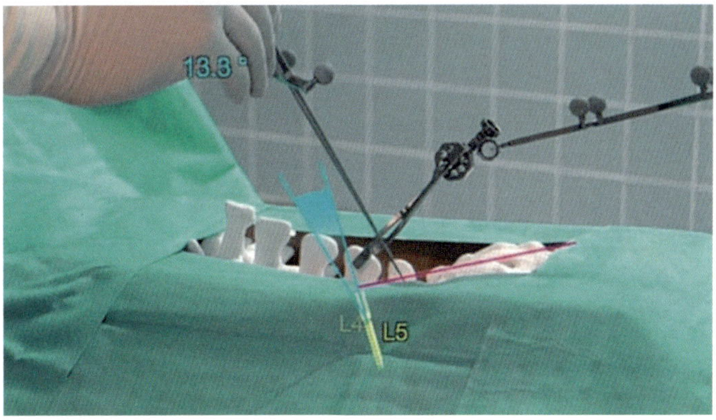

(3) 교육

교육분야에서 증강현실은 그동안 실제로 볼 수 없어 글이나 영상매체로만 보았던 대상들을 실제로 보는 것처럼 느끼면서 교육할 수 있는 환경을 만들어준다. VR기술을 이용하여 학생들이 실제로 체험할 수 없는 환경을 체험해볼 수 있다. 실제로 AR을 이용한 교육 사례도 있다. 미국 위스콘신대학 메디슨캠퍼스는 증강현실을 활용하여 학교에 '다우데이(Dow Day)'라고 불리는 일종의 상황 다큐멘터리를 만들었다. 상황 다큐멘터리는 현재 사용자가 실제로 위치한 장소에서 발생한 역사적인 사건들을 재현해준다. 학생들은 스마트폰을 통해 교내 특정 장소에서 과거 학생 시위가 일어났던 상황을 볼 수 있다. 이러한 증강현실 경험에 참여하는 학생들은 역사적인 영상들을 시청하면서 학생 운동가들과 인터뷰를 나누는 언론인이나 기타 관계자의 역할을 수행한다.

또한 책 속의 그림이나 사진 등을 AR그래픽을 통해 3차원의 가상 객체로 팝업시켜 보다 실제적인 관찰과 이해를 돕는 증강현실기술들이 널리 쓰이고 있다([그림 9-10], [그림 9-11] 참조).

그림 9-10 증강현실을 이용한 교육 사례 1

그림 9-11 증강현실을 이용한 교육 사례 2

(4) 교통

기존 내비게이션에 증강현실을 도입하여 더욱 효과적인 서비스를 제공할 수 있다. 차량의 전면 유리에 증강현실 그래픽이 나타나 차량의 목적지로 안내하는 서비스를 제공한다. 또한 주변환경을 분석하여 주변의 장소정보 또한 제공할 수 있다([그림 9-12] 참조).

그림 9-12 증강현실을 도입한 내비게이션

(5) 패션

소비자에게 상품을 판매하는 경우에도 VR과 AR이 도입될 수 있다. 특히 의류 매장과 가구 매장 등 사용자가 원하는 환경에 직접 적용해보아야 하는 패션산업의 경우에 더욱 효과적이다.

리복(Reebok)은 가상현실을 이용하여 부산 광복점 리복 플래그십 매장을 가상으로 이용할 수 있는 VR 매장을 오픈했다. 기존의 온라인 쇼핑몰이 사진과 글을 중심으로 상품정보를 제공하는 형태였다면 VR 스토어는 실제 오프라인 매장을 그대로 옮겨와 매장에서 직접 쇼핑하는 것 같은 느낌을 준다([그림 9-13] 참조).

그림 9-13 리복 VR 매장

또한 VR기술을 이용한 가상 피팅룸도 등장하였다. 기존의 가상 피팅(fitting)은 단순히 옷의 이미지를 자신의 몸에 부착시키는 정도에 불과하였다. 하지만 기술이 더욱 발전하면서 이제는 가상공간에서 실제로 옷을 착용해볼 수 있으며 옷의 질감 또한 확인할 수 있게 되었다([그림 9-14] 참조).

이케아(IKEA)는 '이케아 플레이스' 앱(app)을 통해 고객이 원하는 제품을 AR을 이용하여 직접 집에 배치해보고 제품을 구매할 수 있는 서비스를 제공하고 있다([그림 9-15] 참조).

그림 9-14 가상 피팅룸

그림 9-15 '이케아 플레이스'를 통한 AR 가구배치

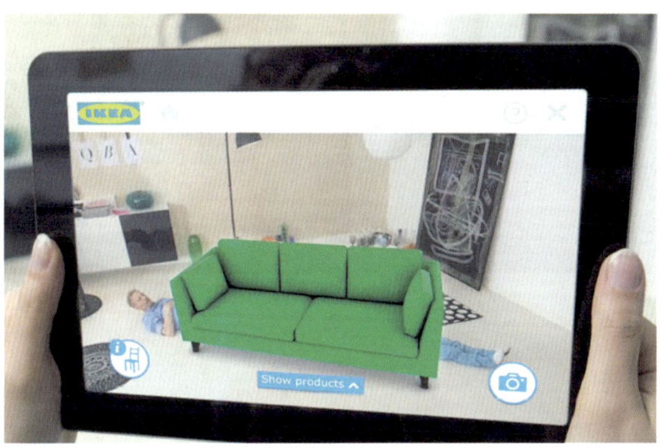

(6) 관광

VR과 AR은 관광에서도 많은 영향을 미쳤다. 사용자는 실제로 해당 관광지를 방문하지 않고도 VR을 통해 실제로 방문한 것처럼 느낄 수 있다. 예를 들어 동대문에 설치된 'VR 롤링스카이'의 경우 VR을 이용하여 국내 인기 아이돌과 함께 국내 명소를 탐방하는 서비스를 제공한다. 이처럼 VR 관광은 장소를 불문하고 사용자로 하여금 모든 곳을 여행할 수 있도록 한다. 특히 VR은 문화유적지 관광에 많은 영향을

미쳤다. 문화유적지 특성상 실제 내부로 들어가지 못하는 경우가 많은데 이를 VR을 통해 간접적으로 체험할 수 있게 되었기 때문이다([그림 9-16] 참조). 한편 관광에는 '감소현실(reduced reality)'기술도 사용될 수 있다. 감소현실이란 실제로는 존재하지만 카메라 화면에는 존재하지 않도록 하는 기술이다([그림 9-17] 참조). 예를 들어 사용자가 관광객이 붐비는 곳을 관광하는 경우에 카메라를 통해 사람의 형태를 없애고 오롯이 대상만을 볼 수 있게 한다.

그림 9-16 VR을 이용한 석굴암 탐방

그림 9-17 감소현실

제3절 멀티모달리티

3.1 모달리티

멀티모달 인터페이스(multi-modal interface)의 정의를 살펴보기에 앞서 '모달(modality)'의 개념부터 살펴보도록 한다. 모달리티는 컴퓨터들 사이 혹은 컴퓨터와 사람 사이의 대화를 위해 사용되는 일종의 커뮤니케이션 채널이라고 할 수 있다. 또한 측정되고 인지되는 것들을 이용하는 방법 또한 다룬다. 예를 들면 컴퓨터에 글을 작성할 때 키보드를 이용하는데 이 키보드가 모달리티를 위한 장비라고 할 수 있다. 사용자가 손으로 직접 입력하는 키보드나 마우스 또는 사용자의 음성을 인식하는 음성인식기기가 모달리티를 위한 장비일 뿐, 모달리티 자체는 의미하지 않는 점을 주의할 필요가 있다.

모달리티에는 유니모달(unimodal), 모노모드(monomode), 멀티모달(multi-modal)방식이 있다. 유니모달은 입력방식이 한 개이고 모노모드는 여러 가지의 입력방식을 가지지만 동시에 사용이 불가하다. 즉 입력장치 중 어느 하나만 입력이 가능하다. 여기서 더 발전한 것이 멀티모달이다. 최소 두 개 이상의 입력방식을 동시에 사용할 수 있는 방식이다. 여기서 비교하면 좋은 개념은 멀티미디어(multimedia)이다. 멀티미디어는 멀티모달과 달리 출력방식에 대한 것으로 최소 두 개 이상의 출력을 내는 것이다. 쉽게 말하면 스크린에서 음성이나 텍스트가 보이는 것이 멀티미디어방식이라고 할 수 있다.

3.2 멀티모달리티

모달리티의 개념을 이해했다면 멀티모달 인터페이스가 무엇인지 대충 짐작이 될 것이다. 멀티모달 인터페이스(multi-modal interface)는 의사소통할 때 여러 가지의 모달리티를 한 번에 이용하는 인터페이스라고 할 수 있다. 한 논문에서는 이렇게 정의한다. 멀티모달 인터페이스는 인간의 제스처, 시선, 손의 움직임, 행동의 패턴, 음성, 물리적인 위치 등 인간의 자연스러운 행동들에 대한 정보를 해석하고 부호화하는 인지기반기술이다.[1] 정리하자면 멀티모달 인터페이스는 인간과 컴퓨터의 의사소통에서 한번에 여러 모달리티의 입 · 출력을 허용하고, 여러 가지의 모달리티 신호를 해석하는 사용자 중심의 업무효율을 높일 수 있는 인터페이스이다.

최근 음성처리기술의 발전, 단말기의 소형 및 지능화를 통해 사용자의 편의를 위한 입력방식에 대한 연구가 많이 시행됨에 따라 멀티모달 인터페이스의 발전에 많은 관심이 집중되고 있다. 또한 W3C(World Wide Web Consortium)에서 음성인식 및 합성기술을 이용하는 서비스가 요구되어 멀티모달 인터랙션(interaction) 워킹 그룹을 만들어 표준화활동을 지원하고 있다고 한다. 여기서 추구하는 바는 멀티모달 인터페이스를 통해 WWW(World Wide Web)기반서비스를 개발할 때 필요한 표준안을 개발하는 것이다.[2] 오늘날 전 세계가 이렇게 멀티모달 인터페이스에 대한 관심이 높아지고 있다. 멀티모달 인터페이스의 입력방식은 다음 [그림 9-18]을 통해 더 쉽게 이해할 수 있다. 사용자의 음성, 제스처, 시선, 표정 등의 입출력을 컴퓨터와 주고받는 기술이라고 볼 수 있다.

그렇다면 멀티모달방식의 이점은 무엇이 있을까? 우선 기존의 입력방식으로도 정교한 컨트롤이 가능하다는 점이 있다. 한 개의 입력을 번갈아 사용할 때보다 두 개 이상의 입력을 동시에 사용할 때 더 정교한 컨트롤이 가능하게 된다. 예를 들어 문서나 이미지 편집을 할 때 마우스와 키보드를 동시에 사용하는 경우가 될 수 있다. 비록 이 경우가 아주 짧은 시간차이를 가지는 방식이기도 하기에 완벽하게 멀티모달방식이라고 할 수는 없지만 확실히 정교한 컨트롤이 가능하게 된다. 두 번째는 컨트롤의 효율성(경제성)이다. 만약에 우리가 해야 하는 입력이 정해져 있다면 그 입력을 최소한의 입력으로, 즙 조금 더 적은 입력모드로 가능하다는 것이다. 예

1 멀티모달 인터페이스 개발을 위한 휴먼-컴퓨터 인터랙션 설계, 임미정, 2006
2 네이버 지식백과

그림 9-18 멀티모달 인터랙션 병렬 입력

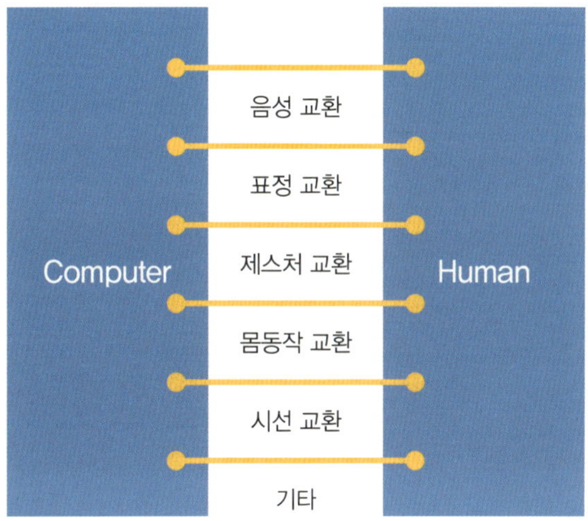

를 들어 스위치의 경우를 살펴보자. A~P까지의 스위치가 있다고 가정하고 여기서 A만 키고 싶다고 하자. 앞에서 말했던 모노모드(monomode)에서는 불가능하지만 멀티모달로는 가능하게 된다.

3.3 멀티모달 인터페이스 사례

가장 단순한 사례로는 게임이 있다. 물론 최근 유행하는 1인칭 슈팅게임(FPS), RPG와 같이 3D로 구성된 게임들을 말한다. 이러한 게임에는 마우스와 키보드를 모두 이용하고 일부 다양화된 게임 조작기기들을 통해서 게임 진행이 가능하다. [그림 9-19]는 1인칭 시점 게임 중 대표적인 배틀그라운드이다. 여기서 자신의 시선은 마우스가, 행동은 키보드가 담당한다. 즉 마우스와 키보드를 동시에 이용하면서 자신의 시선과 행동을 결정하는 방식의 게임이다. 키보드와 마우스는 독립적인 것이 아니고, 서로의 입력을 하나로 합해서 한 사람의 모든 움직임을 담당한다. 또한 주변 발소리 등의 음성정보를 통해 더욱 몰입감을 줄 수 있다. 결국 이를 통해 한 캐릭터의 행동에 있어서 정교한 컨트롤이 가능하고 사용자에게 더 몰입감을 줄

■ 그림 9-19 1인칭 시점 게임

수 있다. 이처럼 대표적으로 게임에서 멀티모달 인터페이스를 경험할 수 있다.

두 번째 사례는 군사분야에 이용되는 'QuickSet'이 있다. [그림 9-20]은 QuickSet을 이용한 군사전략을 보여준다. QuickSet은 지도기반의 군사전략시스템이다. 원거리에 있는 여러 명의 사용자들이 펜이나 터치인식과 음성인식을 이용

■ 그림 9-20 QuickSet

해서 사물 위치나 행위 지정 등 군사전략에 필요한 것들을 조작할 수 있는 시스템이다. 대부분 음성과 펜의 입력이 동시에 이루어지는데, 펜으로 "이 숲을 통과해서 캠프 설치"라고 말하면 그 길을 지도에 표시한다. 이러한 방식으로 군사분야에서도 쓰이고 있다.

3.4 NUI(Natural User Interface)

'NUI'란 Natural User Interface의 약자로 자연스럽게 사용자가 사용할 수 있는 인터페이스이다. 기계들은 숨어있는 듯이 작업을 처리하기 때문에 마치 사용자 인터페이스가 존재하지 않는 것처럼 느낄 수도 있다. 즉 사람들의 직관적인 행동을 기계들이 인식하고, 기계들은 숨어있는 듯 복잡한 상호 지능적인 인터페이스를 통해 작업을 수행하는 것이다. 이는 사용자의 행동을 센싱기술과 AI기술을 이용해서 입력받는 것이 가능해지면서 각광받고 있다.

NUI의 대표적인 사례로 소니의 타일형 디스플레이가 있다. [그림 9-21]을 봤을 때 강화유리지만 복사나 편집, 메일, 음악, 애니메이션, 결제, 원격 전송 등이 가능

그림 9-21 타일형 디스플레이

한 디스플레이다. 레이저를 통해 사용자가 어떠한 의도를 가진 것인지 인식분석하고, 기계들이 커뮤니케이션을 하는 것이다. 입력모드와 출력모드를 모두 가지고 있고 하나의 입력방식에 대해 두 개 이상의 출력이 가능하다.

NUI의 유형별 사례를 살펴본다. 우선 음성부분에서는 이상음원 감지 CCTV인 'KT Safe Mate ACE'가 있다. [그림 9-22]를 보면 이해가 쉽다. 근방에서 비명과 같이 위급해 보이는 음성이 있으면 이를 인식한다. 그 후 사이렌이 울리면서 현장 상황을 관제 솔루션에서 확인할 수 있다. 기존 비상벨을 눌러 상황을 알리는 방법에서 비명을 감지하는 것으로 대체해서 긴급상황에서 더 유용하고 현실적인 대응이 가능한 강력범죄서비스이다.

그림 9-22 KT Safe Mate ACE

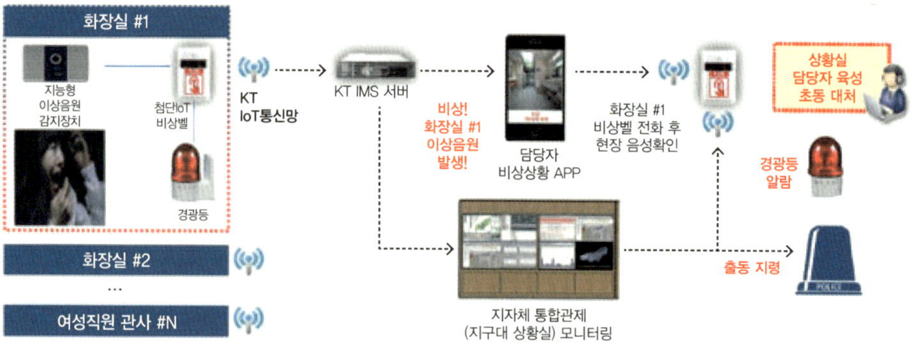

모션이나 제스처를 인식하는 분야에는 '아마존고'가 대표적이다. [그림 9-23]과 같은 아마존의 계산대 없는 상점의 콘셉트가 바로 NUI의 대표적인 사례이다. 곳곳에 있는 센서나 카메라를 통해서 고객의 행동과 동선을 파악하고 자신이 구매할 물건을 들고 나가면 자동으로 계산되어 아마존고 앱에 등록한 카드로 청구된다. 초기에 아마존 가입 및 카드 등록만 하면 사용자 입장에서는 물건을 들고 나간다는 직관적인 행동을 통해 편리하게 구매가 가능하게 된다.

다음으로 시선 표정을 인식하는 애플의 '애니모지(Animoji)'가 있다. 이 기능은 애플 iPhoneX에 탑재되어 있다. 3D 애니메이션을 얼굴인식을 통해 생동감 있게

그림 9-23 아마존고 무인상점

제작할 수 있다고 한다. 원래는 3D 애니메이션 제작에는 전문적인 디렉터들이 필요했지만 이제는 표정을 얼굴인식을 통해 만들어서 직관적인 조작이 가능하다고 한다.

제4절 챗봇

4.1 챗봇의 개념

챗봇(chatter robot)이란 기업용 메신저에 채팅하듯 질문을 입력하면 인공지능(AI)이 빅데이터분석을 바탕으로 일상언어로 사람과 대화를 하며 해답을 주는 대화형 메신저를 말한다.[3] 쉽게 말하면 대화하는 로봇으로 대화형 인터페이스상에서

3 네이버 지식백과

규칙 또는 인공지능으로 사용자와의 의사소통을 하는 서비스이다. 아이폰의 '시리(Siri)'는 목소리 봇이고, 시리 같은 서비스가 카카오톡 메신저 안으로 들어와서 목소리 말고 문자로 대화하는 것이 챗봇이라고 볼 수 있다. 대표적으로 [그림 9-24]와 같은 페이스북 메신저, 심심이, 카카오 옐로우아이디, 텐센트의 위젯, 텔레그램의 텔레그래 등이 있다.

그림 9-24 페이스북 메신저를 이용한 피자헛 주문

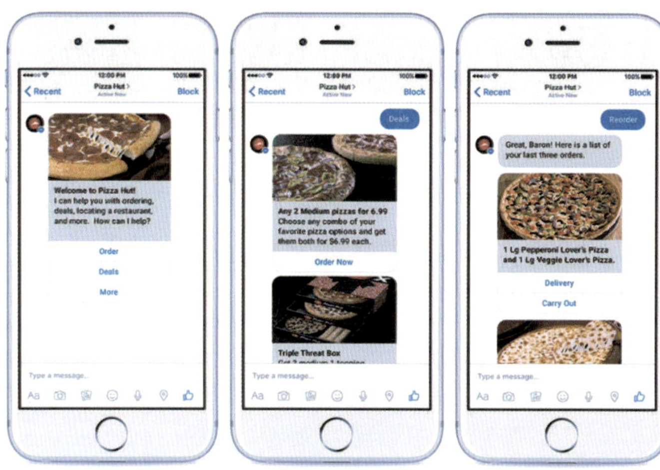

기업 입장에서 보았을 때 인건비를 절약하고 업무시간의 제약이 없는 서비스를 제공할 수 있다는 측면에서 챗봇의 도입이 긍정적이라고 볼 수 있다. 하지만 대표적인 부작용은 개인정보 유출이다. 챗봇은 시나리오형과 인공지능형의 두 가지로 나뉜다. 시나리오형은 인공지능형보다 보안 위험이 크지 않다. 왜냐하면 미리 정해놓은 단어에 따라 정해진 답을 내리기 때문이다. 따라서 개인정보 유출의 위험은 인공지능형 챗봇에서 더 크게 나타난다. 인공지능형 챗봇은 복잡한 질문에도 응답이 가능하고 자기 학습 역시 가능하다. 여기서 보안문제가 발생한다. 사용자가 입력한 단어에 의도치 않게 반응하면서 개인정보 유출, 피싱, 해킹과 같은 위험이 나타날 수 있다.

챗봇기술은 계속해서 발전하고 있다. 미리 정의된 키워드를 인식해서 단순 매칭하여 대답을 만들었다면, 이제는 AI를 통해서 복잡성, 다양성부분에서 발전하고 있다. 현재의 챗봇과 대화를 통해서 챗봇의 지능이 좋아져서 다음 달의 챗봇은 한 달 전보다 더 나은 대화를 유도하고 대답할 수 있을 것으로 기대한다.

4.2 챗봇의 사례

'날보'라는 날씨 봇이 있다. 가장 간단한 챗봇이기도 한데 [그림 9-25]처럼 "지금 날씨가 어때?"라고 물어보면 날씨도 알려주고 간단한 대화도 가능하다. 또한 알림을 신청하면 매일 아침에 날씨를 메시지로 보내준다. 그리고 미세먼지지수는 '집콕지수'를 물어보면 알려준다고 한다. 날보는 단순히 날씨정보 전달이라는 기능 이외에도 날씨의 좋고 나쁨에 상관없이 늘 긍정적인 성격으로 행복하게 날씨를 알려주는 '감성'요소에 주안점을 둔 챗봇이다.

그림 9-25 날보

그리고 [그림 9-26]처럼 스타벅스에도 'Barista'라는 커피주문을 도와주는 챗봇이 있다. 고객의 주문 히스토리와 대화를 통해 개인화된 빠른 주문이 가능하다.

그림 9-26 스타벅스 Barista

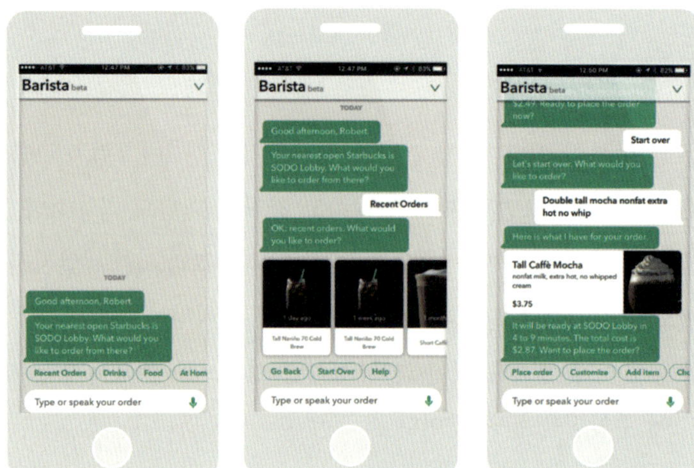

제5절 자연어처리

우선 자연어란 사람들이 일상생활에서 사용하는 언어이다. 자연어처리(NLP: Natural Language Processing)란 이러한 자연어를 컴퓨터를 활용해서 분석 및 이해, 생성을 다루는 인공지능기술이다.[4] 쉽게 생각하면 [그림 9-27]처럼 컴퓨터과학, 인공지능, 언어학이 합쳐진 것이다. 자연어 이해는 일상생활에 쓰이는 언어를 대화분석, 의미분석, 형태분석 등을 통하여 컴퓨터가 처리할 수 있도록 변환시키는

4 네이버 지식백과

그림 9-27 자연어처리

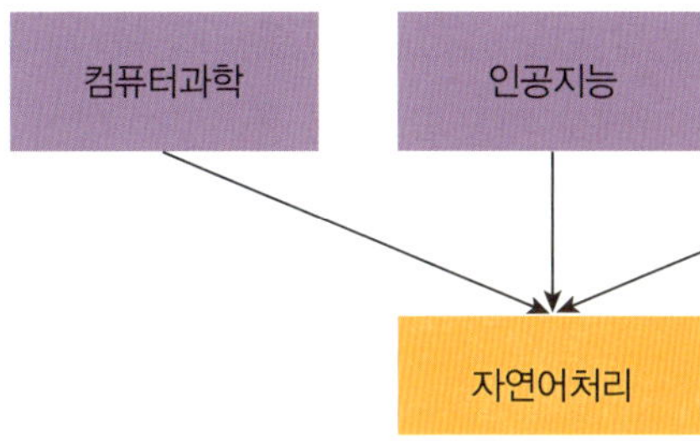

작업이다. 자연어 생성의 경우 컴퓨터가 처리한 결과물을 사람들이 이해할 수 있게 텍스트, 음성, 그래픽 등을 생성하는 것이다. 따라서 자연어처리는 언어번역 및 색인작성, 질의응답, 문서처리 등 사용자들의 편의를 증진시키는 분야에 많이 응용되고 있다. 최근에 딥러닝이라는 개념이 주목을 받게 되면서 4차 산업혁명의 중요 키워드로 인공지능이 떠오르고 있다. 기계에게 사람들의 언어인 자연어를 이해시킨다는 것은 인공지능분야의 발전에 가장 큰 역할을 할 것이다.

자연어처리의 범위는 시간이 지나면서 확장되고 있다. 기존에는 시스템의 독해능력을 나타내는 용어였다. 하지만 이제는 모든 자연어의 활동을 대표하고 있다. 맞춤법이나 속어 등 자연어의 변수를 이해하는 자연어 이해나 컴퓨터가 스스로 의사소통하는 자연어 구사가 자연어처리의 하위 카테고리이다.

자연언어처리기술의 응용은 나양하다. 처음에는 번역 애플리케이션이 이 기술의 주된 응용 영역일 것으로 기대했다. 하지만 번역기능보다 검색에 더 많이 쓰이고 있다. 앞에서 말한 예제처럼 음성인식 등 기계학습을 이용해서 무엇인가를 검색할 때 그 페이지에 데이터를 주고 셀 수 없이 많은 결과 중 단 하나만 클릭하는 행위가 자신의 검색이 적합했다고 인식하게 할 수 있다. 따라서 추후에 검색을 할 때 이 데이터를 가지고 사용자가 원하는 검색의 정확도를 높인다. 앞서 설명한 챗봇도 자연어처리와 비슷한 원리를 가진다고 보면 된다. 실제로 구글링 없는 세상, 맞춤법 검사가 없다면 사용자들은 불만을 느낄 것이다. 이처럼 자연어처리는 사용자들에게 많은 이점을 가져다준다.

개인 사용자들뿐만 아니라 기업 비즈니스에도 많은 도움을 준다. 예를 들어 회사 내부의 정보를 검색해서 질문에 응답해줄 수 있다. 또한 자연어처리는 회사에 지원하는 사람들의 이력서 분류 및 선발에도 활용된다. 스팸메일이 알아서 구분되는 것도 바로 이 기술이 있어서이다. 또한 감성분석(sentiment analysis)과 복합되어 더 다양한 활용 예를 보일 수 있다. [그림 9-28]은 한국음원시장의 정서분석 또는 감정분석을 한 것이다. 그림과 같이 최근 자연어처리를 이용해서 소셜미디어 등에 자신들의 기업에 대한 사용자들의 평가와 기업 소문이 어떻게 나고 있는지 파악할 수 있다. 그렇게 되면 고객들의 요구사항을 정확하고 빠르게 파악해서 기업의 경쟁력을 높일 수 있게 된다.

그림 9-28 한국음원시장 감정분석

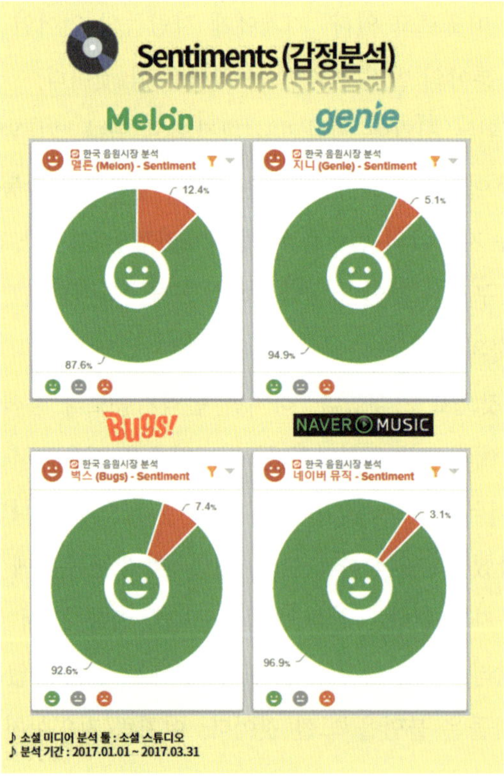

예제

■ O/X형

1 증강현실은 실제현실과 가상현실을 겹쳐 보이게 하는 것으로 가상현실과는 다른 개념이다.

2 멀티미디어는 최소 두 개 이상의 출력을 동시에 내는 방식을 뜻한다.

3 인공지능기능이 없으면 챗봇이라고 할 수 없다.

답 ○, ○, ×

■ 서술형

1 인터페이스 위기(interface crisis)에 대해 설명하시오.

2 로널드 아즈마가 제시한 증강현실의 특징 세 가지를 서술하시오.

3 교재에서 나타난 예시 외에 가상현실과 증강현실이 이용될 수 있는 사례를 제시하시오.

4 자연어처리에 이용되는 기술에 대한 정의와 예시를 통해 원리를 설명하시오.

CHAPTER 10 소프트웨어 공학

제1절 소프트웨어 공학의 등장 배경

1.1 소프트웨어 위기

소프트웨어 위기(software crisis)란 시간이 지날수록 소프트웨어의 수요와 공급의 격차가 크게 벌어지는 현상을 말한다. 왜 소프트웨어 위기가 나타났을까? [그림 10-1]을 보면 이해가 쉽다. 시간이 지날수록 소프트웨어 공급 생산성보다 소프트웨어 수요량의 증가세가 두드러지는 것이다. 특히 A시점 이후로는 소프트웨어 수요에 공급이 따라가지 못하는 현상이 발생되는 것을 볼 수 있다. 초기에는 소프트웨어 수요자는 정보시스템에 대한 이해도도 낮았고 본인의 업무를 위해 어떤 정보시스템이 필요한지도 잘 모르는 때이다. 따라서 공급자, 즉 소프트웨어 개발자 중심의 시대였다. 결국 공급이 수요보다 항상 많은 A 이전에는 회사나 개인이 개발을 부탁해놓고 모든 일정, 예산, 기간 등을 모두 개발자에게 맡겼고 문제가 발생할 이유가 없었다. 또한 도입 초기였기 때문에 기존 정보시스템을 유지보수, 재개발해야 하는 일도 적었다.

■ **그림 10-1 시간에 따른 소프트웨어 수요와 공급 변화**

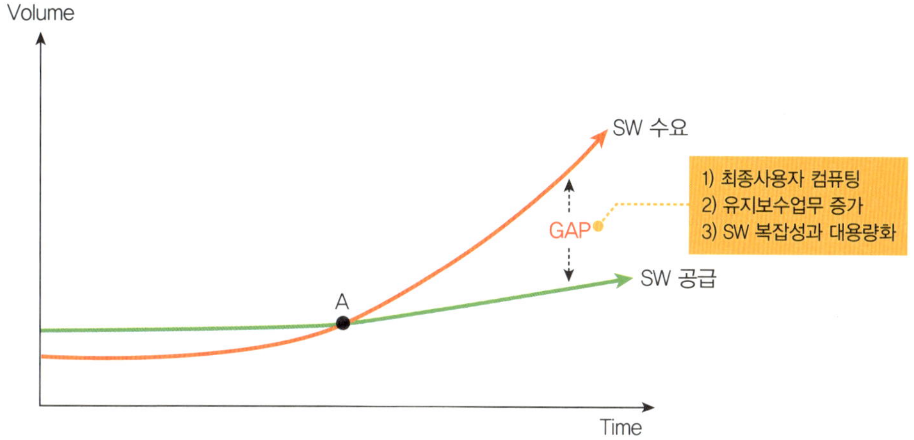

하지만 이후 하드웨어 도입비용이 줄고 전산화정보 프로젝트의 성패가 점차 소프트웨어 중심으로 옮겨가면서 상황이 바뀌게 되었다. A시점 이후 소프트웨어 요구가 폭증한 이유는 최종사용자 컴퓨팅의 증가, 기존 정보시스템에 대한 유지보수 부담, 소프트웨어 복잡성과 대형화로 인한 개발 노력 증가의 세 가지로 말할 수 있다.

우선 시간이 지나면서 수요자의 정보기술 활용 역량이 증가하면서 스스로 소프트웨어 도구를 이용하게 되고 이전보다 전산지식이 향상되었다. 그에 따라서 새로운 소프트웨어 개발에 대한 보다 엄밀한 요구가 발생하게 된 것이다. 두 번째, 단순히 소프트웨어 개발뿐 아니라 개발 후에 새로운 메뉴나 기능 추가와 같은 유지보수의 대한 부담도 증가하게 된다. 새로운 정보시스템 개발에 대한 니즈는 줄지 않는 상태에서 기존 정보시스템에 대한 유지보수 요구는 소프트웨어 수요량을 증가시키기에 충분했다. 특히 당초 개발자가 변경될 경우 유지보수의 역할을 부여받은 후임 개발자의 입장에서 앞서 만들어진 코드나 함수를 신속하고 완벽하게 이해하는 것에는 한계가 있다. 세 번째, 정보시스템을 요구하는 단위도 개인수준에서 부서, 기업 단위로 확대되었고, 그러한 부서와 기업도 대형화되면서 정보시스템 역시 커져야 했고 복잡성도 증가하게 된 것이다. 그러나 이에 비해 소프트웨어 공급의 입장에서 개발생산성에는 큰 변동이 없었기 때문에 수요와 공급의 차이가 크게 벌어진 것이고 소프트웨어 개발생산성을 높이는 소프트웨어 공학이 필요하게 되었다.

1.2 소프트웨어 공학

소프트웨어 공학(SE: Software Engineering)은 소프트웨어의 개발, 운용, 유지보수 등 전반적인 부분들을 체계적으로 다루는 것이다.[1] 쉽게 말하면 소프트웨어 개발 생산성을 증진시키기 위한 방법론을 말한다. 소프트웨어 공학의 기본 아이디어는 개발자들 간의 의사소통의 질을 높일 수 있는 공통의 표현방법을 통해 다수가 공동 개발하는 데 의사소통 노력을 줄이고, 또한 차후의 다른 개발자들이 이전 개발물을 쉽게 이해하도록 하여 소프트웨어 개발의 노력을 줄이도록 하는 것이다. 디자인하고 코딩한 모든 기록이 체계적으로 남아 있으면 유지보수비용을 혁신적으로

그림 10-2 Peter Naur

1 위키백과

줄일 수 있고, 그것이 생산성 향상에 기여한다.

소프트웨어 공학이라는 용어는 1968년 나토 소프트웨어 공학학회에서 처음 나왔다. 소프트웨어 공학의 개념을 정의한 사람은 페테르 나우르(Peter Naur)다. 그는 소프트웨어 공학의 핵심을 유지보수비용 감축에 두었다. 따라서 최소의 경비로 품질 높고 효율적인 소프트웨어를 개발하기 위한 모든 도구 및 방법론을 소프트웨어 공학이라고 정의하였다.

소프트웨어 공학의 목표는 세 가지다. 우선 여러 개발자들 간 의사소통을 돕는 것이 첫 번째 목적이다. 소프트웨어가 복잡하고 커지면서 더 많은 개발자들이 투입된다. 이러한 상황에서 각 개발자마다 함수를 사용할 때 각자 다른 변수를 선언하면 의사결정에 부담이 나타난다. 따라서 의사소통을 쉽게 하는 것이 중요하다. 두 번째는 작성된 문서가 어떤 내용인지 쉽게 알 수 있게 하는 것이다. 소프트웨어 개발 관련 문서를 작성할 때 시각화 등 쉬운 표현방법을 고안하는 것이 두 번째 목표이다. 마지막은 한 번 만들어진 내용을 최대한 재사용하여 문서 간 일치성을 보장하는 것이다. 그렇게 되면 기존 문서를 재사용함으로써 같은 일을 반복하는 노력을 최소화할 수 있게 된다.

제2절 소프트웨어 개발 수명주기(SDLC)방법론

2.1 SDLC의 개념

소프트웨어 개발방법론 중 가장 전통적이면서도 대중적인 것이 소프트웨어 개발 수명주기(SDLC: Software Development Life Cycle)방법론이다. 예를 들어 시냇물을 한 번에 건널 수 없다면 시냇물에 징검다리를 여러 개 놓고 건너가는 방식을 택할 것이다. 추상적인 정보시스템 개발 대상 영역을 한 번에 코딩 및 테스트까지 하기는 어렵지만 모종의 방법으로 개발 영역에 대한 표현을 해두면 나중에 보다 더 구체적인 개발문서를 작성하거나 코딩을 하는 데 도움이 될 것이다. 이런 점에 착안하여 소프트웨어 공학자들이 여러 개의 돌로 이루어진 징검다리를 제안한 것이다. SDLC는 요구분석(requirement analysis), 시스템분석(system analysis), 시스템설계(system design), 구현(coding or implementation), 검증(test), 유지보수(maintenance)의 여섯 단계를 거쳐서 소프트웨어를 개발하는 방법론이다. 또한 초기에는 한 번 전 단계가 완벽하게 작성되면 다시 이전 단계를 거슬러 재작업하지 않는다는 의미에서 일방으로 물이 흘러가는 폭포수모형(waterfall model)이라는 별명이 붙었다.

2.2 SDLC의 절차

SDLC에서 가장 먼저 해야 할 것이 요구분석이다. 요구분석이라는 것은 전산화해야 하는 대상을 문서 등으로 파악하는 것이다. 즉 사용자들의 요구를 파악하고 기존 시스템의 문제점이나 개선사항을 사용자 인터뷰나 설문 등을 통해 알아내는 과정이라고 볼 수 있다. 사용자들은 소프트웨어에 대한 전문지식이 없으므로 소프트웨어의 단점이나 개선방향을 인터뷰나 설문지를 통해 개발자에게 전달할 수 있다. 개발자들은 그들의 요구를 파악해서 분석한 다음 개발되어야 할 것에 대한 보고서를 만들어서 사용자에게 보여준다. 사용자가 만족할 때까지 계속해서 수정하고 이 과정을 통해 시스템에 대한 기초자료를 작성하는 단계라고 할 수 있다.

요구분석 중에 기술적 · 경제적 · 운영 · 법제도적 타당성의 네 가지 조사를 하게 된다. 사용자들이 요구하는 현재 정보기술로 실현가능한가 또는 채택하려는 정보기술, 즉 소프트웨어, 하드웨어, 통신 등이 기술적으로 신뢰성이 있는지 개발 난이도 측면에서 개발자들이 개발가능한지 등 기술적 타당성 테스트를 한다.

그리고 비용편익분석(cost-benefit analysis)이 핵심인 경제적 타당성 테스트가 필요하다. 일반적으로 소프트웨어 개발은 비용이 작지 않으며 선비용 투자이기 때문에 현금흐름(cash flow)을 파악하는 것이 중요하다. 또한 소프트웨어 개발에 예상되는 총소유비용 역시 고려해야 한다. 마지막으로 예상하지 못하는 경제적 위험요소를 파악해야 한다. 이때 비용이나 위험을 과소계상하거나 신기효과(novelty effect)를 주의하는 것이 필요하다. 특히 검수단계에서의 문제로 프로젝트가 연기된다거나 예측했던 개발기간보다 길게 개발이 진행될 가능성을 무시하는 것이 개발비용 과소계상의 한 원인이 된다. 신기효과는 [그림 10-3]처럼 순간적으로 만족하다가 그 만족감이 일시에 떨어지는 현상을 말한다.

그림 10-3 신기효과

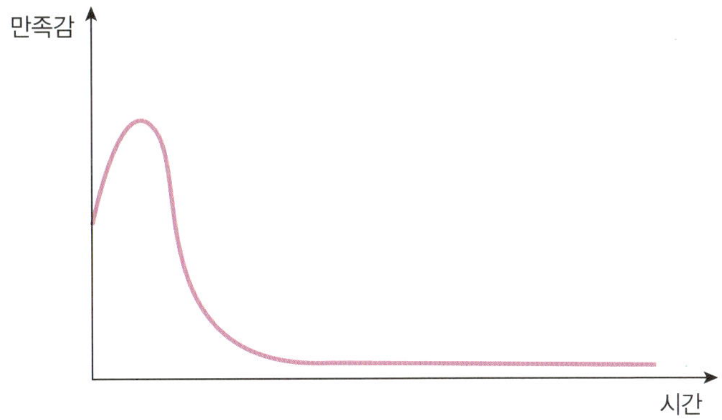

다음은 이 소프트웨어의 운영가능성을 테스트하게 된다. 특히 여기서는 개발 프로젝트에 대한 경영자의 신념과 관심의 여부가 중요하다. 왜냐하면 경영자의 지원이 있어야 예산을 결정하고 인력부분에서 과감하고 안정적인 지원이 가능하기 때문이다. 경영자가 의지와 관심은 있으나 직접 돌아볼 여력이 없을 경우 운영위원회를 열어 위임을 할 수 있다. 또한 운영 타당성은 정보시스템이 개발된 후 현업에서 사용하는 시점이 될 때 개발자들의 도움 없이도 운영될 수 있는지를 점검해보아야 한다.

마지막으로 법제도적 타당성 평가가 있다. 법제도적으로 아무런 문제가 없는지 살펴보아야 한다. 한국의 경우 헬스케어시스템이 시장 측면이나 기술적으로 가능하나 법규제에 묶여 아직도 실현되지 못하고 있는 것이 법제도적 타당성 평가의 중요성을 보이는 한 예이다. 위의 네 가지 타당성을 평가한 후 모든 것이 타당하다면 개발을 진행하고 어느 하나라도 타당하지 못하다면 프로젝트 수정을 하거나 포기해야 한다.

두 번째 단계는 시스템분석단계이다. 시스템분석은 "What to do," 즉 무엇을 개발할지에 대해 일정 도식화 표현방식을 활용하여 정하는 단계이다. 이때 개발에 참여하는 사람들이 이해할 수 있는 공통의 타당한 심벌로 표현되어야 하는데 이 심벌의 집합이 모델이다.

세 번째 단계는 시스템설계단계로 "How to Implement," 즉 무엇을 어떻게 전산화할지에 대해 앞서 도식화한 그림을 더욱 구체화하는 것이다. 무엇을 개발하는가, 어떻게 개발해야 하는가, 어떤 하드웨어, 데이터베이스 제품인가를 결정하는 단계이다. 앞 단계에서 결정한 정보 요구를 충족하기 위해 더 디테일화하게 된다. 여기서 시스템설계는 그 구체화의 수준에 따라 논리적 설계(logical design)와 물리적 설계(physical design)의 두 가지 디자인을 하게 되는데, 논리적 설계 방법의 예는 DFD(Data Flow Diagram) 등이 있고 물리적 설계는 자료사전(data dictionary), 미니스펙(minispec), 플로우차트(flowchart) 등이 있다. 또한 소스코드까지는 아니지만 그와 유사한 형태의 코드(pseudo-code)를 만들기도 한다. 물리적 설계까지 이루어지면 바로 코딩이 가능할 정도가 된다.

네 번째 단계는 특정 프로그래밍 언어를 사용하여 소스코드를 개발하는 것, 즉 프로그래밍단계 또는 구현단계이다. 즉 앞서 준비한 설계물을 프로그램 코드로 번역하는 과정이다.

다섯 번째 단계는 원래 의도한 대로 잘 구현되었는지 테스트하는 단계이다. 테스트단계에서는 개발자환경에서 진행하는 알파테스트(alpha test)와 사용자환경에서 진행하는 베타테스트(beta test)가 있다. 우선 알파테스트에서는 개발자환경의 테스트이기 때문에 전산실이나 개발회사에서 테스트가 진행된다. 하지만 베타테스트는 다르다. 사용자환경에서 진행하는 테스트고 실질적으로 베타테스트가 잘 되어야 개발에 성공한 것이라고 할 수 있다. 또한 사용자 입장에서 대행으로 테스트하는 전문적인 팀, 타이거팀(tiger team)을 운영할 수도 있다. 이들은 현업부서에서 일하는 사람들은 아니지만 전문적인 지식을 가진 대행팀으로 개발자에 대해 매우 공격적이다. 그래서 악마의 대변인(devil's advocate)이라는 별명을 가진다. 아무래도 최종사용자가 중요하기 때문에 베타테스트를 통과하는가의 여부가 개발을 하는지 마는지를 결정하게 된다.

이 단계가 끝나면 인수 및 설치를 하게 된다. 개발문서나 매뉴얼을 넘기고 사용자가 직접 사용할 수 있게 훈련하는 단계이다. 사용법도 알려주고 문서작업도 하게 된다.

마지막으로 여섯 번째 단계는 유지보수단계이다. 개발시스템에 하자가 있는지 파악하고 만약 있다면 대체로 계약에 의하여 무상으로 서비스를 제공하게 된다. 그리고 만약에 새로운 요구가 발생한다면 재계약 등 유료로 유지보수를 하게 된다. 유지보수를 통해 프로그램의 효율이나 성능을 향상시킬 수 있다. 이를 요약한 것이 [그림 10-4]이다. 이러한 여섯 단계의 징검다리를 통해서 SDLC방법론으로 소프트웨어를 개발할 수 있다.

그림 10-4 SDLC 프로세스

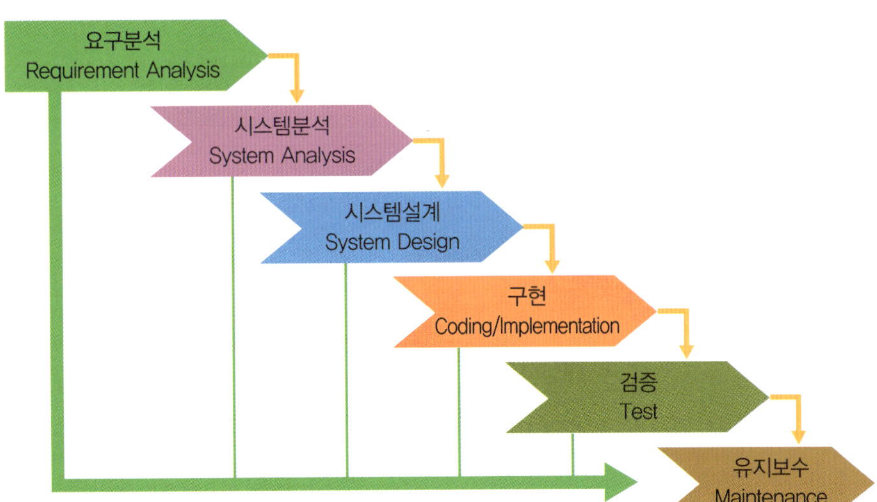

2.3 SDLC의 장단점과 단계별 비용

SDLC는 체계적이고, 일단 만들면 일사천리로 진행된다는 장점이 있다. 하지만 중간에 문제가 생기면 뒤로 돌아가는 방법이 없다. 풀어야 할 문제가 잘 정의되어 있고, 요구사항이 사전에 100% 확보된다면 괜찮겠지만 그렇지 못할 경우가 당연히 존재한다. 특히 사용자가 자신이 원하는 시스템이 무엇인지 모르는 경우도 있다. 일반기업에서 중역에 해당하는 사람, 임원급들은 자신들에게 필요한 정보시스템에 대한 정의를 내리지 못하고 매우 바쁘기 때문에 오랫동안 인터뷰를 할 수도 없다. 따라서 이렇게 사용자가 스스로 요구분석을 할 수 없는 상황일 때는 SDLC를 쓰면 실패하는 경우가 많으니 이런 상황에서는 다른 개발방법론을 선택하는 것이 바람직하다. [그림 10-5]는 각 단계별 단위당 소요비용을 보여준다. 유지보수비용이 과반수의 비용을 차지한다는 사실을 잊어서는 안 된다.

그림 10-5 SDLC 단계별 비용

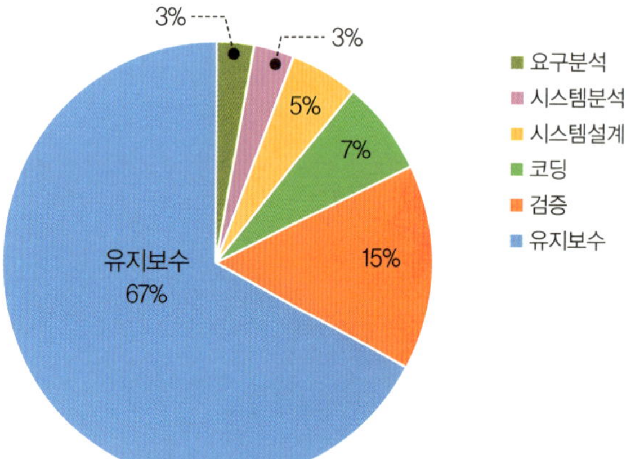

[표 10-1]은 소프트웨어 개발단계별 기능점수 가중치를 나타낸다. 코딩을 하는 구현단계에서 단가가 166,145원이다. 대한민국의 경우는 아직까지 소프트웨어 개발비용을 산정할 때 원가기준을 따르기 때문에 기능(function) 등의 단위별로 단가

가 곱해져서 개발비용이 계산된다. 하지만 다른 산업과 마찬가지로 가치기준을 따라야 한다.

표 10-1 소프트웨어 개발단계별 기능점수 가중치(2016년)

단계	분석	설계	구현	시험	합계
각 단계별 기능점수 가중치	0.19	0.24	0.32	0.25	1.00

SDLC에 의한 경영정보시스템 개발은 [그림 10-6]과 같은 방식으로 진행된다. 여섯 개 단계를 하나씩 거쳐서 최종적으로 개발하는 것이다. 왼쪽 끝에는 전산화 대상 혹은 개발 대상인 실존하는 리얼리티가 있다. 그러나 이것은 한 번도 문서화되지 않고 프로그램되지 않은 채, 즉 추상적으로 존재하는 것이다. 예를 들어 경영정보시스템을 만든다고 가정해보자. 먼저 그 시스템을 사용하는 사용자, 즉 경영정보시스템 유저가 있고 데이터베이스가 있고, 데이터베이스를 관리하는 DBMS가 있고, 그 뒤에 애플리케이션 프로그램, 그리고 사실 애플리케이션에 포함되지만 그 뒤에 사용자 인터페이스(user interface)가 있다고 하자. 그래서 인터페이스를 이용

그림 10-6 SDLC의 절차

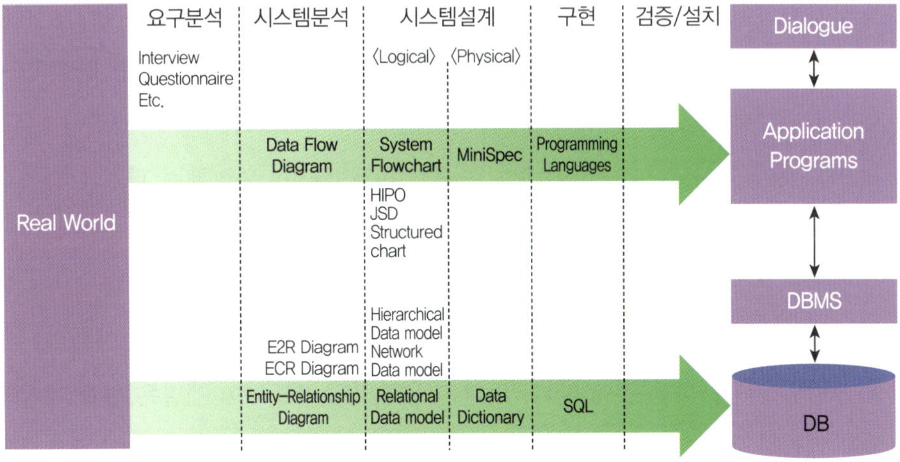

해서 사용자가 접근하고 사용하는데 그것이 바로 경영정보시스템이다. 프로젝트를 개발할 때 SDLC방법론을 모른다면 여러 가지 어려움에 봉착하게 된다. 이 문제는 몇만 라인 정도 되는 중규모 이상의 프로그램을 개발하는 프로젝트에 공통되는 사항이다.

제3절 원형 개발방법론

원형 개발(prototyping development)방법론은 사용자의 요구를 사전에 충분히 파악하기 어려울 때 사용하는 방법론이다. 이때는 SDLC 사용이 어렵다. 기업에 있어서 사용자의 요구를 파악하기 어려운 대상은 누가일까. 바로 최고경영자나 고객용 앱 사용자와 같이 불특정 다수가 될 수 있다. 이러한 대상의 요구를 100% 파악하고 분석해서 소프트웨어를 개발하는 것에는 한계가 있다. 따라서 예상 사용자에게 물어보면서 요구를 점차 파악해나가는 것이 원형 개발방법론의 핵심이다.

개발단계는 원형 개발, 검토(review), 수정보완(refine)의 순서로 계속 순환되는 절차를 통해 개발된다. 개발자들은 최고경영자나 불특정 다수의 사용자에게 처음에 만들어낸 원형(prototype)을 보여준다. 그러면 최고경영자나 불특정 다수의 사용자들이 리뷰를 해주고 그 리뷰에 따라 개발자들은 소프트웨어를 수정한다. 수정한 소프트웨어 역시 다시 그들에게 보여주고 피드백받고 수정하는 과정을 반복해서 소프트웨어를 최종적으로 개발하게 된다.

앞에서 배운 SDLC와 비교하면 구조적이고 기능이 명확하며 대용량의 소프트웨어는 SDLC방법론이 적합하고 일회적이고 요구사항이 정리되지 않은 소프트웨어는 원형 개발법을 사용하는 것이 좋다. 또한 대용량의 소프트웨어 개발은 원형 개발방법론이 적합하지 않다. 만약 사용자의 요구 파악이 어려운데 대용량의 소프트웨어를 개발해야 한다면 나선형(spiral) 모델방법론을 사용하는 것이 바람직할 것이다.

제4절 기타 소프트웨어 공학방법론

이제까지 소프트웨어 공학방법론으로 SDLC와 원형 개발법에 대해 살펴보았다. 사실 이 두 가지 이외에도 여러 가지 소프트웨어 공학방법론이 존재한다. 이하에서는 소프트웨어의 다른 방법론들을 알아보도록 한다.

4.1 나선형 모형

우선 SDLC의 단점을 보안하여 중간중간마다 재점검하며 개발하는 모델이 있다. 그것이 바로 나선형 모형(spiral model)이다. 나선형 모형은 용수철처럼 휘감아가는 것을 말하는데 이 모형의 각 단계는 [그림 10-7]처럼 네 개의 스텝으로 구성되어 있고 그것을 반복하면서 최종적인 소프트웨어를 개발하게 된다.

나선형 모형은 SDLC보다 더 대규모 소프트웨어를 만들 때 유용하게 쓰인다. 대규모 소프트웨어의 경우 요구분석의 단계, 시스템분석의 단계 등 한 단계를 지나는 것도 한 번에 하기 힘들다. 따라서 그 한 단계마저 네 개의 스텝으로 쪼개서 의사결정한다. 계획 및 정의(planning), 위험분석(risk analysis), 제품 개발(engineering), 고객평가(customer evaluation)의 스텝을 거치는데 먼저 어떤 프로그램을 개발할 것인지 계획하고 그 계획대로 프로그램을 개발하는 것이 과연 이득이 될 것이냐 되지 않을 것이냐, 즉 위험요소가 존재하는지 분석한다. 이익에도 불구하고 위험도가 높으면 거기서 개발을 멈춘다. 만약 위험보다 이득이 많을 것으로 생각되면

그림 10-7 나선형 모형

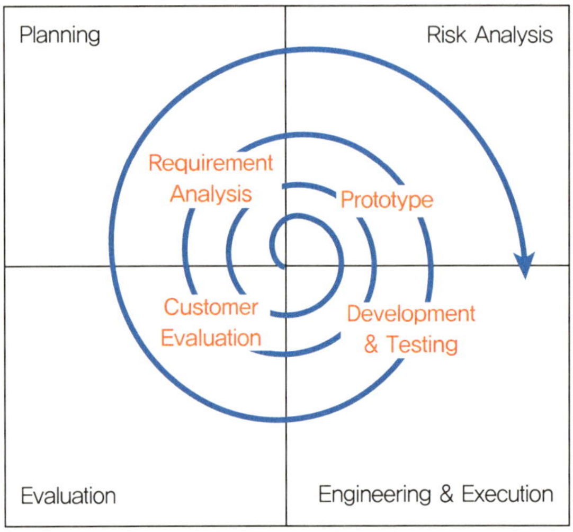

계속하는데 이를 'go, no go decision'이라고 한다.

SDLC는 한 번 만든다고 결정하면 끝까지 수행하지만 나사모형은 그것보다 안정적으로 개발한다. 하지만 시간이 많이 걸리는 단점이 있다. 너무나 많은 사람이 평가하기 때문에 합의 도출과정이 복잡하다.

4.2 4세대 언어기법

[그림 10-8]은 1세대부터 4세대까지의 언어를 보여준다. 우선 1세대 언어는 기계어로 0과 1로 이루어진 언어이고, 2세대 언어는 인간이 이해하기 힘든 기계어의 불편함을 해소하기 위해 일부를 기호화한 언어이다. 대표적으로는 어셈블리 언어가 있다. 그러나 이 언어도 이해할 정도로 추상화된 것은 아니어서 인간의 언어를 더 많이 채택한 3세대 언어가 많이 사용된다. 3세대 언어가 범용적이라는 특징에 비해 비록 한정된 영역이기는 하지만 더욱 추상화하고 단순화한 것이 4세대 언어이다. 특히 4세대 언어는 비절차적이고 선언적이라는 특징을 가진다. 또한 3세

대 언어보다 더욱 추상적이기 때문에 프로그램 라인 수가 적다. 따라서 프로그램 개발이 빠르게 이루어질 수 있다. 하지만 더욱 추상적이라는 말은 범용적이지 않다는 뜻이기도 하여 제한된 영역에서만 사용된다. 말과 같기에 사용할 수 있는 범위가 제한된다. 예를 들어 4세대 언어의 하나인 IFPS는 재무용으로 사용가능하다.

그림 10-8 4세대 언어기법

구분	저급 언어		고급 언어	
	제1세대 언어	제2세대 언어	제3세대 언어	제4세대 언어
언어	기계어	어셈블리 언어	C언어	SQL

예	00110101 01111010
	10110000 10100100
	11101111 11100101
		046C F5 push af
		046D C5 push bc
		046E D5 push de
		046F E5 push hi
		0470 F0 70 ld a, [FF70]
		0472 E6 07 and 07
			int main(void)
			{
			printf("HelloWorld!\n"
			);
			return 0:
			}
				SELECT*
				FROM LOAN

4.3 객체지향적 소프트웨어 개발방법론

앞에서 정보시스템을 만든다는 것은 [그림 10-9] 중 애플리케이션(application)과 데이터베이스(DB)를 만드는 것이라고 말했다. 왜냐하면 UI나 DBMS는 개발할 필요가 없이 구매가능한 것이기 때문이다. SDLC나 원형 개발방법론, 나선형 모델, 4세대 언어기법의 방법론들은 이 두 가지를 따로 개발하는 방법론들이다. 하지만 객체지향형 소프트웨어는 [그림 10-10]과 같이 데이터베이스와 애플리케이션을 동시에 관리하는 방법론을 말한다. Data와 Method는 각각 데이터베이스와 애플리케이션을 의미한다. 이 방법론은 한 가지 객체를 선언하면 그 모든 데이터를 자동카피하기 때문에 재사용성이 높은 방법론이라고 할 수 있다. 예를 들어 원숭이에 대한 정보를 검색하면 기존에 있던 포유류의 특성정보를 가져오고 거기에 무엇인가만 더 추가되면 된다. 하지만 이 방법론은 너무 복잡하기 때문에 실질적으로 사용이 어렵다는 평가를 받기도 한다.

그림 10-9 정보시스템 개발

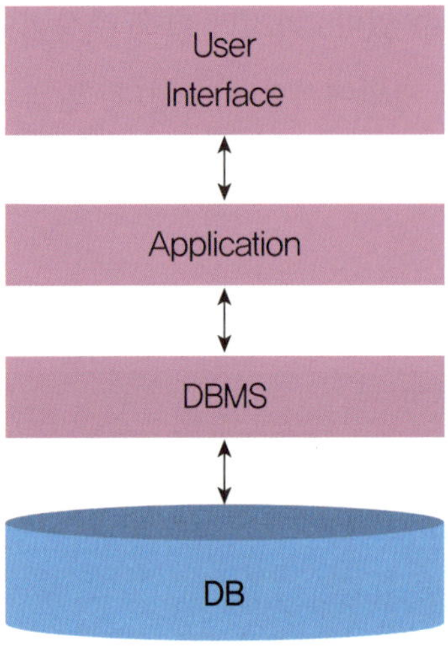

그림 10-10 객체지향 소프트웨어

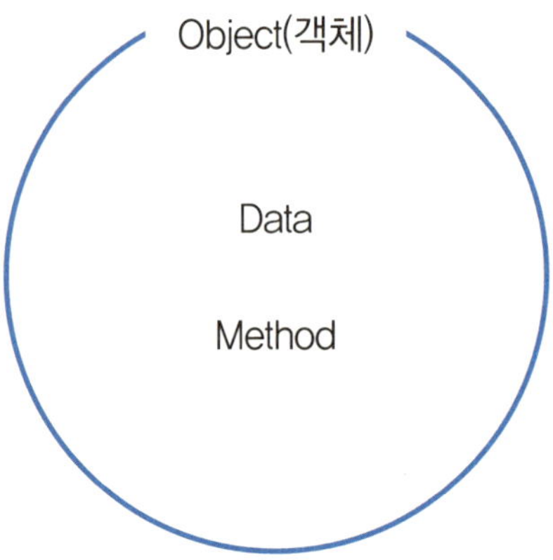

이제까지 배운 정보시스템 개발절차와 각 단계별 세부적인 작업을 [그림 10-11]을 통해 설명한다. 각각 시스템분석단계와 시스템설계, 구현단계를 나타낸다. 앞에 나온 [그림 10-6]과 참고해서 보면 좋다.

■ **그림 10-11 정보시스템 개발절차와 단계**

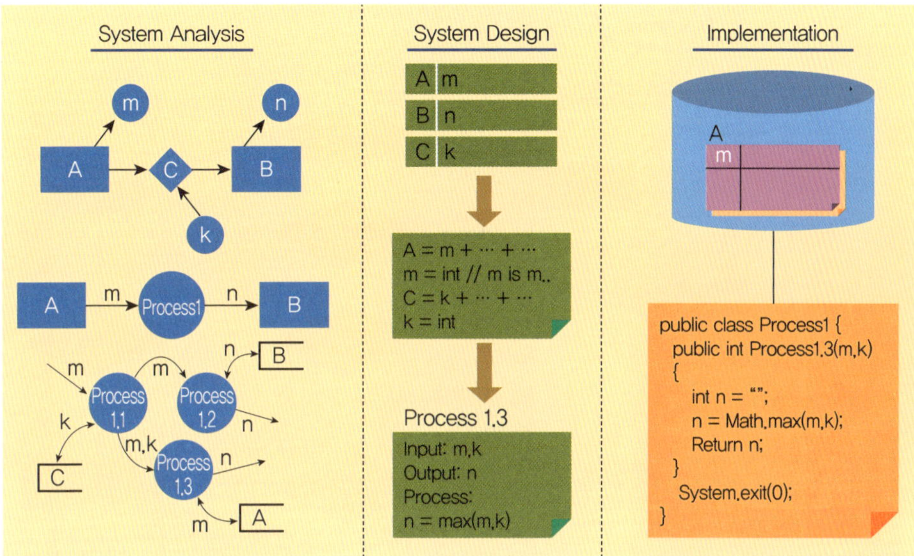

우선 시스템분석단계에서는 [그림 10-12]와 [그림 10-13]인 E-R 다이어그램과 자료흐름도(data flow diagram)가 많이 사용된다. E-R 다이어그램은 앞서 자세하게 살폈으니 생략하고 자료흐름도의 개념을 간단하게 살펴본다. 자료흐름도란 그래픽을 이용한 도표로 시스템에서의 자료흐름을 나타내기 위해 사용된다. 자료흐름도는 시스템분석과정뿐만 아니라 설계과정에서도 사용된다. 이것은 자료가 각 부분에서 어떻게 처리되어 흐르는가를 나타내는 구소적 분석 및 설계기법에서 가장 기본적인 도구이다.[2] 자료흐름도는 사실 뒤에 나오는 데이터 사전을 만들어놓고 보는 게 일치성을 위해 좋다.

시스템설계단계에서는 데이터 사전(data dictionary)이나 미니스팩이 쓰인다. 데이터 사전은 [그림 10-14]와 같은 것으로 데이터베이스나 정보시스템에서 사용할 변수들의 속성에 대한 상세정보(예: 데이터 유형, 필수항목여부, 설명, 하위 구성요소 등)를 알 수 있다. 플로우차트나 가상코드(pseudo code) 등을 사용할 수 있다.

2 네이버 지식백과

■ 그림 10-12 E-R 다이어그램

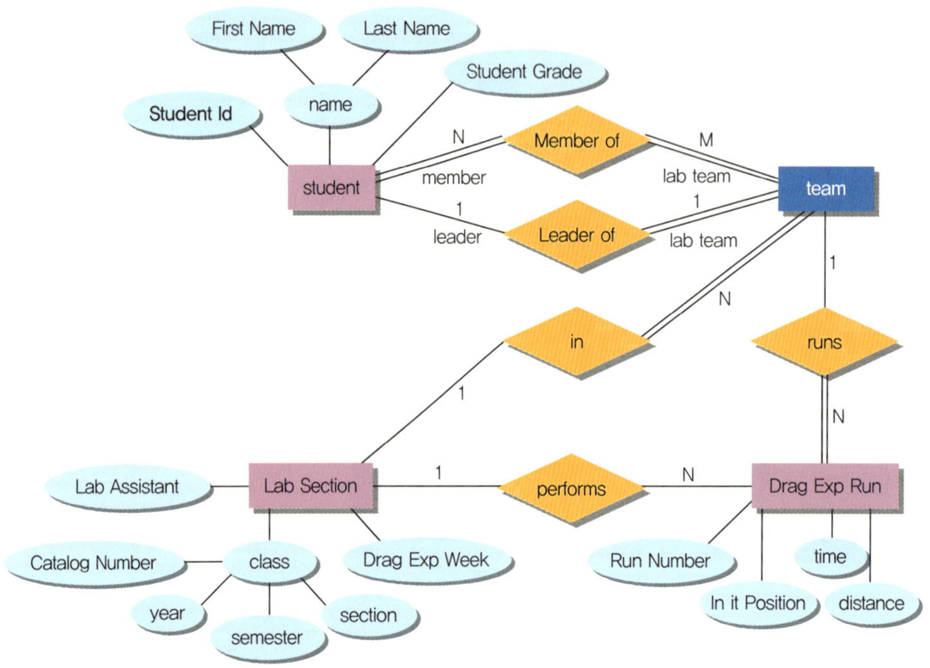

■ 그림 10-13 자료흐름도

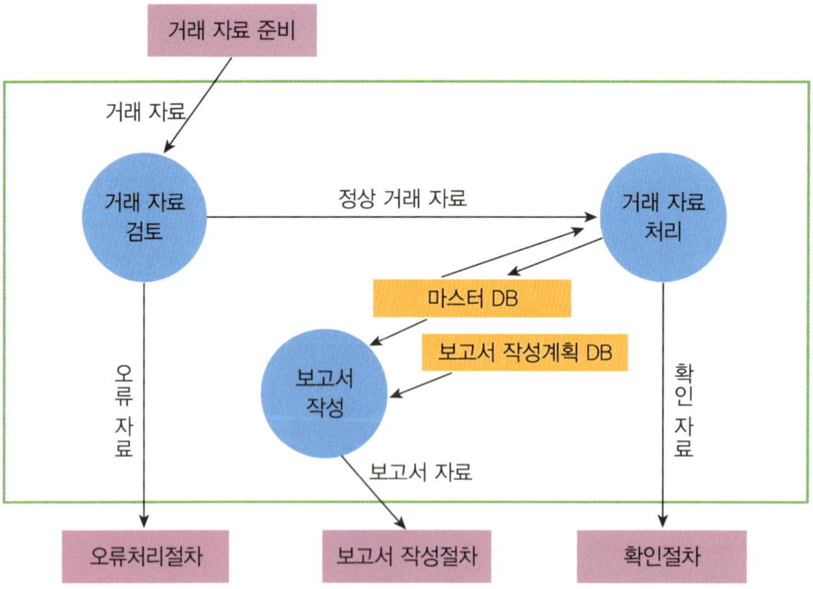

그림 10-14 데이터 사전

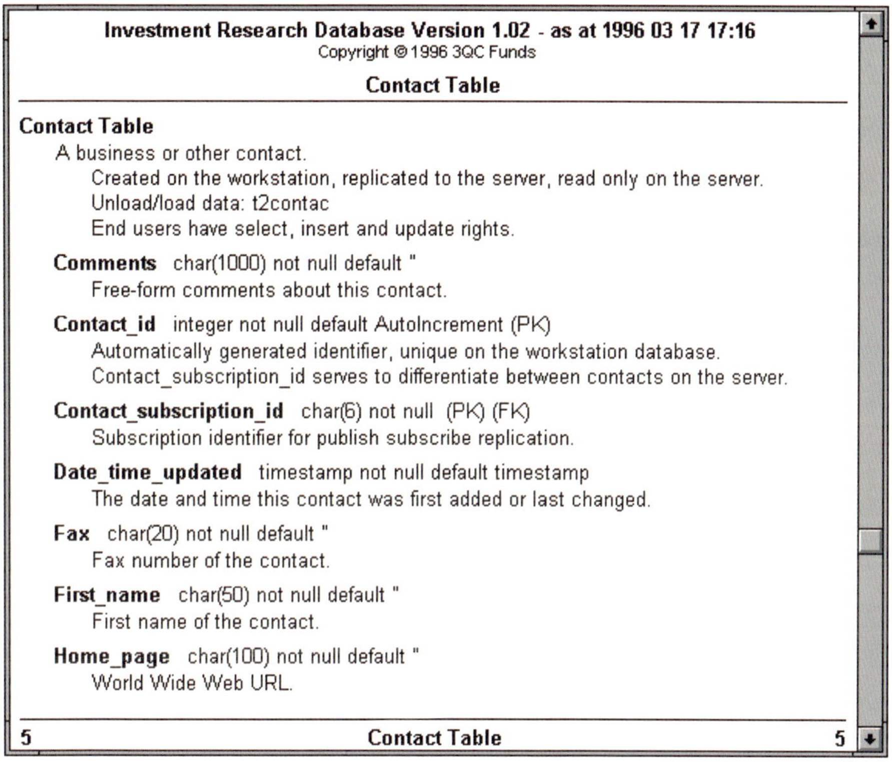

Investment Research Database Version 1.02 - as at 1996 03 17 17:16
Copyright © 1996 3QC Funds

Contact Table

Contact Table
A business or other contact.
Created on the workstation, replicated to the server, read only on the server.
Unload/load data: t2contac
End users have select, insert and update rights.

Comments char(1000) not null default ''
Free-form comments about this contact.

Contact_id integer not null default AutoIncrement (PK)
Automatically generated identifier, unique on the workstation database.
Contact_subscription_id serves to differentiate between contacts on the server.

Contact_subscription_id char(6) not null (PK) (FK)
Subscription identifier for publish subscribe replication.

Date_time_updated timestamp not null default timestamp
The date and time this contact was first added or last changed.

Fax char(20) not null default ''
Fax number of the contact.

First_name char(50) not null default ''
First name of the contact.

Home_page char(100) not null default ''
World Wide Web URL.

5 **Contact Table** 5

그림 10-15 요구분석 불확실성과 소프트웨어 복잡도에 따른 방법론

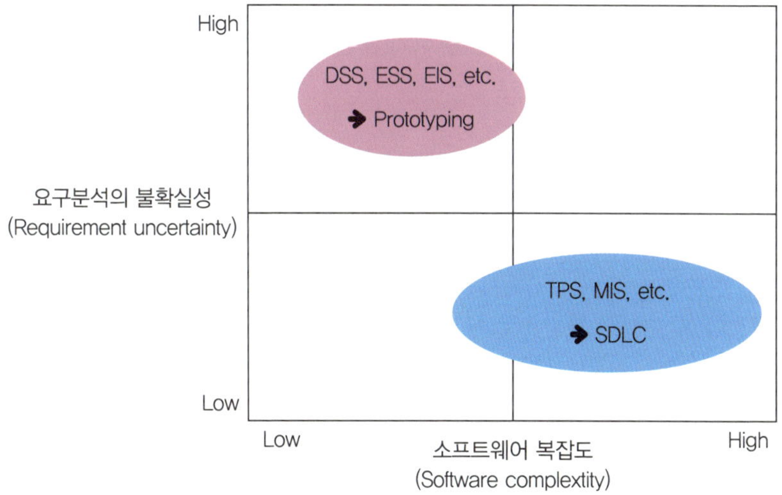

어떠한 상황에 어떤 소프트웨어 개발방법론을 사용하는 것이 좋은지를 나타낸 것이 [그림 10-15]이다. 요구분석의 불확실성이 크나 소프트웨어의 복잡도가 상대적으로 낮으면 원형 개발방법론을 쓰는 것이 유리하다. 반대로 요구분석의 불확실성이 낮아 파악이 쉽게 가능하지만 소프트웨어의 복잡도가 크다면 SDLC방법론이 적절하다. 상황에 따라 원형 개발방법론과 나선형 모델을 섞어서 사용하는 방법도 있다.

제5절 소프트웨어사업 대가 산정

2018년 개정된 소프트웨어사업 대가 산정 가이드에 따르면 국가 정보화사업의 합리적이고 객관적인 대가 산정을 유도하여 국내 소프트웨어사업의 품질을 향상시키고 제값주기 환경을 지속 · 정착시켜 소프트웨어산업의 경쟁력을 제고하는 효과를 거두기 위해 소프트웨어 대가 산정을 한다. 2018년 6월 개정된 가이드에 따르면 기능점수방식의 보정계수 산정체계 개정 및 요율제 유지관리비의 유지관리 난이도 산정체계를 개정했다. 소프트웨어사업 수명주기 단계별 대가 산정방법을 요약하면 [표 10-2]와 같다.

표 10-2 수명주기 단계별 대가 산정방법

<table>
<tr><th>SW사업 수명주기</th><th>대가 산정 유형</th><th>대가 산정방법</th></tr>
<tr><td rowspan="7">SW사업 기획단계</td><td rowspan="2">정보화전략계획(ISP) 수립</td><td>컨설팅지수에 의한 방식</td></tr>
<tr><td>투입공수에 의한 방식</td></tr>
<tr><td>ISP/BPR 수립</td><td>투입공수에 의한 방식</td></tr>
<tr><td>EA/ITA 수립</td><td>투입공수에 의한 방식</td></tr>
<tr><td>ISMP 수립</td><td>투입공수에 의한 방식</td></tr>
<tr><td>정보보안 컨설팅</td><td>투입공수에 의한 방식</td></tr>
<tr><td>SW사업 구현단계</td><td>소프트웨어 개발</td><td>기능점수방식에 의한 방법</td></tr>
<tr><td rowspan="8">SW사업 운영단계</td><td rowspan="3">SW 유지관리사업</td><td>요율제방식에 의한 유지관리비</td></tr>
<tr><td>상용 소프트웨어 유지관리비</td></tr>
<tr><td>요율제방식 보안성 지속서비스비</td></tr>
<tr><td rowspan="2">SW 운영사업</td><td>투입공수방식 SW 운영비</td></tr>
<tr><td>투입공수방식 보안관제서비스비</td></tr>
<tr><td rowspan="2">SW 유지관리 및 운영 혼합사업</td><td>고정비/변동비방식에 의한 유지관리비 및 운영비</td></tr>
<tr><td>SLA기반 유지관리비 및 운영비 정산법</td></tr>
<tr><td>소프트웨어 재개발사업</td><td>재개발 기능점수방식에 의한 방법</td></tr>
</table>

예제

■ O/X형

1 Data Dictionary란 자료에 대한 정의문으로서 Meta data라고도 불리는 SW설계방법론이다.

2 소프트웨어 공학을 창시한 사람은 마크 와이저이다.

3 4세대 언어는 3세대 언어보다 더욱 추상적이어서 더욱 적은 라인 수로 구현이 가능하고 비절차적 언어여서 프로그램이 더욱 단순하므로, 최근 3세대 언어가 4세대 언어로 대체되는 추세이다.

답 ○, ×, ×

■ 서술형

1 소프트웨어 위기란 무엇이며 왜 발생하는지 서술하시오.

2 소프트웨어공학의 기본 접근법에 대해서 설명하시오.

3 SDLC방법과 프로토타이핑방법의 장단점을 비교하시오.

CHAPTER

11 사물인터넷

제1절 유비쿼터스 컴퓨팅과 사물인터넷

사물인터넷(IoT: Internet of Things)의 기술적 본류는 유비쿼터스 컴퓨팅기술이라고 볼 수 있다. 사물인터넷이란 정보통신기술기반으로 모든 사물을 연결해 사람과 사물, 사물과 사물 간에 정보를 교류하고 상호 소통하는 지능형 인프라 및 서비스기술을 의미한다(과학기술정보통신부). 사물인터넷은 일상의 물건으로 다양하게 존재할 수 있는 컴퓨터 간의(혹은 컴퓨터와 사용자 간의) 원격 모니터링이나 상호작용 및 통제를 가능하게 하는 지능적인 인터넷 연결망을 제공한다. 이때 사용자는 네트워크나 컴퓨터에 대한 의식적인 인지를 하지 않아도 컴퓨팅환경에 접근할 수 있다. 이러한 사물인터넷을 이해하기 위해 먼저 유비쿼터스 컴퓨팅의 개념을 살펴보고자 한다.

유비쿼터스(ubiquitous)는 라틴어 'ubique'를 어원으로 하는 영어의 형용사로, "동시에 어디에나 존재하는, 편재하는"이라는 사전적 의미가 있다. 따라서 유비쿼터스 컴퓨팅이란 시간, 장소나 수단에 제약을 받지 않고 컴퓨팅을 할 수 있는 것을 의미한다.

유비쿼터스 컴퓨팅의 개념화는 마크 와이저(Marc Weiser)로부터 비롯되었다고 볼 수 있다. 마크 와이저는 그의 논문 "The Computer for the 21st Century"를 통해 "가장 좋은 기술은 사라지는 것이다. 이는 일상생활과 구분이 안 될 정도로 생활의 일부가 되는 것이다"라고 유비쿼터스를 정의하면서 유비쿼터스 컴퓨팅에 대한 개념을 소개했다. 또한 논문 "Some Computer Science Problems in Ubiquitous Computing"을 통해서는 "유비쿼터스 컴퓨팅은 실제환경에 수많은 컴퓨터들을 설치하지만 사용자에게는 보이지 않게 함으로써 컴퓨터 사용성을 향상시키는 방법"이라고 주장했다. 그는 개인용 컴퓨터가 갖고 있던 문제점인 복잡한 기능들과 이로 인한 사용자에 대한 높은 집중력 요구가 사용자의 지속적인 컴퓨팅 활용에 대한 방해요소로 보았다. 마크 와이저는 이를 해결하기 위해 '조용한 기술(calm technology)' 혹은 '사라지는 기술(disappearing technology)'을 제안하였다. '조용한 기술' 은 어떤 기계에 대한 사용법을 공급자가 결정하는 것이 아닌 사용자가 결정하게 하는 것을 골자로 한다. 즉 사용자가 익숙하게 여기는 방식(natural interface)으로 모든 기기들이 작동하는 것이다. 기술들은 조용하게 사용자의 선호도를 파악하고 사용자의 선호에 맞게끔 인터페이스방식을 스스로 바꿀 수 있어야 한다. 이를 통해 사용자는 기계의 사용법을 복잡하게 숙지할 필요 없이 원하는 방식으로 자연스럽고 조용하게 사용할 수 있게 된다.

2000년대 초 당시 케이스웨스턴리저브대학(Case Western Reserve University) 뤼티넨(Lyytinen) 교수와 유영진 교수는 특정 정보기술이 유비쿼터스기술로 불리기 위한 두 가지 조건을 제시하였다([그림 11-1] 참조). 첫째, 유비쿼터스기술은 이동성(mobility)을 요구한다. 이는 휴대하기 편리하면서 무선으로 연결될 수 있다는 것을 의미한다. 둘째, 유비쿼터스기술은 내재성(embeddedness)을 요구한다. 내재성이 있다는 것은 지능적인 행동을 취할 수 있는 소프트웨어가 원격의 서버에 있는 것이 아니라 사물 안에 내재되어 있다는 것을 의미한다.

어떤 정보기술이 이동성과 내재성 둘 중 하나만 만족하는 경우도 존재한다. 이동성은 만족하지만 내재성을 충족하지 못하는 경우, 이는 어떤 일을 하기 위해서는 원격서버에서 지시를 받아야 하는 기술인 모바일 컴퓨팅(mobile computing)으

그림 11-1 유비쿼터스의 두 가지 조건: 이동성과 내재성

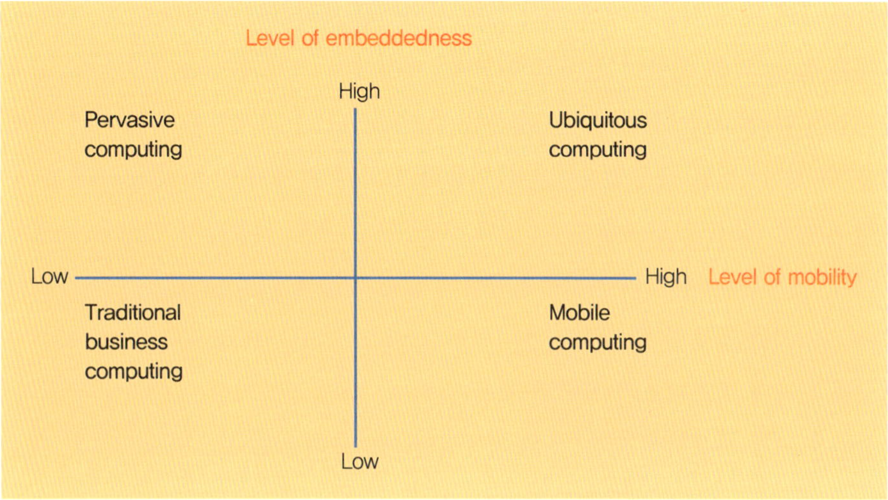

로 정의된다. 이 경우 기계 안에는 지능이 존재하지 않는다. 반대로 내재성은 존재하지만 기계가 이동성이 없는 편재적 컴퓨팅(pervasive computing)기술도 있다. 주로 가장 많이 사용되는 분야는 스마트 냉장고나 스마트 TV와 같은 홈 네트워크이다. 이동성이 낮다는 단점을 극복하기 위해 스마트폰 등 이동형 단말을 연결하여 사람들이 제품을 무선으로 조작할 수 있도록 하는 방안들이 제시되고 있다.

신기술이나 혁신적인 기술은 기업의 제품이나 서비스에 차별화를 가져오기 때문에 기업의 시장점유율이나 기업가치에 영향을 준다. 즉 혁신적인 신기술이 기업의 전략적인 무기가 될 수 있다. 유비쿼터스 컴퓨팅기술을 활용하는 비즈니스 역시 일반기술을 활용하는 비즈니스보다 경쟁력이 있다. U-Business(U-Biz) 내지는 IoT 비즈니스는 언제 어디서나 어떤 디바이스를 통해서도 사용자가 원하는 서비스를 받을 수 있도록 하는 서비스모델에 기반한 수익창출목적의 비즈니스를 말한다.

이때 언제, 어디서나 비즈니스를 할 수 있는 것 자체는 모바일 비즈니스(mobile business, M-Business)이다. 대표적으로 모바일 단말기를 통해 어디서나 상품을 보고 결제할 수 있는 전자상거래가 있다.

반대로 주로 오프라인에서 이루어지는 지능화서비스를 통한 비즈니스인 편재적 비즈니스(pervasive business, P-Business)가 있다. 사용자의 상황을 자동으로 판단하여 그에 맞게 사용자에게 가치 있는 서비스를 제공하는 것이다.

예를 들어 의류 매장이 있다고 해보자. 매장에서 고객 동선을 파악하여 고객의 움직임에 따라 고객 취향에 맞는 제품을 추천하거나 그 고객만을 위한 쿠폰을 제공해줄 수 있다. 또한 증강현실기술을 이용하여 고객 체형에 맞는 옷을 거울을 통해 실제 입어본 것처럼 보여줄 수도 있다. 다양한 기술을 이용하여 매장을 운영하는 것이다. 매장은 이러한 기술들을 사용하지 않는 매장에 비해 고객들을 더 유입시키고 부가가치를 창출할 수 있다. 유비쿼터스 비즈니스(U-Business)는 모바일 비즈니스와 편재형 비즈니스가 복합된 것을 말하며, 한편 정보기술은 사용하나 위의 두 기술들을 모두 사용하지 않는 것은 전통적인 이비즈니스(E-Business)이다.

제2절 사물인터넷 요소기술

2.1 개요

IoT-Biz는 상황인식 이비즈니스(contextual e-business)라고도 할 수 있다. 사용자의 상황을 자동으로 파악하고 이에 맞는 서비스를 제공하는 개인화된 비즈니스이면서, 언제, 어디서나, 어떠한 단말기로라도 서비스를 제공받을 수 있는 IoT를 활용한 비즈니스인 것이다. IoT-Biz를 하기 위해서는 사용자의 상황을 파악하는 것이 우선적이다. 상황은 다양하게 존재하는데 ID, 위치, 행위, 환경의 네 가지로 나눠서 살펴볼 수 있다.

첫 번째로 사용자가 누구인지를 파악해야 한다. 이러한 것을 ID라고 하는데, ID를 자동으로 파악하는 상황인식 이비즈니스가 존재할 수 있다. 스마트카드나 RFID

칩을 인식하는 등의 기술을 이용하여 ID를 파악하여 개인화된 서비스를 제공할 수 있는데, 이러한 서비스를 ID-aware service라고 한다.

두 번째로 GPS나 AP(Access Point)를 통해 간접적으로 사용자가 어디에 있는지 파악하여 이를 기반으로 한 서비스를 제공하는 위치기반서비스(location-aware service)가 있다. 예를 들어 한 사거리의 상점에서 이 서비스를 구축했다면 상점 주변의 사람들의 정보를 파악하여 그들에게 모바일 쿠폰을 제공할 수 있다.

세 번째로 가속도센서나 카메라, 음향센서를 이용해 사용자의 행위를 인식하여 서비스를 제공하는 행위인식서비스(activity-aware service)가 있다. 이를 이용하여 병원이나 독거노인, 양로원 등에서 U-Emergency를 제공할 수 있다. 또한 시각센서를 통해 게임을 제공하는 U-Game으로도 응용할 수 있다.

마지막으로 사용자 주변의 환경을 센싱하여 상황인식서비스를 제공할 수 있다. 밭에 센서를 붙여놓고 토양의 상태를 실시간으로 체크하여 토양에 영향을 주는 요인들을 현장에서 센싱하는 등의 Smart Appliance가 그 예이다. 이처럼 센서들을 통해 다양한 상황들을 자동으로 파악하여 부가가치서비스를 제공하는 것이 IoT기술의 핵심이다.

2.2 센서기술

전통적인 온도, 습도, 열, 가스, 조도, 초음파센서 등에서부터 원격 감지, SAR, 레이더, 위치, 모션, 영상센서 등 유형 사물과 주위환경으로부터 정보를 얻을 수 있는 물리적 센서를 포함한다. 물리적 센서는 응용 특성을 좋게 하기 위해 표준화된 인터페이스와 정보처리능력을 내장한 스마트센서로 발전하고 있다. 또한 인지된 데이터로부터 특정 정보를 추출하는 가상 센싱기능도 포함된다. 이러한 가상 센싱기술은 실제 IoT서비스 인터페이스에 구현되어 기존의 독립적이고 개별적인 센서보다 한 차원 높은 다중(다분야) 센서기술을 사용한다. 따라서 더욱 지능적이고 고차원적인 정보를 추출할 수 있다.

물리적 압력센서를 기반으로 한 서비스의 예로 U-전시가 있다. 전시회 장소 바닥에는 압력센서들이 설치되어 있다([그림 11-2] 참조). 압력센서들은 가해지는 압력을 분석하여 해당 위치에 있는 사람이 성인인지 어린아이인지, 남성인지 여성인지 등을 파악한다. 그런 다음 분석한 대상에 적합한 화면을 송출하도록 정보를 보낸다. 이를 통해 U-전시에서는 하나의 공간에서 여러 사용자들이 가진 요구들을 충족시킬 수 있다.

그림 11-2 압력센서를 적용한 U-전시시스템

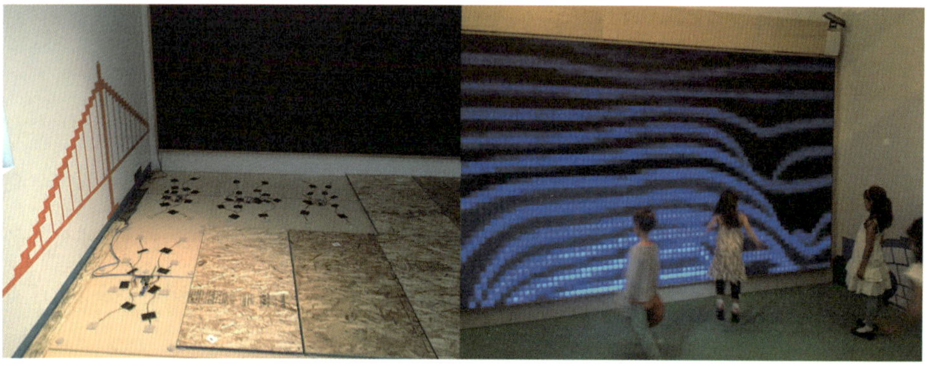

출처: https://sean.voisen.org/images/ccm_activefloor8.jpg

아마존은 물류 · 유통분야에서 가장 적극적으로 사물인터넷기술을 도입하고 있는 기업으로 음성 및 이미지 인식기반의 주문장치인 'Dash'를 출시하였다. 아마존 Dash는 상품에 붙어있는 바코드를 인식할 뿐만 아니라 사용자의 음성 또한 인식하여 상품을 구매할 수 있게 한다.

그림 11-3 아마존 'Dash'

또한 '아마존고(AmazonGo)'라는 오프라인 무인 편의점과 다수의 '키바(Kiva)' 로봇을 활용한 효율적 물류처리시스템 등을 선보여, 사물인터넷의 연결성 지원에 지능이 결합된 지능형 사물인터넷시스템의 성장가능성을 보여주었다. 아마존 물류창고에서는 키바 로봇들이 배송해야 할 제품을 빠르게 찾아주고 있으며, 번잡한 도시 내에서는 자전거를 이용해서 1시간 안에 배송을 완료하는 '프라임나우(PrimeNow)'서비스를 제공하고 교외지역에서는 드론을 기반으로 한 '프라임에어(Prime Air)'서비스를 이용하여 30분 이내에 배송을 완료하려는 노력을 하고 있다.

직원이 근무하기 힘든 물류창고에서 근무환경을 개선하기 위해 아마존은 키바 로봇을 도입하여 20% 정도의 물류비용을 절감하고 있으며, 99.6% 정도의 정확도를 제공한다. 기존까지 직원이 선반 사이를 이동하는 통로를 만들어야 했으나, 키바는 선반 아래로 이동하므로 공간 활용도가 높으며 작업 효율도 증가된다.

그림 11-4 아마존 'Kiva'와 아마존 'Pirme Air'

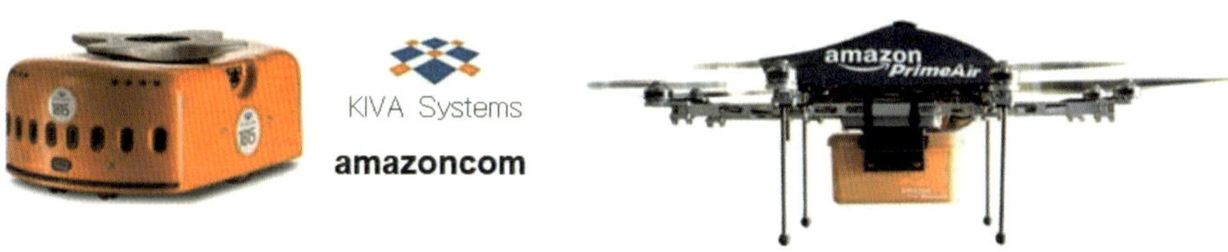

2.3 상황인식기술

상황인식기술을 설명하기에 앞서 상황(context)와 시츄에이션(situation)의 차이를 살펴보자. 상황(context)은 시츄에이션(situation)을 구성하는 요소들로 이해될 수 있다. 예를 들어 수요일 11시라는 시간정보와 강의실 851호라는 위치정보는 상황정보이다. 이를 바탕으로 추론한 'MIS 수업이 진행 중'이라는 결과가 시츄에이션이다. 개별적인 시간과 위치에 관한 정보만으로는 고부가가치서비스를 제공하기 어렵지만 여러 상황정보를 조합해서 MIS 수업 중이라는 시츄에이션을 파악할 수 있다면, 자동응답상태로의 자동전환이나 강의녹음 등의 부가가치 에이전트서비스를 제공할 수 있을 것이다.

사용자의 위치정보를 파악하기 위해서 GPS나 AP 등을 활용할 수 있다. 사용자의 현재 위치가 파악되면, 위치를 기반으로 하는 서비스를 제공할 수 있다. 예를 들어 거리의 매장에서 위치정보기반의 서비스를 구축한다면 주위 유동인구에 대한 개별 정보를 파악할 수 있다. 또한 매장 주변의 유동인구에 모바일 쿠폰 제공 등의 마케팅 세일즈활동을 진행할 수 있다. 이런 사례로 'Foursquare'서비스가 있다. Foursquare는 위치정보를 파악하여 사용자에게 맞춤형 추천을 제공해주는 애플리케이션이다. Foursquare는 사용자의 선호 표현 내용들을 통해 사용자의 취향을 파악한다. 사용자가 어떤 장소를 방문했을 때 이를 바탕으로 사용자의 취향에 알맞은 장소들을 추천한다.

그림 11-5 Foursquare 애플리케이션

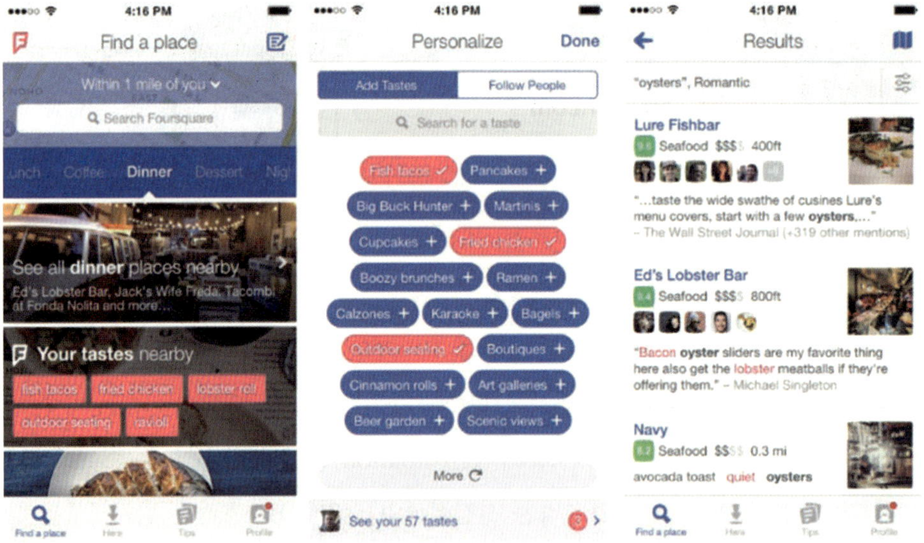

출처: https://venturebeat.com/2014/08/06/foursquare-reboots-with-a-mission-to-destroy-yelp/

2.4 웨어러블 컴퓨팅기술

'입는 옷'기술이라고도 불리는 웨어러블 컴퓨팅기술은 인간의 신체에 부착되는 전자장비 및 그에 기반하여 정보서비스를 가능하게 하는 기술이다. 따라서 휴대폰뿐 아니라 안경이나 손목시계, 신발, 혁대, 옷, 가방 등이 웨어러블 컴퓨팅기술로 개발될 수 있는 대상들이다. 예를 들어 삼성전자의 '기어핏2 프로'는 제품에 내장된 단독 GPS 센서를 활용해 이동거리와 속도를 측정하고 운동시간, 심박수와 함께 운동효과를 종합적으로 관리할 수 있다. 또한 달리기, 걷기, 자전거 등 주요 운동은 별도로 사용자가 버튼을 누르지 않아도 센서를 통하여 자동으로 인식하여 기록할 수 있다.

그림 11-6 삼성전자 '기어핏2 프로'

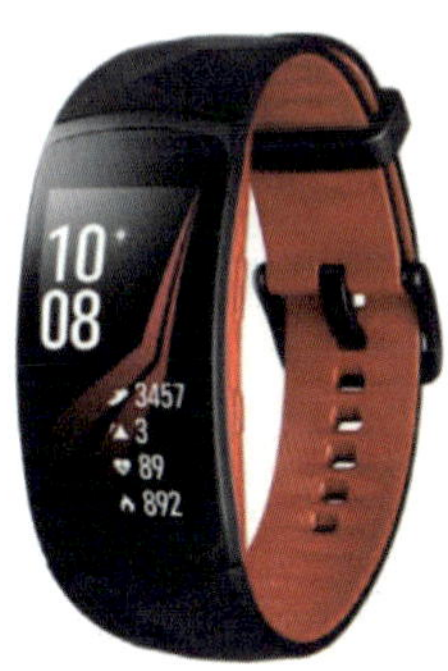

출처: https://kbench.com/?q=node/181364

'큐리(Curie)'는 인텔이 공개한 초소형 시스템온칩(Soc)을 의미한다. 큐리는 Quark SE SoC를 적용하여 버튼 등의 더 작은 웨어러블기기에 적용하기 위한 디바이스 플랫폼으로 가방, 팔찌, 단추 등 의류나 액세서리 등에 대한 적용을 고려하여 설계되었다. 배터리, 가속도센서, 자이로스코프, 블루투스 LE, 저전력 DDSP 센서허브 등을 포함한다.

그림 11-7 인텔 'Curie'

Intel Curie System-on-Module	
Quark SE	32MHz 32-bit IA and a 32-bit DSP
	32MHz 32-bit DSP Sensor Hub
	128-node Neural Network
Bluetooth	Nordic nRF51822
Memory	RAM: 80kB (internal to SoM) FLASH: 384kB (internal to SoM),
Sensors	6-axis accelerometer/gyro (Bosch BMI160)

Other Key Features
USB mass storage mode – On-board 2MByte FLASH
Certification in over 100 countries
Standard Arduino IDE
HW reusable for Curie Prototyping Kit with new SW & FW
JTAG debug port

큐리를 탑재한
태그호이어 스마트워치
'Connected Watch'

미국 프로그레시브(Progressive)의 '스냅샷(Snap Shot)'은 자사의 차량 부착 기계를 통해 수집된 주행거리, 주행시간대, 운전습관, 운전지역 등에 따라 최대 30%에 달하는 보험료를 환급해주고 있다. 이는 신규고객 유치와 보험사 수익성 개선에도 크게 도움을 주고 있다. 프로그레시브는 차량 주행에 관한 20억 마일 분량의 데이터를 바탕으로 UBI형 보험상품을 판매하였다. 해당 상품에서의 고객 리워드에 따른 수익감소보다는 자동차 사고에 의한 손해율을 더 크게 낮춤으로써 비용감소 효과를 이루었다.

그림 11-8 프로그레시브 'Snap Shot'의 설치

2.5 에이전트기술

여기서 에이전트(agent)는 지능형 서비스를 수행하는 소프트웨어를 뜻한다. 어떤 소프트웨어가 에이전트로 분류되기 위해서는 다음의 조건이 만족되어야 한다.

- Autonomous(자율성): 사용자의 위임 범위 내에서는 사용자의 직접적인 명령 없이도 스스로 의사결정을 내릴 수 있어야 한다.
- Intelligent(지능성): 추론과 학습이 가능해야 한다.
- Collaborative(협동성): 에이전트는 주변의 다른 에이전트와 협동하여 추가적인 사용자 맞춤서비스를 사용자에게 제공할 수 있어야 한다.
- Enable M2M communication: 에이전트기기 간의 의사소통이 가능해야 한다 (DAML+OUL, OWL, etc.).

'알렉사(Alexa)'는 아마존에서 제작한 인공지능 비서이다. 사용자는 아마존의 인공지능 스피커인 아마존 '에코'를 통해서 알렉사와 의사소통할 수 있으며, 알렉사는 음악재생, 날씨정보의 제공, 교통정보의 제공 등 다양한 서비스를 제공한다. 또한 사용자의 발화와 질문에서 나타나는 패턴을 학습하여 사용자 개인에 대한 맞춤서비스를 제공한다.

그림 11-9 아마존 'echo'

2.6 RFID

RFID(Radio-Frequency IDentification)는 주파수를 이용해 ID를 식별하는 방식으로 일명 전자태그로 불린다. RFID기술이란 전파를 이용해 먼 거리에서 정보를 인식하는 기술을 말한다. 여기에는 RFID 태그(이하 태그)와 RFID 판독기(이하 판독기)가 필요하다. 태그는 안테나와 집적 회로로 이루어지는데, 집적 회로 안에 정보를 기록하고 안테나를 통해 판독기에 정보를 송신한다. 이 정보는 태그가 부착된 대상을 식별하는 데 이용된다. 쉽게 말해 바코드와 비슷한 기능을 하는 것이다. RFID가 바코드시스템과 다른 점은 빛을 이용해 판독하는 대신 전파를 이용하기 때문에 비가시성이 성립한다는 것이다. 이를 통해 보이지 않는 위치에 있는 RFID도 판독이 가능하다. 또한 바코드보다 더 메모리가 크다. 따라서 바코드 판독기처럼 짧은 거리에서만 작동하지 않고 먼 거리에서도 태그를 읽을 수 있으며, 심지어 사이에 있는 물체를 통과해서 정보를 수신할 수도 있다.

RFID는 사용하는 동력으로 분류할 수 있다. 오직 판독기의 동력만으로 칩의 정보를 읽고 통신하는 RFID를 수동형(passive) RFID라 한다. 반수동형(semi-passive) RFID란 태그에 건전지가 내장되어 있어 칩의 정보를 읽는 데는 그 동력을 사용하고, 통신에는 판독기의 동력을 사용하는 것을 말한다. 마지막으로 능동형(active) RFID는 칩의 정보를 읽고 그 정보를 통신하는 데 모두 태그의 동력을 사용한다.

RFID를 동력 대신 통신에 사용하는 전파의 주파수로 구분하기도 한다. 낮은 주파수를 이용하는 RFID를 LFID(Low-Frequency IDentification)라 하는데, 120~140킬로헤르츠(kHz)의 전파를 쓴다. HFID(High-Frequency IDentification)는 13.56메가헤르츠(MHz)를 사용하며, 그보다 한층 높은 주파수를 이용하는 장비인 UHFID(UltraHigh-Frequency IDentification)는 868~956메가헤르츠 대역의 전파를 이용한다

RFID기술은 다양한 분야에서 활용되고 있다. 육상선수들의 기록을 재거나 상품의 생산 이력을 추적하는 데서부터 여권이나 신분증 등에 태그를 부착해 개인정보

그림 11-10 RFID기술 사용 사례

전자요금 징수 RFID

차량 출입통제용 RFID

월마트 RFID 태그

시내 교통량 측정 RFID

를 수록, 인식하는 데까지 폭넓게 쓰인다. '하이패스' 유료 도로 통행료 징수시스템이나 교통카드에도 RFID가 이용된다. 동물의 피부에 태그를 이식해 야생동물 보호나 기축관리 등에 사용하기도 한다. 일본 오사카에서는 초등학생의 가방과 옷 등에 태그를 부착하고 있으며, 신분증을 통해 건물의 출입을 통제하는 시스템도 RFID를 이용하고 있다. 때때로 태그는 사람 몸에 이식되기도 한다. 앞으로 RFID가 사용될 수 있는 분야는 더욱 넓다. 특히 RFID는 바코드의 대체품으로서 주목을 받고 있다.

바코드방식은 광학방식으로서 외부에 노출되어 있어야 한다. 반면 RFID는 주파수방식으로서 눈에 보이지 않더라도 인식할 수 있다. 또한 바코드와 비교해서 더 많은 메모리를 구현할 수 있다. 바코드의 이진 데이터는 수십 비트 이상의 데이터를 가질 수 없다. 이는 바코드가 구현할 수 있는 정보를 제품에 대한 ID정보의 식별로 제한한다. 반면 RFID는 수십kb~수백kb의 정보를 저장할 수 있다. ID정보 이외에 제조정보, 유통정보, 사용법 등의 추가적인 정보도 담아낼 수 있다. 하지만 RFID는 정보의 갱신이 불가능하다는 것과 제품 사용과 관련된 개인정보의 유출이 가능하다는 단점이 있다. 또한 RFID가 추가적으로 담아낸 데이터들이 일반소비자 입장에서는 과연 유용한가에 대한 물음도 있다.

RFID의 장점 및 성공 사례에도 불구하고 RFID의 활용 활성화에는 아직 넘어야 할 산이 많다. 일단 정해진 국제규격이 없다. 이로 인하여 미국에서 사용하는 주파수와 유럽, 일본에서 사용하는 주파수가 달라 서로 호환성이 없다. 이런 까닭으로 RFID 여권을 이용한 공항에서의 자동통과가 현실화되기까지는 많은 시간이 걸릴 것으로 보인다. RFID 도입을 반대하는 사람들의 우려도 만만치 않다. 시민단체들은 RFID를 통해 개인정보가 노출될 것을 걱정한다.

신분증에 RFID 태그가 붙어 있을 경우, 같은 주파수를 읽는 판독기만 있으면 누구라도 신분증에 있는 정보를 얻을 수 있는 가능성이 있기 때문이다. 또한 물품관리에 바코드 대신 RFID를 이용할 경우, 각 물품마다 일련번호가 붙기 때문에 소비자가 결제 시 태그를 제거하지 않는다면 소비자의 이동 경로를 다른 사람이 추적할 수도 있다. 또한 현재의 RFID기술은 보안기능이 매우 취약하여, 태그정보 및 센서노드의 위변조, 위장리더, DoS 공격, 네트워크에서 개인 추적 정보유출 등의 위협에 노출되어 있다. 또한 RFID는 관리 대상이 되는 태그 및 노드의 수가 기존의 네트워크보다 월등히 많고 이들에 의해 구성되는 네트워크가 중앙집중구조가 아닌 자율분산구조이므로 기존의 네트워크보다 훨씬 더 많은 취약점을 가지고 있다.

제3절 사물인터넷 아키텍처

사물인터넷 아키텍처란 사물인터넷시스템이 어떤 방식으로 설계되어 작동하는지를 보여주는 것이다. 사물인터넷 아키텍처는 대표적으로 두 가지 방식을 가진다. 첫 번째 아키텍처는 먼저 센서가 주변의 상황을 파악한 후 그 정보를 게이트웨이에 전송한다. 전송된 정보는 서버 및 클라우드로 업로드된 다음, 업로드된 정보들을 바탕으로 사용자에게 제공할 서비스를 결정하여 게이트웨이에 할당한다. 제공할 서비스에 대한 판단을 게이트웨이를 통하여 TV나 스마트폰과 같은 서비스 장비(actuator)로 대응서비스를 수행하게 한다.

두번째 방식은 따로 원격의 서버나 클라우드에서 서비스를 결정하는 것이 아니라 장비-레벨에서 스스로 어떠한 서비스를 제공할지 판단한다. 이를 위해 장비 자체에 센서가 부착되는 경우가 많으며 장비가 스스로 상황정보를 수집하여 서비스를 판단한다. 또한 개별 장비 단위에서 서비스 제공에 관한 결정을 내리기 어려울 경우, 주변의 다른 장비와의 근거리 무선통신을 통해 제공할 서비스를 판단하기도 한다. 이러한 장비들은 사용자의 개인 스마트폰 애플리케이션을 통해 개인 스마트폰의 디스플레이기능을 사용자에게 서비스를 제공하기 위해 활용한다.

그림 11-11 사물인터넷 아키텍처의 두 가지 방식

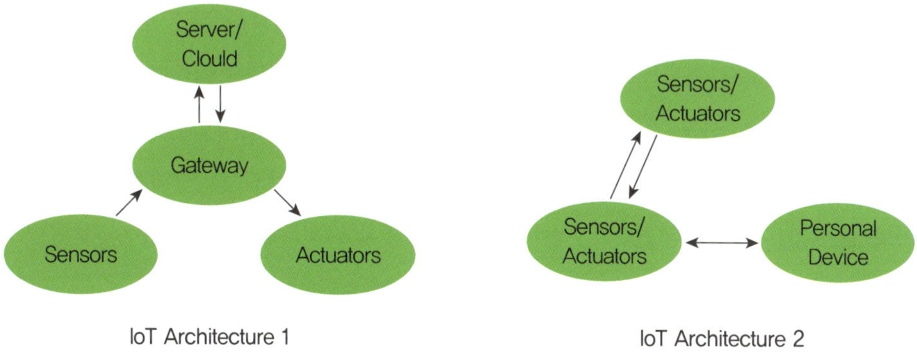

제4절 스마트홈

가정자동화(home automation 또는 domotics) 또는 스마트하우스(smart house)로도 불리는 스마트홈(smart home)은 지능화와 자동화를 지원하는 개인 주택을 말한다. 가정자동화에서는 Wi-Fi가 주로 원격 모니터링 및 제어에 사용된다. 가정자동화기기는 인터넷을 통해 원격으로 모니터링되고 제어되는 사물인터넷의 중요한 구성요소이다.

현대의 가정자동화시스템은 일반적으로 사용자 인터페이스로 제어되는 '게이트웨이'라는 중앙 허브에 연결된 스위치와 센서로 구성되며, 이 포트는 주로 벽걸이형 터미널, 휴대폰 소프트웨어, 태블릿 컴퓨터 또는 웹 인터페이스와 상호작용하며 종종 인터넷 클라우드서비스를 통해 이루어진다. 가정자동화 관련 업계에는 경쟁업체가 많지만 업계표준으로 인정되는 업체는 거의 없으며 서로 분열되어 있다. 제품에 대한 대중적인 통신 프로토콜에는 X10, 이더넷, RS-485, 6LoWPAN, Bluetooth LE(BLE), ZigBee 및 Z-Wave 또는 기타 독점 프로토콜 등이 있고 이들은 서로 호환되지 않는다. 가정자동화시장은 2013년 57억 7,000만 달러의 가치가 있었고 2020년까지 시장가치는 1,280억 달러에 달할 것으로 예측된다.

스마트홈이란 가정에 있는 사물이나 환경 등을 지속적으로 모니터링하여 원격에서 제어하거나 스스로 제어되는 시스템이 적용된 가정이라 할 수 있다. 가정자동화(home automation)는 월패드(wallpad)와 같은 장치를 이용해 가정용 장치들을 중앙에서 제어한다. 스마트홈(smart home)은 스마트가전이나 보안 솔루션 등 가정용 디바이스들이 서로 소통함으로써 편리함을 제공하거나 최적화된 생활환경을 유지하는 것이다. 가전, 주방용품, 생활용품, 애완용품, 에너지 관련 제품, 보안 관련 제품 등이 있고, 엔터테인먼트 디바이스, 헬스케어 디바이스 등으로 구성된다.

제5절 스마트시티

스마트시티(smart city) 또는 스마트도시는 다양한 유형의 전자 데이터 수집센서를 사용하여 자산과 자원을 효율적으로 관리하는 데 필요한 정보를 제공하는 도시 지역이다. 여기에는 시민, 장치, 자산으로부터 수집하여 교통 및 운송시스템, 발전소, 급수 네트워크, 폐기물관리, 법 집행, 정보시스템, 학교, 도서관, 병원 및 기타 커뮤니티서비스를 모니터링하거나 관리하기 위해 처리하거나 분석되는 데이터가 포함된다. 스마트시티의 개념은 도시 운영 및 서비스의 효율성을 최적화하고 시민들과의 연결을 위해 네트워크에 연결된 다양한 물리적 장치인 사물인터넷과 정보통신기술의 통합이다.

스마트시티라는 용어가 등장한 이래 구현된 폭넓은 기술들로 인해 스마트시티의 정확한 정의를 내리는 것은 어렵다. 하지만 마크 디킨(Mark Deakin)은 스마트시티의 정의에 기여하는 요소로 ① 지역 및 스마트시티에 광범위한 전자 및 디지털기술 적용, ② 정보통신기술을 사용한 지역 내 삶과 작업환경의 변화, ③ 그러한 정보통신기술을 정보시스템에 내장, ④ 기술이 제공하는 혁신과 지식을 향상시키기 위해 정보통신기술과 사람들을 하나로 모으는 관습의 제공이라는 네 가지 항목을 제시하였다. 또한 그는 시장의 요구를 충족시키기 위해 정보통신기술을 활용해야 하며 스마트시티를 위해서는 그 과정에서 지역사회의 참여가 필요하다고 정의했다.

스마트도시는 클라우드기반서비스, 사물인터넷, 실제 사용자 인터페이스, 스마트폰 사용 및 스마트미터, 센서 및 RFID 네트워크, 시맨틱 웹기반의 보다 정확한 커뮤니케이션을 촉진하는 새로운 인터넷기술, 집단행동 및 공동 문제해결에 대한 새로운 방식을 제시한다. 온라인 협업센서 데이터관리 플랫폼은 센서 소유자가 장치를 등록 및 연결하여 스토리지를 위해 온라인 데이터베이스에 데이터를 제공하고 개발자가 데이터베이스에 연결하고 해당 데이터를 기반으로 자체 애플리케이션을 구축할 수 있게 하는 온라인 데이터베이스서비스이다. 전자카드(스마트카드)는 스마트시티 상황에서 또 다른 공통 플랫폼이다. 이 카드는 소유자가 여러 계정을 설정하지 않고 정부에서 제공하는 서비스(또는 전자서비스) 범위에 로그인할 수 있게 해주는 암호화된 고유한 식별자를 가지고 있다. 단일 식별자는 정부가 서비스 제공을 향상시키고 그룹의 공통 관심사를 결정하기 위해 시민과 선호에 관한 데이터를 수집할 수 있게 한다. 이 기술은 사우샘프턴에서 구현되었다.

스마트시티의 핵심은 기존 도시에 ICT기반의 서비스 플랫폼의 구축 및 적용을 통해 도시문제를 해결하는 것이다. 과거 도시는 교통체증, 전력난 등 문제 발생 시 도로 확충이나 발전소 건설 등 물리적 방식을 통해 문제를 해결했다. 그러나 스마트시티는 도시 시설물에 설치된 센서, CCTV 등에서 생성된 데이터를 네트워크 인프라를 기반으로 데이터를 공유 및 수집하고 빅데이터 등 분석 소프트웨어기반의 시뮬레이션을 통해 문제해결방안을 도출한다. 즉 기존 물리적 인프라에 ICT기술을 활용한 데이터 생성 및 수집기반을 구축하고 해당 데이터의 분석을 통해 효율성 극대화가 가능하도록 물리적 인프라를 자동조정 및 관리한다.

런던에서는 'SCOOT'로 알려진 교통관리시스템이 자력계 및 유도 루프 데이터를 슈퍼컴퓨터에 피드백하여 교통 교차로에서 녹색 신호시간을 최적화한다. 이 컴퓨터는 시내 전역의 신호등을 조정하여 전체 교통량을 개선하는 역할을 맡고 있다. 스페인 북부 칸타브리아의 산탄데르시에는 건물, 인프라, 교통, 네트워크 및 유틸리티를 연결하는 20,000개의 센서가 오염, 소음, 교통 및 주차수준을 모니터링한다.

또한 2009년에 시작된 암스테르담 스마트시티 이니셔티브에는 현재 지역 주민, 정부 및 기업이 공동으로 개발한 170개 이상의 프로젝트가 해당된다. 이 프로젝트는 무선장치를 통해 상호 연결된 플랫폼에서 실행되어 도시의 실시간 의사결정능력을 향상시킨다. 암스테르담은 프로젝트의 목적이 교통량을 줄이고 에너지를 절약하며 공공 안전을 개선하는 것이라고 주장했다. 지역 주민들의 노력을 증진하기 위해 암스테르담 '스마트시티 챌린지'를 매년 운영하며 도시구조의 적합한 적용 및 개발을 위한 제안을 수용하고 있다. 주민 개발 애플리케이션의 예로 '모비파크'가 있다. 모비파크는 소유자가 주차공간을 유료로 사람들에게 임대할 수 있게 한다. 이 응용프로그램에서 생성된 데이터는 암스테르담의 주차 수요 및 교통흐름을 결정하기 위해 시에서 사용할 수 있다. 에너지 소비를 적극적으로 줄이는 인센티브가 제공되는 스마트 에너지 미터기가 많은 주택에 제공되었다. 다른 시 도로는 지자체가 가로등의 밝기를 제어할 수 있는 가로등과 도시에서 실시간으로 교통량을 모니터링하는 스마트 교통량관리, 특정 도로의 현재 운행시간에 대한 정보가 있다.

그림 11-12 암스테르담의 스마트 가로등

암스테르담의 가로등은 보행자 수에 반응하여 조도를 조절한다.

바르셀로나는 'CityOS'전략에서 스마트시티 애플리케이션으로 간주될 수 있는 많은 프로젝트를 수립했다. 예를 들어 센서기술은 바르셀로나 포블레누공원의 관개시스템에서 구현되었으며, 식물에 필요한 수위수준에 대해 실시간 데이터가 전달된다. 또한 바르셀로나는 주로 여러 개의 교차로가 있는 수직, 수평 및 대각선 경로를 사용하여 가장 일반적인 교통흐름에 대한 데이터분석을 기반으로 새로운 버스 네트워크를 설계하였다.

그림 11-13 바르셀로나의 스마트버스 네트워크

바르셀로나의 버스 네트워크는 스마트시티 데이터분석을 기반으로 구현되었다.

국내에서도 '송도IBD'는 스마트시티를 전제로 조성되었다. 송도IBD 주민들은 이웃 간 화상통화가 가능하다. 또한 제어 패널의 버튼을 누르는 것을 통해 간단하게 조명, 난방, 환기 등과 같은 다양한 기능들을 조절할 수 있다. 스마트시티의 센서들은 교통량과 에너지 사용량에 대한 정보들을 수시로 수집한다. 이러한 정보들은 교통정보들을 주민들에게 알리거나, 치안 당국에 범죄행위에 대한 실시간 감시 정보를 제공하는 방식으로 활용된다.

제6절 사물인터넷과 윤리

사물인터넷(IoT: Internet of Things)과 인공지능(AI: Artificial Intelligence) 기술의 발전은 우리가 어떻게 도덕적으로 행동할지에 대해 고민하게 한다. 2016년 10월 26일 열린 사물인터넷에 대한 세계 컨퍼런스에서는 데이터의 윤리적 사용(ethical uses of data)과 관련된 주요 이슈에 대해 다음과 같은 논의가 이루어졌다.

첫째, 개인들은 자신들의 프라이버시 유출에 대해 우려하고 있다는 것이다.

수년 내에 우리가 소유하는 것은 아무것도 없게 될 것이다. 우리가 이용하는 것은 무엇이든 서비스(as a service)로 이용될 것이다. 이러한 맥락에서 개인에게 속하는 유일한 자산은 자신의 디지털 정체성(digital identity)이 될 것이다. 그 결과 사람들이 점차 자신들의 프라이버시에 대해 더욱 신경 쓸 것이라는 것은 당연하다. 프라이버시 컴플라이언스(compliance)가 자신들의 비즈니스에 부담이 되는 것을 피하기 위해 기업들은 자신들의 고객들을 '교육(educate)'시킬 것이다. 이를 통해 컴플라이언스를 오히려 자신들의 경쟁우위로 삼을 수 있다.

둘째, 컴플라이언스가 더 이상 사물인터넷과 인공지능에 충분하지 않다는 것이다. 사물인터넷과 인공지능뿐만 아니라 다른 기술에서도 보안대책의 표준화가 이루어질 필요가 있다. 고객의 투자를 끌어내기 위해서는 좀 더 높은 수준의 확실성이 필요하다. 사물인터넷기술의 발전은 공급자와 고객 사이의 신뢰관계를 수립하는 것을 선결과제로 하기 때문이다. 어떠한 소프트웨어도 100% 안전하지 않다. 이에 컴플라이언스 인증은 특히 유럽연합의 일반데이터보호규정(EU GDPR(General Data Protection Regulation))이 시행에 들어가 새로운 벌금조항이 시행되면 반드시 시행해야 한다.

셋째, 기계가 윤리적으로 행동할 필요가 있다는 것이다. 자율자동차 등과 같은 인공지능시스템을 대상으로 윤리적 행동에 대한 교육을 시행해야 하는지 많은 논의가 진행되고 있다. 가장 많이 드는 사례는 아이들을 태운 버스와 충돌할 수도 있는 자율자동차가 도로를 주행하는 것이 통계적으로 합리적인 선택이라는 이유로 그대로 도로를 주행하는 것이다. 그런데 이 시나리오에서 운전자가 사고에 따른 과실을 자동차제조업체에게 요구할 수 있는가에 대한 문제가 대두된다. 이 경우 자동차가 왜 그러한 특정 행동을 가장 적절한 행동으로 여겼는지에 대해 증명할 필요가 있다. 하지만 인공지능시스템의 경우 시스템의 논리를 파악하여 이해하는 데 너무 복잡하다는 문제가 있다. 이러한 문제들의 대응방안은 아래와 같다. 먼저 인공지능시스템을 디자인할 때 추적가능하고 그 행위를 정당화할 수 있도록 해야 한다. 이는 개인정보를 처리할 때 매우 중요하며, 특히 유럽연합의 프라이버시규정을 적용할 때 더욱 그러하다. 그리고 사물인터넷 혹은 인공지능시스템이 윤리적인 행위를 취할 수 있도록 설계되었다는 것을 소비자들에게 인식시켜야 한다. 이는 무엇이 윤리적인지 아닌지 정의하는 것을 필요로 한다. 마지막으로 윤리적인 행위를 소비자들이 취하도록 '전도(evangelize)'해야 한다.

넷째, 보안문제이다. 시만텍은 IoT기술이 보편화됨에 따라 발생할 수 있는 해킹 가능성에 대해 지적하였다. 다수의 IoT기기의 기반인 리눅스 운영체제가 기기에서 올바른 보안을 갖추지 못하거나 적절한 업데이트가 이루어지지 않을 경우 리눅스 웜에 의해 해킹될 위험이 있다. 실제로 IoT환경에서 보안 취약점을 악용해 사생활을 침해한 사례도 있다. 미국에서 아기 모니터링 카메라인 'SecurView'를 생산, 판매하는 회사인 TRENDnet은 자사 제품에 올바른 보안시스템을 구축하지 못한 채 이를 유통했다. 결과적으로 이 제품은 700여 가구의 가정 내부영상이 해커들에게 유출되었고 TRENDnet은 연방거래위원회로부터 제재를 받게 되었다.

사물인터넷은 사용자의 행동과 같은 사용패턴을 데이터로 만들어 저장하게 된다. 만약 이 데이터가 유출되면 사용자의 생활모습이 유출되는 셈이다. 게다가 유출된 정보가 사진이나 지문 같은 생체정보일 경우 악용될 우려가 더욱 크다. 따라서 보안이 확보되지 않은 상태에서 서비스를 제공할 경우 금전적 피해를 비롯한 가늠할 수 없는 문제가 발생할 수 있다. 물론 기존 인터넷처럼 해킹을 통해 사용자의 권한을 침입자가 빼앗을 수도 있는데, 기존의 해킹이 개인에게는 기껏해야 컴퓨터를 고장 내거나 중요한 자료를 파괴하는 정도였다면, 실생활에 필수적인 기계들이 연결된 사물인터넷에서는 침입자가 피해자의 일상생활 그 자체를 볼모로 잡을 수 있다. 실례로 냉난방장치를 해킹한 뒤 돈을 요구한 랜섬웨어가 등장한 경우가 있다. 이외에도 사물인터넷 해킹과 관련한 많은 사례가 있다. IoT가 대중화됨에 따라 IoT 전체 시스템에 대한 많은 이슈가 존재한다. 이들은 각 계층의 해결책을 단순히 나열함으로써 해결되지 않는다. 다양한 응용분야에서 서로 다른 보안 이슈가 존재한다. 예를 들어 지능형 운송과 지능형 진료는 데이터 보안이 매우 중요하다. 그러나 지능형 도시관리나 스마트환경(smart green)은 인증이 더 중요하다. 최상의 보안을 위해서는 서로 다른 응용시스템에서의 차별적인 중요도를 고려해야 한다. 또한 한 계층의 보안문제만 해결하는 것이 아니라, 여러 계층에 대한 협력적 해결방법을 개발하고 계층 교차적인(cross–layer) 접근을 해야 한다. 이를 위해 자율적이고 이질적인 시스템 통합모델을 구축하는 기술이 필요하다. 또한 대규모의 이질적 네트워크를 구축하기 위하여 계층 교차적인 통합기술을 개발할 필요가 있다.

마지막은 환경문제이다. 현재 'Electronic waste'라 불리는 'e–waste'의 폭발적 증가와 관련한 문제 발생이 늘어나고 있다. 급격하게 증가하는 소형 전기부품이 증가하는 e–waste에 방조하고 있다. 모든 사물에 전기전자의 부품이나 정보가 적용되기 때문에 그에 따른 쓰레기의 발생은 환경에 많은 영향을 끼칠 것이라는 것이다. 이 환경적 영향을 최소화하기 위해서는 사물의 효율과 내구성을 높이는 것이 매우 중요하다고 한다. 정보가 전달되고 저장되는 과정이 효율적으로 최소화되어야 한다는 것이다.

예제

■ O/X형

1 마크 와이저는 유비쿼터스 컴퓨팅을 위해 '보이는 컴퓨팅(visible computing)'을 제안하였고, 이는 Natural Interface에 일조하였다.

2 Context-awareness technology에서 시츄에이션에 대한 이해를 기반으로 컨텍스트를 파악할 수 있다.

3 RFID는 주기적인 충전을 요구한다.

답 ×, ×, ×

■ 서술형

1 유비쿼터스기술의 두 축에 대하여 서술하시오.

2 센싱과 컨텍스트, 시츄에이션에 대하여 서술하시오.

3 하드웨어의 성능과 그것이 담는 정보의 양이 증가하는 것에 비해, 그것을 사용자에게 전달하는 수단인 User-interface의 발전이 더딘 것을 User-interface crisis라 한다. 이를 해결하기 위한 User-interface의 발전방안을 예와 함께 서술하시오.

4 IoT 아키텍처의 유형에는 서버나 클라우드에 의존하지 않는 방식이 있다. 이들이 기존의 서버와 게이트웨이를 통하지 않음으로써 감수해야 하는 불편은 무엇이 있으며, 어떻게 해결하는가? 관련된 예와 함께 서술하시오.

제3부

경영정보시스템의 종류

CHAPTER

12 사무자동화시스템

제1절 사무자동화 개념

다양한 정보시스템 사용자 가운데 사무직 근로자가 있다. 이들의 사무능력을 향상시키고 효율성을 높일 수 있는 정보기술의 연합체, 정보시스템이 필요할 수 있다. 문서작성, 다양한 자료의 전송, 다양한 의사소통능력 등을 강화하는 정보기술을 사용한 시스템을 사무정보시스템(OIS: Office Information System)이라고 한다. 또는 기존의 사무자동화(OA: Office Automation)라고 사용했던 이름을 따라 사무자동화시스템(office automation system)이라고도 한다. 사무자동화시스템 또는 사무정보시스템이란 사무원들의 생산성을 높이기 위해 만들어진 워드프로세싱, 전자우편, 스케줄링과 같은 컴퓨터시스템을 뜻하기도 한다.

- "사무자동화는 종래의 자료처리기술로는 다루기 어렵고 데이터량이 많으면서도 그 구조가 불명확한 모든 사무업무에 대하여 컴퓨터기술, 통신기술, 시스템 공학, 그리고 행동과학까지를 적용한 학문이다(Michael D. Zisman)."
- "자료처리시스템은 자료를 처리하여 정보를 얻는 역할을 한다. 그리고 사람은 이 정보로부터 지식을 얻거나 행동을 취하는데, 이를 돕는 것을 사무자동화라

고 한다. 여기에서 중요한 점은 사무자동화가 사람의 일을 돕는 시스템이라는 것이다. 사무자동화는 사람의 정보경영을 돕는 것이며, 어디까지나 사무자동화의 주체는 사람이라는 것이다(David Barcomb)."

- "사무자동화는 컴퓨터에 대해 전문지식이 없는 사용자들이 편리하게 사용할 수 있는 분산 자료처리시스템의 특별한 경우다(Julius Marcus)."
- "사무자동화란 어떤 조직의 목적이나 정책을 수행하기 위해 사무실을 자동화하는 것이며, 여러 가지 장비를 이용하여 다양한 응용분야를 통합함으로써 사무실 근로자의 생산성을 높이려는 적극적인 노력이다(Vincent Lum)."

사무자동화는 사무직 근로자의 생산성을 증가시키기 위해 구현된 워드 프로세싱, 전자메일시스템, 일정관리시스템과 같은 컴퓨터시스템이다. 알려진 바에 의하면 사무원들은 회의(50%), 문서작업(25%), 분석업무(10%)에 근무시간의 대부분을 사용하는 것으로 나타났다. 전체 근무시간의 35%의 시간을 문서를 작성하고 분석하고 읽는 데 사용하고 있다. 이 문서작업과 분석업무에 관련된 부분이 사무자동화와 관련되어 있음을 알 수 있다. 이를 지원하는 정보시스템이 있다면 사무직원업무의 1/3에 해당하는 업무를 도와줄 수 있기 때문에 사무직 근로자의 업무 생산성 향상을 기대할 수 있다. 또한 효율적인 정보관리도 기대할 수 있다.

OA는 데이터 워커(data worker)들의 생산성을 높이고 정보관리를 더욱 효과적으로 하기 위해 만들어졌다. 관련기술로는 데이터처리, 데이터통신 등이 있다. 데이터 워커들은 회의에 50%, 문서화에 15%, 데이터분석에 10%, 읽기에 10% 정도의 업무시간을 할애한다. 즉 문서와 관련된 업무가 약 35%(문서화, 데이터분석, 문서) 정도이므로 이 수치를 낮추기 위해서는 OA를 더욱 효율적으로 관리해야 함을 알 수 있다.

OA는 MIS의 하위시스템이지만 그 뿌리가 다르다. OA는 EDPS(전자데이터처리시스템)로부터가 아니라 비전산화된 기계들로부터 비롯되었기 때문이다. 주판이 계산기로, 등사지가 복사기로, 타자기가 워드프로세서로 발전하면서 OA가 생겨났다. 이러한 OA기기로는 PC, 팩스, 텔렉스, PBX(Private Branch eXchange), 이메일, 비디오텍스, 텔레텍스 등이 있다.

사무자동화의 목적

사무자동화는 사무 근로자의 생산성을 향상시키기 위해 그들이 사용하는 장비에 수행하는 업무를 통합시켜 하나로 만드는 방법이라고 할 수 있다. 종래의 EDPS나 MIS가 주로 수치자료처리 중심인 데 비해 사무자동화는 문장, 음성, 영상 등의 처리를 중심으로 하여 전문가 중심의 기계화와는 달리 모든 일반사무원에게 도움을 주고자 하는 목적으로 추구된다.

그러나 기업이 다양한 사무자동화기기를 도입하여 사무자동화를 추진하는 목적이 서로 다를 수 있지만, 사무자동화의 목적은 크게 사무처리의 질적 향상화 비용을 절감하여 사무부문의 지적 생산성을 향상시키는 데 있다.

사무처리의 질적 향상을 위한 것은 다음과 같다. 첫째로 급변하는 기업환경 변화에 대처한 신속하고 정확한 의사결정의 판단이다. 둘째로 사무부문의 사람과 조직을 활성화시킨다. 셋째로 사무처리의 품질(문서의 통일화 및 표준화) 및 서비스품질을 향상시킨다.

한편 사무처리의 비용절감은 인력, 시간, 자원 등에 해당하는 원가를 절감하는 것으로, 첫째, 사무처리비용의 절감이다. 둘째, 사무처리시간의 단축이다. 셋째, 사무요원의 삭감에 있다. 넷째, 사무공간의 절감에 있다.

사무부문의 지적 생산성을 향상시키기 위한 접근방법은 사람조직 개편, 사무작업 개선, 사무환경 정비, 정보시스템의 확립 등을 통해 성취할 수 있다.

제2절 사무자동화시스템 성공요인

OA 프로젝트가 성공하려면 몇 가지 조건이 필요하다.

- 중장기적이고 끊임없는 투자이다. OA는 단기간이 아닌 중장기적으로 봤을

때 효과가 있기 때문에 끊임없는 투자가 있어야 한다.

- 최고경영자의 강력한 지원도 필요하다. CEO를 통해 명령의 중요성을 알린다.
- 계획단계에서부터 사용자가 참여하게끔 유도해야 한다.
- OA 프로젝트를 위한 전용 운영위원회도 필요한데 이는 자문위원회가 아니라 OA 프로젝트에 계속 관심을 갖고 있다고 알려주는 운영위원회이다.
- 메이크업을 하기 전 세안을 하는 것처럼(making up on dirty face) 전산화하기 전에 업무흐름을 개선하고 표준화하는 것이다.
- OA시스템 구매 전 꼼꼼한 비용편익분석이 필요하며, 전산화 후에는 OA 관련 사무원들을 충분히 지원하고 훈련시켜야 한다.

OA 프로젝트의 주요 실패요인에는 OA에 대한 작은 동기부여, 성급한 성과기대, 가격, 과거의 실패 경험, 표준화와 상호 작동성이 떨어지는 OA기기, 업무환경 변화에 대한 저항 등이 있다. 우선적으로 구성원들이 OA를 왜 해야 하는지에 대한 동기부여가 없으면 실패하게 된다. 또한 구성원들은 변화에 대한 저항으로 전산화의 단점을 찾기 시작하는데, 이러한 저항을 변경시키는 변화관리, 행동수정이 필요하다. 행동변화프로그램은 전형적으로 자신의 고정관념과 태도가 틀릴 수도 있음을 인정하게 하는 작업인 해빙단계(unfreezing)와 조직이 바람직하게 여기는 신념, 태도 등을 가지게 하는 변화단계(changing), 그리고 인센티브 제공 등 변화된 상태를 견고하게 하는 재동결(refreezing)단계의 3단계를 거친다.

OA 프로젝트를 할 때 성급한 성과기대를 하게 되면 실패할 가능성이 높아지는데, 주요 성공요인에서 언급했듯이 OA 프로젝트는 중장기적인 효과를 보아야 한다. 또한 표준화가 제대로 이루어지지 않고 상호 작동성이 떨어지는 OA기기일 경우에도 실패한다. 이외에도 총보유비용인 TCO(Total Cost of Ownership) 개념을 고려하지 않을 경우 실패할 가능성이 높으며 과거 실패 경험도 중요하다. OA는 처음에는 생산성이 떨어지지만 1~2년이 지나면 익숙해지기 때문에 생산성이 올라가게 된다. 하지만 생산성이 계속 증가하다가도 조직이 변화하면 생산성이 떨어지기 때문에, 조직의 변화에 맞게 OA도 변화가 필요하다.

제3절 사무자동화 관련기기

사무자동화 관련기기는 자료준비기기, 자료처리기기, 자료전송기기, 자료저장기기, 뉴미디어기기의 다섯 가지로 나누어진다. 그 중에서 몇 가지 기기들에 대해 알아보자.

3.1 개인용 컴퓨터

컴퓨터시스템을 제어하는 중앙처리장치(CPU: Central Processing Unit), 기억기능을 담당하는 ROM(Read Only Memory)과 RAM(Random Access Memory), 컴퓨터 주기판인 마더보드(motherboard), 정보를 쓰거나 읽을 수 있는 플로피 디스크 드라이브와 하드디스크 드라이브, CD로부터 정보를 읽는 광학장치인 CD-ROM 드라이브 등으로 구성된다. 개인용 컴퓨터는 사용자가 원하는 용도에 따라 조립하여 사용할 수 있는 특징이 있다. 개인용 컴퓨터 한 대로도 많은 일을 할 수 있지만, 업무 효율성을 높이기 위해서 여러 대의 개인용 컴퓨터를 네트워킹(networking)하여 사용하는 경우가 많아지고 있다.

3.2 팩시밀리

전화나 전신보다 오래된 사무자동화기술로 영상을 디지털 신호로 바꿔 통신채널을 통해 전송한다. 통신채널은 주로 전화선이 많이 사용된다. 크게 주사기(scanner)와 기록장치(recorder)로 구성된다. 주사기에서 영상 감지소는 영상을 감지하여 디지털 신호로 바꾸고, 기록장치는 입력받은 디지털 신호로 영상을 재생하고 인쇄한다.

3.3 텔렉스

회선 가입자들이 임의의 시간에 회선을 이용하여 통신하는 것을 말한다. 인쇄전신기와 전신회선으로 구성되며 가입한 사용자의 집에 설치한다. 인쇄전신기의 경우 통신내용의 기록, 보존기능을 가지고 있어서 부재통신이 가능하다. 그리고 즉시 정보교환이 가능하며 많은 가입자들과 통신할 수 있다.

3.4 사설교환기

객실 연결을 위해 사용하는 교환기로 주로 통신실이나 교환실을 가리킨다. 주로 전화서비스, 모닝콜서비스, 메시지서비스, 고객 엘리베이터 비상응답, 각종 정보제공서비스에 사용되며, 요즘은 예전에 비해 호텔 안에서 더 중요하게 쓰인다.

3.5 전자우편

컴퓨터 사용자들이 여러 정보를 주고받는 새로운 개인통신방법이다. 통신망을 이용하여 주고받고, 즉시 전송할 수 있는 특징이 있다. 또한 수신인이 부재중이라도 전달이 가능하다. 즉 기록성과 즉시성이란 장점을 동시에 갖고 있다고 할 수 있다. 개인마다 전자우편주소를 가지면 일반우편처럼 주소를 통해 이용할 수 있다. 전자우편주소는 한 나라에서만 사용가능한 것이 아니기 때문에 세계 어느 곳의 어느 누구에게나 전자우편을 이용한 편지나 정보를 주고받을 수 있다.

3.6 비디오텍스

전화선에 접속한 텔레비전 또는 컴퓨터 모니터 같은 단말기와 정보센터를 연결하여 화상정보를 제공하는 시스템을 말한다. 화상데이터(view data)라고도 한다. 미국의 '북미 표현계층 프로토콜 구문(NAPLPS)', 유럽의 '유럽 우편 전기 통신 주관청 회의 표현계층 프로토콜 구문(CEPT PLPS)', 일본의 '캡틴(CAPTAIN)' 등 세 가지 방식이 ITU-T(국제전기통신연합 전기통신표준화부문)에 의해 국제표준으로 채택되었다. 최근에는 전용선이나 LAN 등을 사용하여 특정 집단 내의 시스템을 구성하는 사설 비디오텍스의 시장이 커지고 있다. 문자정보만을 전송하여 저가격화를 시도하고 있는 아스키(ASCII) 비디오텍스, 비디오디스크와 통합하여 동화상정보를 전송하는 고도화 비디오텍스시스템도 등장하였다.

그림 12-1 비디오텍스시스템 구성도

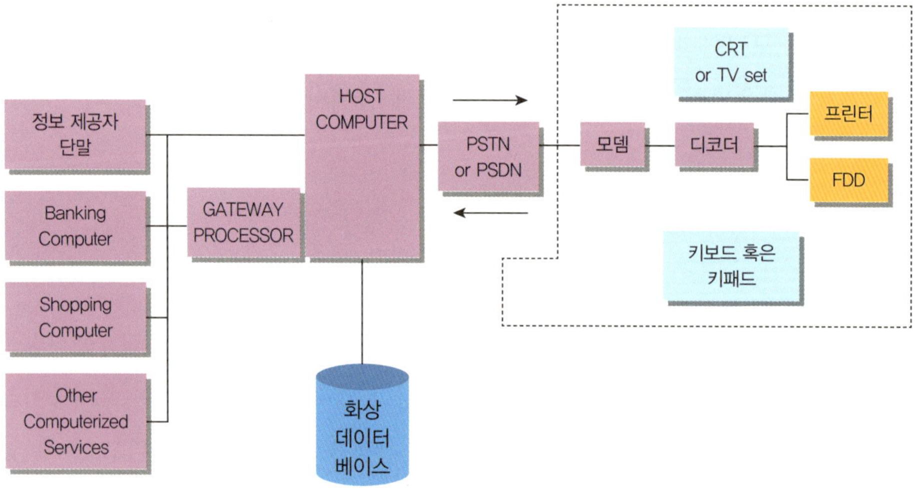

3.7 텔레텍스

텔렉스에 워드 프로세서를 통합한 기능을 가진다. 문서의 편집 및 수정, 복사, 저장 등 워드프로세싱의 기능이 추가되었다. 또한 홈뱅킹, 전자우편 등의 서비스가 가능하며 다른 서비스시스템과 상호 연계가 가능하다.

3.8 사무자동화 경영정보시스템

[그림 12-2]에서 사무자동화와 경영정보시스템의 기원을 알 수 있다. 사실 사무자동화는 경영정보시스템과 다른 출발점에서 시작했다. 경영정보시스템은 EDPS (Electronic Data Processing System)에서 출발한 것이고, 사무자동화는 전혀 별개의 뿌리로부터 나왔다. 컴퓨터가 출현하기 전에 주판, 먹지 등이 사용되던 시대가 있었는데 주판이 계산기로, 먹지가 복사기 등으로 기술적인 발전을 했다. 이것이 사무자동화라고 부르다가 전산화가 이루어지면서 경영정보시스템의 한 분야로 편입한 것이다.

그림 12-2 OA와 MIS의 관계

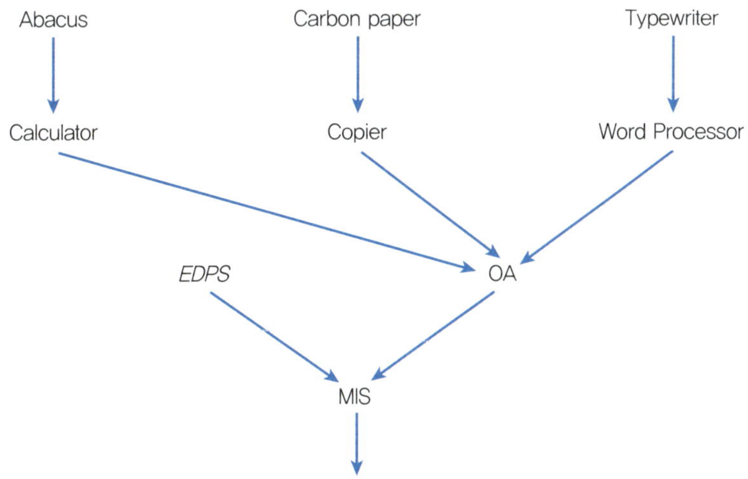

제4절 사무자동화 추진전략

사무자동화를 추진할 때 몇 가지 주의사항이 있는데 이는 매우 중요하다. 왜냐하면 이것은 사실상 경영정보시스템 추진 시의 일반적인 주의사항과 거의 유사하기 때문이다.

4.1 사무자동화 추진 주요 성공요인

첫째, 장기간 동안의 지속적인 투자가 필요하다. 상당한 기간 동안 지속적인 투자가 필요하다. 투자 중에 또는 투자한 뒤 단기간 내에 그 결실에 대해서 평가하지 말아야 한다는 것이다.

둘째, 모든 조직구성원들의 지원과 참여가 필요하다. 최고경영층을 포함한 모든 조직구성원의 적극적인 지원과 참여가 필요하다. 경영진은 일반적으로 변화에 대한 거부감이 크다. 기업에서 자동화가 추진된다면 그것이 업무 생산성에 영향을 줄 것이며, 구성원 감축의 결과를 가져올 수도 있을 것이라는 불안감을 조성할 수 있다. 구성원의 이런 위기감을 인지하고 이해해야 하며, 강력한 지원을 통한 구성원의 적극적인 참여를 유도해야 한다.

셋째, 전산화작업에 관련하여 전문적인 운영위원회가 존재해야 한다. 회사에는 자문위원회와 운영위원회가 존재한다. 운영위원회의 경우 인사권과 예산집행권을 가지고 있다. 최고경영자가 프로젝트에 대한 경력한 의지를 표명하면, 최고경영자는 모든 일에 관여할 수는 없으므로 운영위원회에서 권한을 위임받는다. 예를 들어 발단식 때 권한을 위임받으면서 예산집행권을 행사할 수 있고, 위원회는 이 권한을 통해 조직구성원을 관리할 수 있다.

넷째, 업무의 표준화 및 합리화작업을 선행해야 한다. 전산화 또는 정보화 전에 업무를 합리화시켜야 한다. 속담에 "씻지 않는 얼굴에 화장하지 말라"는 말이 있다. 업무 프로세스가 잘못된 채 전산화를 진행하면 잘못된 결과를 얻을 수밖에 없다. 이것을 흔히 "쓰레기를 넣으면 쓰레기가 나온다(garbage-in, garbage-out)"라고 표현한다.

다섯째, 먼저 활용방안을 결정하고 기기를 도입해야 한다. 먼저 방안에 대한 의사결정을 하고 기기를 도입하라는 것이다. 그렇지 않으면 먼저 도입한 다음에 이것을 어떻게 쓸까 고민하다 자칭 이미 도입한 기기가 부적합하다는 것을 나중에 파악하게 되는 우를 범한다.

여섯째, 사무자동화 관련 사무자에 대한 집중적이고 지속적인 교육 및 훈련이 필요하다. 기기를 도입한 것으로 끝나면 안 되고 그것을 잘 사용할 수 있도록 사용자 집단의 수준을 향상시켜야 한다. 바로 지속적인 훈련이 필요한 이유이다.

이상 여섯 가지는 비단 사무자동화뿐만 아니라 경영정보시스템 도입과 관련된 프로젝트를 추진할 때의 성공요인이기도 하다.

4.2 사무자동화 추진 주요 실패요인

첫째, 사무자동화에 대한 인식의 결여 및 변화에 대한 거부감으로 인해 실패한다. 사무자동화 도입을 성공으로 이끌려면 기득권이 가지고 있는 변화에 대한 두려움을 종식시켜야 한다. 이것은 새로운 기술도입에 대한 고정관념을 해결하는 것으로 이를 위해 변화관리(change management)가 필요하다.

변화관리의 첫째 단계는 해빙단계(unfreezing)로 강연과 토론을 통해서 기존의 생각이 틀릴 수도 있다는 문제의식을 갖게 만드는 것이다. 고체가 액체로 되는 것처럼 고정관념을 깨는 것이다. 둘째 단계는 변화단계(change)로 해빙된 것을 새로운 틀로 형성하여 긍정적인 사고로 전환하도록 하는 것이다. 마지막으로 재동결단계(refreezing)로 변화된 상태를 굳혀야 한다. 앞의 두 단계만 끝내고 재동결단계를 하지 않으면 사람들의 회귀하려는 습성 때문에 다시 예전 상황으로 돌아가게 된다.

둘째, 성과에 따른 성급한 기대를 없애야 한다. 성급한 기대보다는 장기적인 발전에 따른 미래를 예측할 수 있어야 한다. 단기적 이윤 창출보다 미래수익 창출을 위한 투자가 필요하다.

셋째, 사무자동화기기들의 표준화 및 호환성 부족이 문제를 가져온다. 힘들게 도입한 사무자동화기기가 호환되지 않으면 기기의 절반을 버리게 된다.

넷째, 사무자동화기기의 가격이 영향을 미친다. 회사가 어려울 정도로 지나치게 사무자동화기기 도입비용이 높으면 안 된다.

다섯째, 과거의 실패 경험 역시 사무자동화 추진계획에 큰 영향을 미친다.

예제

■ O/X형

1 조직의 빠른 변화를 위해서 기기를 도입하고 나서 활용방안을 상황에 맞게 수립한다.

2 OA와 MIS의 뿌리는 같은 곳에서부터 시작했다.

3 사무정보시스템은 의사결정자와 최고경영자들의 업무수행을 돕고 간편히 하기 위해서 도입되었다.

답 ×, ×, ×

■ 서술형

1 사무자동화의 목표와 도입 이유에 대하여 구체적으로 논하시오.

2 사무자동화 관련 대표적인 기기들에 대해서 나열하고 어떤 역할을 하는지 서술하시오.

3 조직구성원들의 행동변화의 단계에 대해서 서술하시오.

4 사무자동화의 주요 성공요인과 주요 실패요인을 세 가지씩 서술하시오.

CHAPTER 13 의사결정분석

제1절 의사결정의 개념

넓은 의미의 경영정보시스템은 정보시스템과 지원시스템 모두를 포함한다. 능동적인 경영정보시스템은 사용자의 의사결정을 도와주므로 지원(support)이라는 의미를 추가하여 지원시스템(support system)이라고 명명하며, 기업 내 의사결정자들의 일반적인 의사결정을 지원하기 위한 의사결정지원시스템(DSS: Decision Support System), 회사 중역의 문제해결을 지원하기 위한 중역지원시스템(ESS: Executive Support System) 등이 대표적인 예이다.

모든 사람들은 의사결정을 하게 되는데, 합리적인 의사결정은 대체로 다음과 같은 다섯 가지를 포함한다. 첫 번째 단계는 분석(analysis)활동이다. 분석은 인과관계(causality)를 이용해서 유용성을 찾아내는 행위이다. 분석활동의 하나는 원인값을 변동시켜 결과값에 어떠한 변동이 있을지를 분석해보는 시나리오분석(what-if analysis)이다. 예를 들어 상품의 가격을 바꾸었을 때 전체이익에 어떤 영향을 주는가를 분석할 수 있다. 다른 하나는 역으로 어떤 목표값을 정해놓고 그것을 달성하기 위해서 원인변수를 어떻게 바꾸어야 하는지를 분석하는 것으로 목표값 찾기 분석(goal seeking analysis)이라고 한다. 시나리오(what-if)분석은 원인변수를 바꿔서 결과를 분석하는 것이기 때문에 실증적 분석이라고 하고, 목표값 찾기(goal seeking)는 우리가 어떤 목표치를 설정하고 그것에 도달하기 위한 원인변수를 어떻게 바꿀 것인지에 관한 것이기 때문에 규범적 활동이라고도 한다.

두 번째는 최적화(optimization)이다. 최적화란 제한된 자원으로 목적하는 바를 극대화하기 위해 의사결정변수의 최적값을 찾는 방법이다. 이윤극대화, 비용최소화 등의 방법처럼 기업 내에서는 최적화, 즉 최대화나 최소화할 문제가 많다.

세 번째는 예측(forecasting/prediction)이다. 과거와 현재의 데이터를 이용하여 미래의 규칙 또는 양상을 예측하는 것을 말한다.

네 번째는 모의실험(simulation)이다. 모의실험이란 현실에서 벌어지는 활동을 컴퓨터로 모사하여 분석해보는 것을 말한다. 현실세계의 활동을 실제로 구현하여 수행하기 위해서 많은 비용과 시행착오 등의 노력이 필요하다. 그러나 컴퓨터를 이용한 모의실험을 통해 그러한 문제를 해결할 수 있다. 따라서 여러 가지 제안들을 실행하고 비교분석하여 최적의 대안을 선택할 수 있다. 예를 들어 공장의 레이아웃 결정이나 공장입지 결정 등을 시뮬레이션을 통해 해결할 수 있다.

마지막으로 추론(reasoning)과 학습(learning)이다. 추론이란 주어진 사실과 주어진 지식을 바탕으로 새로운 사실을 도출하고, 학습은 주어진 사실과 주어진 지식을 바탕으로 새로운 지식을 도출해내는 것을 의미한다. 학습과 추론을 통해 새로운 대안을 알아냄으로써 더욱 효율적인 의사결정을 할 수 있다.

제2절 의사결정분석의 정의 및 프레임워크

의사결정분석을 지원하는 정보시스템인 의사결정지원시스템(DSS: Decision

Support System)이란 단순히 정보를 수집, 저장, 분배하기 위한 시스템을 넘어서 사용자들이 기업의 의사결정을 쉽게 내릴 수 있도록 사업 자료를 분석해주는 역할을 하는 컴퓨터 응용프로그램이다. DSS는 최고경영층을 포함한 모든 경영층의 의사결정자의 계산 부담을 덜어주고 정보를 도식화하여 분석모형과 데이터를 제공함으로써 의사결정자의 의사결정과정이 보다 효과적으로 이루어지게 한다.

DSS는 크게 데이터베이스, 모델베이스, 지식베이스, 이들을 사용자에게 보여주는 사용자 인터페이스, 그리고 이를 이용하는 사용자 간의 관계로 이루어져 있다([그림 13-1] 참조).

그림 13-1 의사결정지원시스템 구성

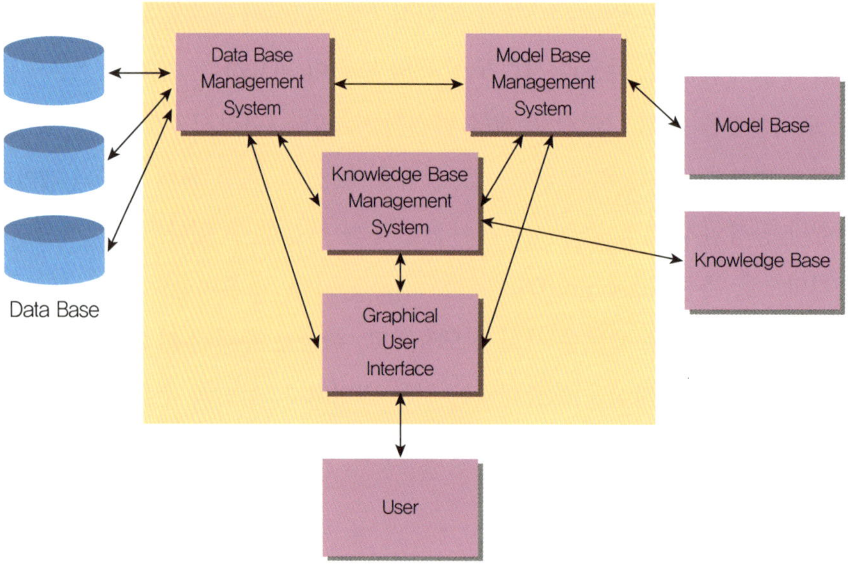

데이터베이스시스템은 의사결정에 필요한 다양한 데이터를 저장하고 있는 데이터베이스와 이를 관리하는 데이터베이스관리시스템(DBMS: Data Base Management System)으로 구성되어 있다. 데이터베이스는 사용자가 의사결정을 하는 데 필요한 데이터를 저장 및 관리하고 이를 제공하는 기능을 한다.

모델베이스시스템은 의사결정에 필요한 다양한 모델 등을 저장하고 있는 모델베이스와 이들을 관리하는 모델베이스관리시스템(MBMS: Model Base Management System)으로 구성된다. 모델베이스시스템은 간단하게 자료를 검색하고 보고하는 것에서 나아가 의사결정에 필요한 모델을 개발, 수정, 통제하는 기능을 수행한다.

지식베이스시스템은 정량적인 정보를 저장하고 있는 지식베이스와 이들을 관리하는 지식베이스관리시스템(KBMS: Knowledge Base Management System)으로 구성된다.

사용자 인터페이스는 데이터의 입력과 출력, 그리고 다양한 분석과정에서 일어나는 사용자와 시스템 간의 인터페이스환경을 제공하는 시스템모듈을 말한다. 사용자가 이해하기 쉬운 대화기능을 제공하기 때문에 다이얼로그(dialogue)라고도 한다.

의사결정지원시스템의 사용자는 지식베이스로부터 정량적인 정보를 얻은 다음, 모델베이스로부터 적절한 모델을 선정하고, 필요한 데이터를 데이터베이스로부터 제공받거나 직접 입력한다, 이러한 과정을 바탕으로 선택한 대안들을 평가하고 분석하여 최적의 대안을 선택하는 의사결정과정을 수행한다.

제3절 MS Excel을 활용한 의사결정분석

이번 절에서는 MS Excel을 사용하여 데이터를 분석 · 예측하고, 이를 토대로 최적의 의사결정을 하는 방법을 알아본다. MS Excel이 제공하는 다양한 분석방법을 익히고 각각 다른 상황에 적절히 사용한다면 효과적인 의사결정을 할 수 있을 것이다.

3.1 시나리오분석

시나리오분석(scenario analysis, what if analysis)이란 분석과정에서 종속변수에 영향을 미치는 여러 변수의 민감도분석 등 모든 요인을 고려한 시나리오를 작성하여 이를 바탕으로 의사결정을 하는 방법을 말한다. 다시 말해 원인값의 변화에 따른 결과값의 변화를 고려하여 의사결정을 하는 방법이다.

먼저 시나리오분석을 통해 가격(price)이라는 종속변수의 변화에 따른 이익(profit)의 변화 시나리오를 알아볼 것이다. MS Excel 실습 파일을 실행하여 'what if analysis' 시트를 선택하면 [그림 13-2]와 같은 셀이 나타난다. 시나리오분석을 위해 먼저 나머지 값들을 함수로 완성해야 한다. 이는 다음과 같다.

그림 13-2 초기 화면

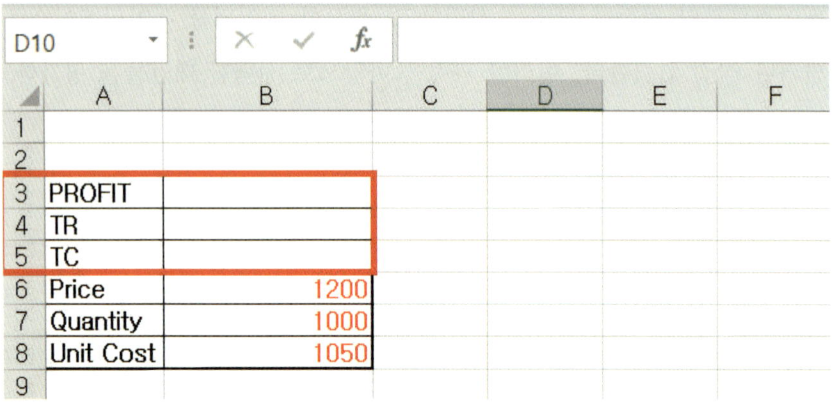

TC = Unit Cost * Quantity

TR = Price * Quantity

Profit = TR − TC

함수가 완성되었다면 시나리오분석을 실행할 수 있다. [그림 13-3]처럼 '데이터−가상분석−시나리오 관리자'를 선택하여 실행시킨다.

그림 13-3 함수 적용결과

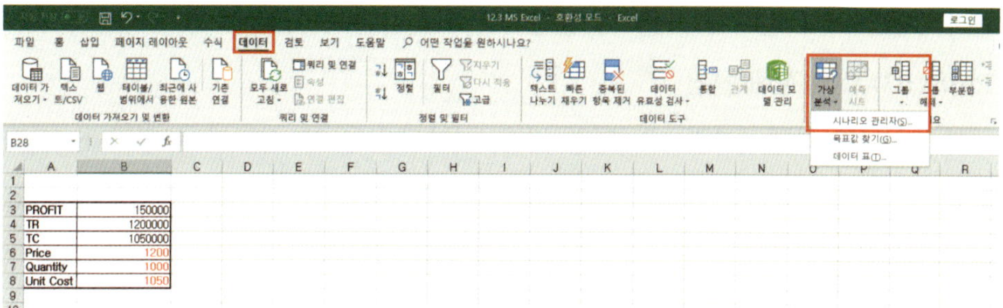

시나리오 관리자를 실행한 후 '추가'를 선택하여 시나리오를 선택한다. 가격의 변화에 따른 시나리오분석이 목적이므로 변경되는 종속변수는 'Price(B6)' 셀이 된다. 먼저 '가격인상' 시나리오를 생성하면 시나리오값을 입력한다([그림 13-4] 참조). 가격인상 시나리오는 가격이 1,300원일 때로 설정한다. 마찬가지로 '가격인하' 시나리오를 추가한 후 가격이 1,100원일 경우를 설정해준다.

그림 13-4 시나리오 추가

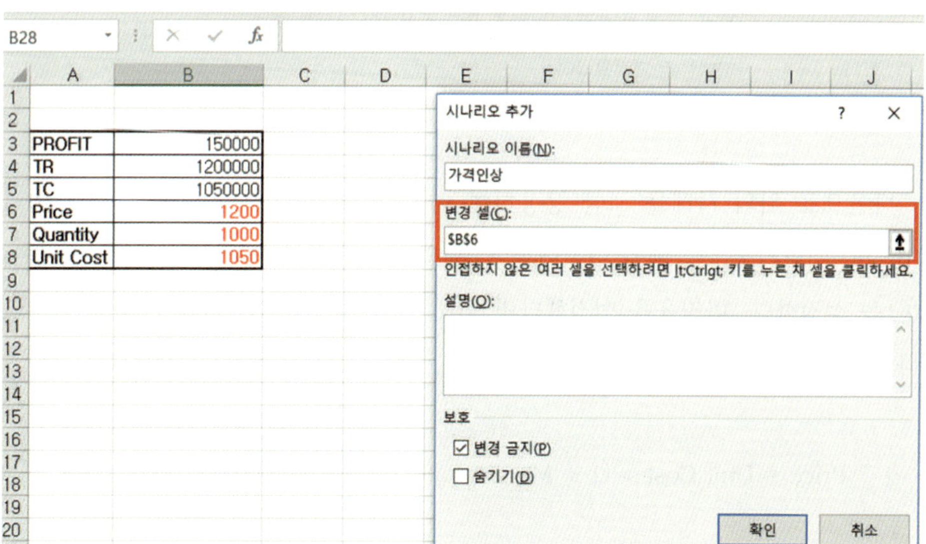

두 가지 시나리오를 완성했으면 '요약'을 선택해서 시나리오분석결과를 도출한다. 이때 가격 변화에 따른 이익 변화를 도출하는 것이 목적이므로 결과 셀은 'Profit(B3)'로 설정해준다.

과정을 완료하면 [그림 13-5]와 같은 시나리오 요약 시트가 생성된다. 이때 '$B$6'와 '$B$3'을 각각 가격과 이익으로 이름을 변경해준다면 시각적으로 더욱 효과적으로 나타낼 수 있다.

그림 13-5 시나리오분석결과(1)

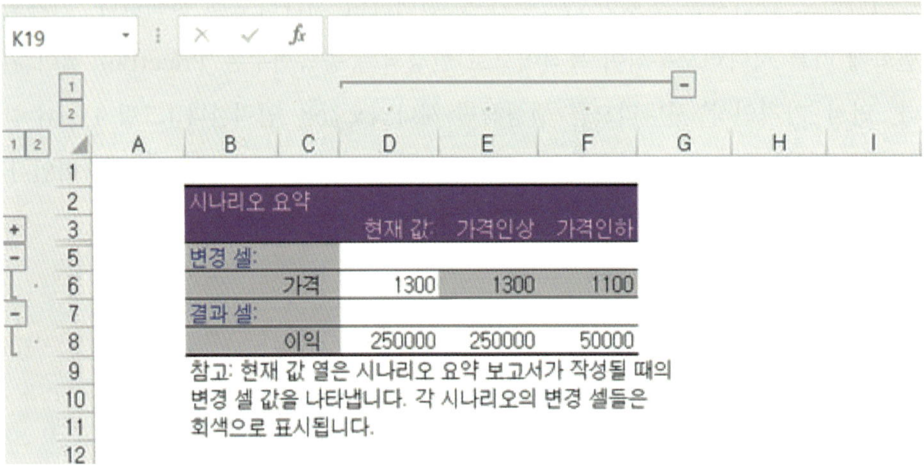

다음으로 위의 사례를 조금 응용하여 마진율(margin rate) 변화에 따른 이익(profit) 시나리오분석 예를 다루어본다. 임의로 'C1' 셀에 Margin Rate, 'D1' 셀에 0.1을 설정한다. 마진율을 설정했다면 이제 가격은 마진율과 Unit Cost의 함수로 나타낼 수 있다. 이는 다음과 같다.

$$\text{Price} = \text{Unit Cost} * (1 + \text{Margin Rate})$$

이 과정까지 완료했다면 마진율에 따른 시나리오분석을 진행할 수 있다. 위의 사례와 같이 시나리오 관리자를 실행한 후 기존 시나리오들은 삭제하고 새로운 시나리오를 추가한다. 마진율 변화에 따른 시나리오이므로 시나리오의 변경 셀은 이제 'D1'이 될 것이다. 마진율이 0.2, 0.3인 경우의 시나리오분석을 하면 [그림 13-6]과 같은 결과가 도출된다. 마찬가지로 '$D$1'은 마진율로, '$B$3'는 이익으로 바꿔준다.

그림 13-6 시나리오분석결과(2)

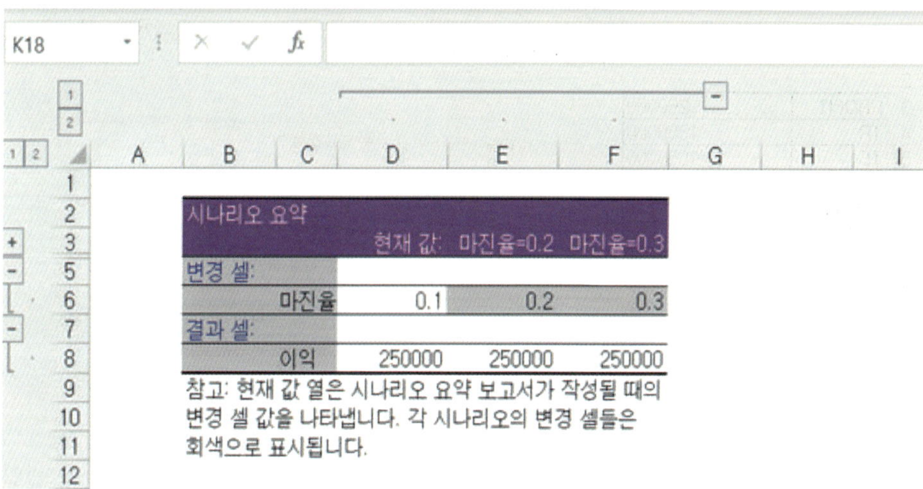

3.2 목표값 찾기

목표값 찾기(goal seeking)는 시나리오분석과는 반대로 특정 결과값을 얻기 위한 원인변수의 값을 찾고 싶을 때 사용한다. 다시 말해 원하는 값을 설정해놓은 후 그에 해당하는 변수값을 찾는 것이다. 목표값 찾기는 위의 시나리오분석과 동일한 사례로 진행한다.

의사결정담당자는 이익이 120,000이 되는 마진율의 값을 찾고자 한다. 이 경우 '마진율'이 목표값이 된다. 목표값 찾기는 '데이터－가상분석－목표값 찾기'를 통해 실행시킨다. 목표값 찾기를 실행시키면 [그림 13-7]과 같다.

■ 그림 13-7 목표값 찾기

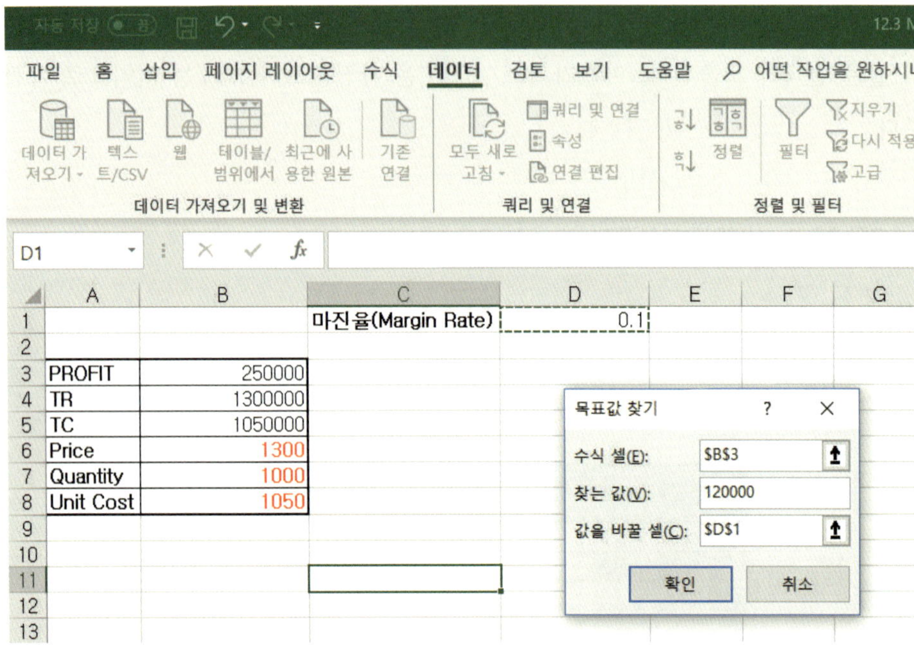

수식 셀이란 의사결정담당자가 설정한 결과값을 의미한다. 이 경우 이익 셀인 'B3'에 해당한다. 찾는 값은 설정된 수식 셀의 값이다. 이 경우는 120,000이다. 값을 바꿀 셀은 찾고자 하는 목표값이다. 마진율값을 찾는 것이 목적이므로 마진율값의 셀인 'D1'에 해당한다. 이 과정을 수행한다면 이익이 120,000일 때의 마진율의 값을 구할 수 있다.

3.3 손익분기점분석

손익분기점(BEP: Break-Even Point)이란 총수익(TR)과 총비용(TC)이 동일하여 이익(profit)이 0이 되는 지점을 말한다. 의사결정담당자는 자신의 결정에 따른 손실을 피하기 위해 손익분기점이 어느 수준에 해당하는지 파악해야 할 필요가 있다. 이를 손익분기점분석(BEP analysis)이라 한다. 따라서 이번 과정에서는 어느 수준의 마진율을 설정하여야 손익분기점에 도달하는지에 대해 분석해볼 것이다.

MS Excel 실습 파일에서 'BEP' 시트를 선택하면 [그림 13-8]과 같은 셀이 나타난다. 먼저 시나리오분석 때와 같이 가격을 원가와 마진율의 함수로 만들어준다. 그리고 'B9' 셀에 손익분기점 함수를 만들어야 한다. 앞서 말했듯이 손익분기점은 TR=TC인 점이므로 이 수식을 풀어쓰면 손익분기점에 해당하는 수량을 도출할 수 있다. 총비용은 변동비용(VC: Variable Cost)과 고정비용(FC: Fixed Cost)의 합이다.

$$TR = TC$$

$$P * Q = FC + VC = FC + C(\text{원가}) * Q$$

$$\rightarrow (P-C) * Q = FC$$

$$\rightarrow Q = FC/(P-C)$$

그 다음은 [그림 13-8]의 오른쪽 표를 완성해야 한다. 먼저 고정비용을 대입해준다. 고정비용은 모든 구간에서 동일하므로 모든 셀에 'B3'를 대입하면 된다. 고정

그림 13-8 BEP 도출

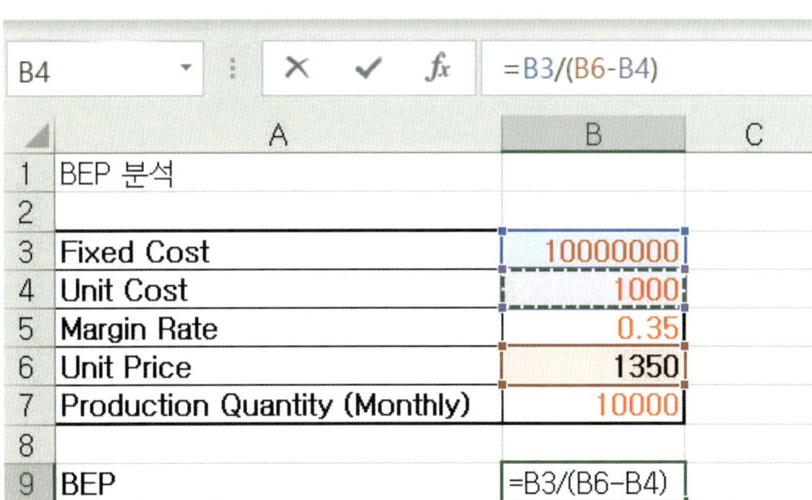

비용은 항상 일정하므로 엑셀의 값을 고정하도록 한다.[1]

그 다음은 변동비용이다. 변동비용은 총비용 중 생산량에 따라 변하는 비용을 말한다. 따라서 변동비용은 Unit Cost와 생산량의 곱으로 나타낼 수 있다. Unit Cost의 값 또한 일정하므로 고정한다.

이후 총비용, 총수익 그리고 총이익의 표도 완성해준다. 총비용은 변동비용과 고정비용의 합이고, 총수익은 가격과 생산량의 곱이다. 가격은 고정된 값이라는 것에 주의한다. 총이익은 총수익에서 총비용을 차감한 값이다. 이를 완성하면 [그림 13-9]와 같다.

그림 13-9 BEP분석(1)

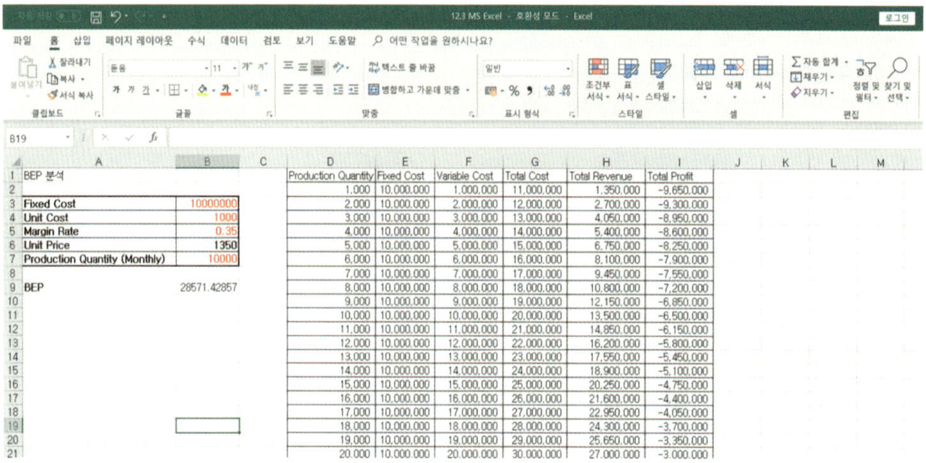

	A	B	C	D	E	F	G	H	I
1	BEP 분석			Production Quantity	Fixed Cost	Variable Cost	Total Cost	Total Revenue	Total Profit
2				1,000	10,000,000	1,000,000	11,000,000	1,350,000	-9,650,000
3	Fixed Cost	10000000		2,000	10,000,000	2,000,000	12,000,000	2,700,000	-9,300,000
4	Unit Cost	1000		3,000	10,000,000	3,000,000	13,000,000	4,050,000	-8,950,000
5	Margin Rate	0.35		4,000	10,000,000	4,000,000	14,000,000	5,400,000	-8,600,000
6	Unit Price	1350		5,000	10,000,000	5,000,000	15,000,000	6,750,000	-8,250,000
7	Production Quantity (Monthly)	10000		6,000	10,000,000	6,000,000	16,000,000	8,100,000	-7,900,000
8				7,000	10,000,000	7,000,000	17,000,000	9,450,000	-7,550,000
9	BEP	28571.42857		8,000	10,000,000	8,000,000	18,000,000	10,800,000	-7,200,000
10				9,000	10,000,000	9,000,000	19,000,000	12,150,000	-6,850,000
11				10,000	10,000,000	10,000,000	20,000,000	13,500,000	-6,500,000
12				11,000	10,000,000	11,000,000	21,000,000	14,850,000	-6,150,000
13				12,000	10,000,000	12,000,000	22,000,000	16,200,000	-5,800,000
14				13,000	10,000,000	13,000,000	23,000,000	17,550,000	-5,450,000
15				14,000	10,000,000	14,000,000	24,000,000	18,900,000	-5,100,000
16				15,000	10,000,000	15,000,000	25,000,000	20,250,000	-4,750,000
17				16,000	10,000,000	16,000,000	26,000,000	21,600,000	-4,400,000
18				17,000	10,000,000	17,000,000	27,000,000	22,950,000	-4,050,000
19				18,000	10,000,000	18,000,000	28,000,000	24,300,000	-3,700,000
20				19,000	10,000,000	19,000,000	29,000,000	25,650,000	-3,350,000
21				20,000	10,000,000	20,000,000	30,000,000	27,000,000	-3,000,000

[그림 13-9]처럼 표로 나타낼 수 있지만 시각적인 효과를 위해 이를 차트로 나타낼 수 있다. 차트로 나타내기 위해서는 차트로 나타내길 원하는 셀을 전부 선택한 후 '삽입-차트'에서 원하는 모양에 차트로 표현할 수 있다. 예시로 고정비용, 변동비용, 총비용, 그리고 총수익에 관한 직선형 차트를 만들어볼 것이다([그림

1 E2 셀에 =B3를 지정한 후 F4를 누르면 $B$3처럼 변한다. 이는 B3로 고정되었음을 의미한다. 그 후 밑으로 드래그를 하면 나머지 셀들도 일정하게 B3값으로 지정되는 것을 알 수 있다. 해당 값이 변하지 않기를 원하는 경우 고정기능을 사용하면 된다. 이 기능은 앞으로도 많이 사용되므로 꼭 익혀두도록 한다.

13-10] 참조).

그림 13-10 BEP분석(2)

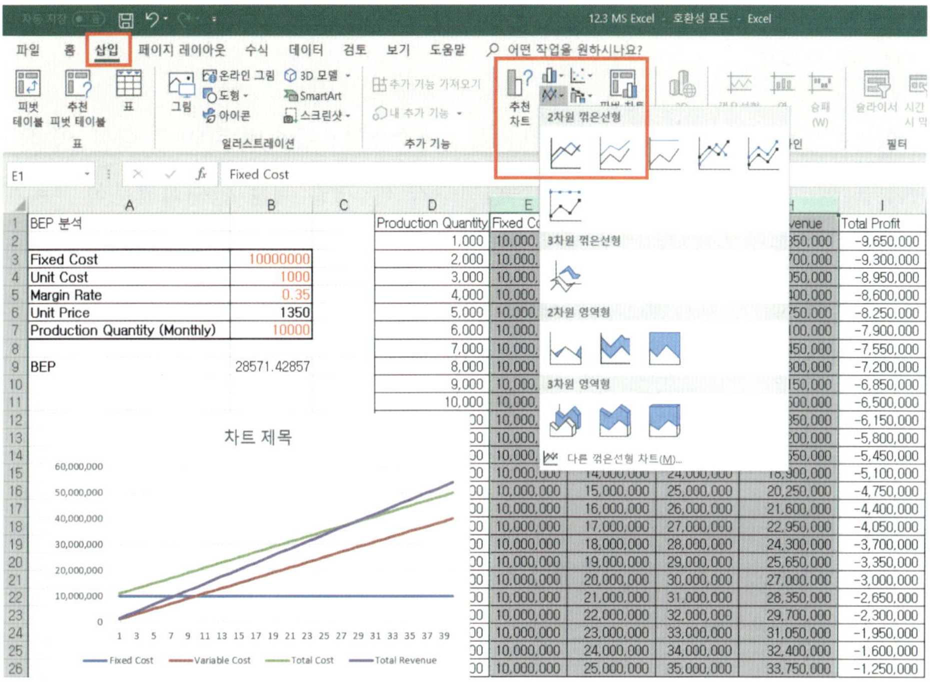

손익분기점을 구하기 위한 설정이 마무리되었으므로 이제부터 직접 손익분기점을 구할 수 있다. 의사결정담당자가 생산량이 25,000개일 때를 손익분기점으로 생각하고 그때의 마진율을 구하고 싶다고 가정한다. 이는 앞서 진행했던 목표값 찾기를 통해 구할 수 있다. 목표값 찾기를 실행한 후 수식 셀=B9, 찾는 값=25,000, 값을 바꿀 셀=B5로 지정해준다면 새로운 마진율이 도출된다. 또한 이로 인해 차트가 변동되는 것도 확인할 수 있다.

한편 의사결정담당자가 생산량이 22,000개일 때를 손익분기점으로 하는 마진율을 구하고 싶다고 가정한다. 그렇다면 수식 셀은 I23셀이 될 것이다.

손익분기점분석을 시간개념으로도 나타낼 수 있다. 차트에 월간 생산량이라는 항목이 있으므로 손익분기점을 월간 생산량으로 나누면 된다(B9/B7). 예를 들어 손익분기점이 25,000일 때 한 달에 10,000개씩 만들면 손익분기점에 도달하는 데 2.5개월이 걸린다는 것을 도출할 수 있다.

3.4 회귀분석

회귀분석(regression analysis)이란 독립변수(X)의 종속변수(Y)에 대한 영향의 추정을 할 수 있는 통계기법이다. 독립변수가 한 개일 때는 단순회귀분석, 두 개 이상이면 다중회귀분석이라고 한다. 회귀분석을 이용하면 독립변수와 종속변수의 결합분포를 알 수 있는데, 이 분포를 지나가는 하나의 선이 도출되며 이를 회귀선이라고 한다. 회귀선의 방정식은 이 방정식은 Y=a+bX+ei라는 형태를 갖는다. b는 회귀선의 기울기이고, ei는 회귀선 예측의 오차이다.[2] 이번 순서에서는 회귀선을 도출하고 독립변수와 종속변수가 어떠한 관계를 가지는지에 대해 분석하는 법을 알아볼 것이다.

회귀분석을 하는 과정은 다음과 같은 순서를 따른다.

- 독립변수와 종속변수의 관계를 차트로 나타낸 후 회귀선을 도출하기
- 회귀분석을 실행하기
- 분석결과로 도출된 값들의 의미를 파악한 후 독립변수와 종속변수의 관계를 결정하기

이번 회귀분석 순서에서는 이 3단계의 과정을 따를 것이다. 먼저 단순회귀분석의 과정을 상세히 알아본 후 이를 응용하여 다중회귀분석을 해볼 것이다.

(1) 단순회귀분석

MS Excel 실습 파일에서 '단순회귀' 시트를 선택하면 표가 나타난다. 표는 광고

2 이러한 회귀분석 오차를 '잔차'라고 한다. 자료의 분포를 통해 추세선을 나타냈을 때 추세선과 각 점과의 거리가 잔차값이다.

투자와 실제 매출을 나타내고 있다. 광고투자는 매출에 영향을 미치므로 이번 회귀분석을 통해 광고투자가 매출과 어떠한 관계를 가지고 있는지 파악해볼 것이다.

MS Excel에서 회귀분석을 실행하기 위해서는 회귀분석기능을 추가해야 한다. '파일-옵션-추가기능' 아래 쪽의 '이동'을 누른 다음 여기서 분석도구와 해 찾기 추가기능을 선택한 다음 '확인'을 눌러준다. 그 다음 데이터 메뉴에서 맨 오른쪽을 보면 데이터분석과 해 찾기 기능이 추가된 것을 볼 수 있다. 이제부터 회귀분석 3단계의 과정을 통해 회귀분석을 실행할 것이다.

1) 독립변수와 종속변수의 관계를 차트로 나타낸 후 회귀선을 도출하기

먼저 광고투자와 매출의 관계를 분산형 차트로 나타내보도록 한다. 그러면 여러 개의 점이 분포되어 있는 차트가 나타날 것이다. 그중 아무 점을 선택하면 모든 점이 선택될 것이다. 그 다음 마우스 오른쪽을 클릭한 후 추세선 추가를 하면 [그림 13-11]과 같은 화면이 나타난다.

그림 13-11 추세선 추가

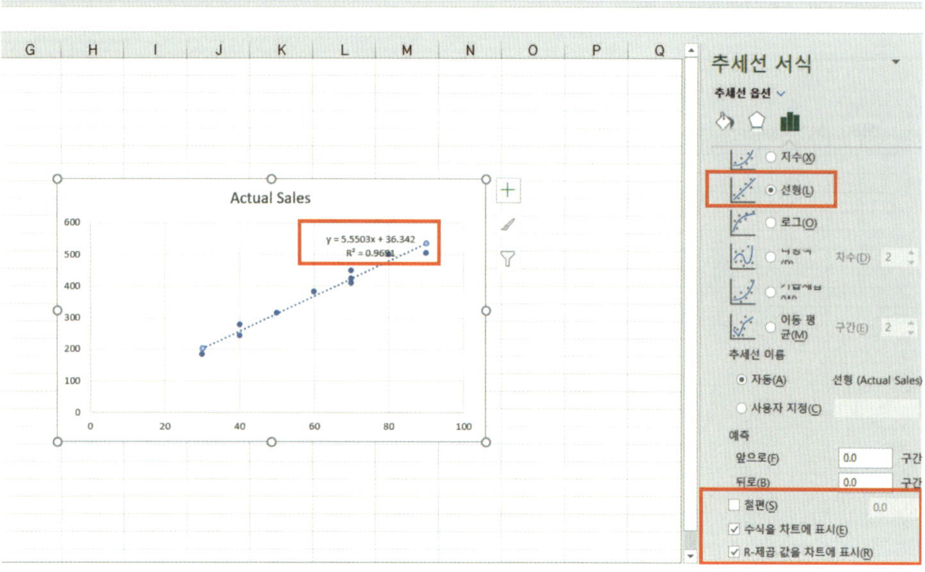

차트에서 추세선을 추가한 후 선형을 선택하면 [그림 13-11]과 같은 일차함수가 도출되는데 이 선이 회귀식이다. 그 다음 아래 항목에서 '수식을 차트에 표시'와 'R-제곱값을 차트에 표시'를 선택하면 선 위에 두 개의 식이 나타난다. 먼저 일차함수식은 회귀선의 방적식이다. 그리고 R-제곱값이 나타나는데 이는 3단계에서 설명하도록 한다. 절편은 회귀식이 분포의 원점을 지나지 않기 때문에 선택하지 않도록 한다. 이렇게 차트를 통해 추세선을 도출하는 이유는 회귀식의 방정식을 확인해보기 위해서이다.

2) 회귀분석을 실행하기

앞서 추가했던 '데이터-데이터분석'에서 회귀분석을 선택하여 실행하면 [그림 13-12]와 같은 화면이 나타난다.

앞서 말했던 Y는 종속변수인 매출, X는 독립변수인 광고투자이다. 따라서 Y축 범위에는 매출 칼럼을, X축 범위에는 광고투자 칼럼을 대입한다. 그 다음 이름표와 신뢰수준을 체크한다. 이것들은 추가정보를 위한 것이기 때문에 굳이 체크하지 않

그림 13-12 회귀분석 창

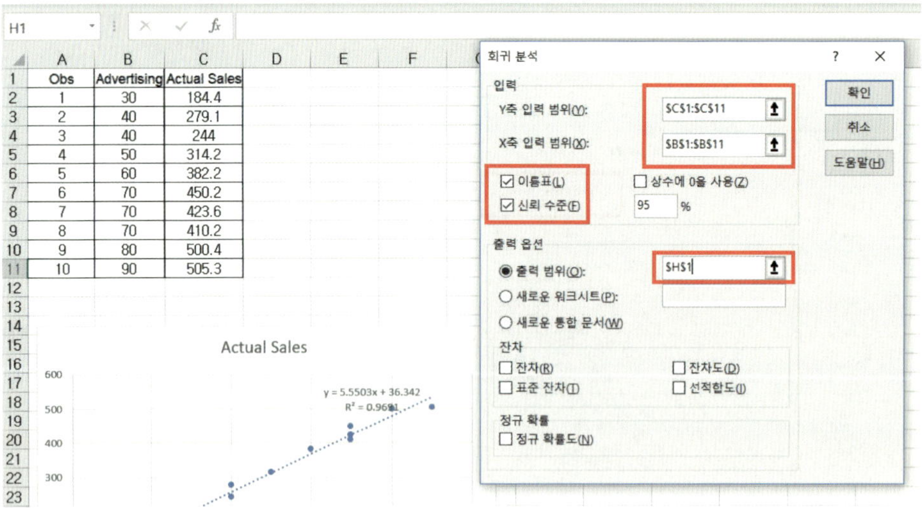

아도 무방하다. 출력범위는 회귀분석결과가 어떤 셀부터 나타나게 할 것인지를 지정하는 것이다. 이 과정들을 완료하면 [그림 13-13]과 같이 회귀분석결과가 도출된다.

그림 13-13 회귀분석 수행결과

H	I	J	K	L	M	N	O	P	Q
요약 출력									
회귀분석 통계량									
다중 상관계수	0.984444								
결정계수	0.969131								
조정된 결정계수	0.965272								
표준 오차	20.42132								
관측수	10								
분산 분석									
	자유도	제곱합	제곱 평균	F 비	유의한 F				
회귀	1	104739.6	104739.6	251.1558	2.51E-07				
잔차	8	3336.244	417.0305						
계	9	108075.8							
	계수	표준 오차	t 통계량	P-값	하위 95%	상위 95%	하위 95.0%	상위 95.0%	
Y 절편	36.34235	21.98328	1.653181	0.136894	-14.3512	87.03589	-14.3512	87.03589	
Advertising	5.550294	0.350223	15.84789	2.51E-07	4.742679	6.357909	4.742679	6.357909	

3) 분석결과로 도출된 값들의 의미를 파악한 후 독립변수와 종속변수의 관계를 결정하기

회귀분석결과에서 주목해야 할 것은 조정된 결정계수, 유의한 F, 그리고 P-값이다. 앞서 나타났던 'R-제곱'의 이름은 '결정계수'이다. 결정계수란 회귀모형의 데이터에 대한 설명력을 나타냈던 척도이다. 통상적으로 결정계수와 설명력은 [표 13-1]과 같은 관계를 가진다. 이를 바탕으로 할 때 광고투자는 매출액을 거의 완벽하게 설명하고 있음을 알 수 있다.[3]

3 R-제곱값이 지나치게 높으면 '다중 공선성 독립변수'를 의심해보아야 한다. 본 과정에서는 이를 확인하는 과정은 생략하였다.

표 13-1 결정계수 판단기준

결정계수(R-제곱값)	독립변수의 종속변수에 대한 설명력
0.1~0.2	weakly support
0.2~0.3	support
0.3~	strongly support

그러나 회귀분석에서는 '조정된 결정계수'를 사용한다. 그 이유는 결정계수는 독립변수가 증가할 때마다 1에 가까워지는 치명적인 단점이 있기 때문이다. 따라서 이러한 단점을 없애기 위하 결정계수를 보완하며 조정된 결정계수를 사용한다. 조정된 결정계수 또한 [표 13-1]의 기준에 따라 참고할 수 있다.

결정계수를 확인했다면 다음으로는 유의한 F값을 확인해야 한다. 유의한 F값은 분산분석이라는 항목에 속해 있는데 분산분석이란 회귀식 자체에 대한 의미를 따지는 것을 말한다. 따라서 유의한 F값에 따라 회귀식의 의미가 달라질 수 있다. 유의한 F값은 0.1을 기준으로 하여 값이 0.1보다 작을 때 회귀식이 의미가 있다고 본다. 만약 0.1이 넘는다면 다음 회귀분석결과는 의미가 없는 분석이다. 사례에서의 유의한 F값은 0.1보다 작으므로 해당 회귀분석은 의미가 있다고 볼 수 있다.

마지막으로 P-값을 확인해야 한다. 주의할 점은 독립변수에 대한 P-값만 고려하면 된다는 것이다. P-값은 해당 독립변수가 종속변수와 유의미한 관계인지를 파악할 때 사용하는 척도이다.

회귀분석을 할 때는 귀무가설과 대립가설을 세운다. 귀무가설이란 일반적으로 진실할 확률이 매우 적어 처음부터 기각될 것을 예상하고 세우는 가설이다. 위 예에서는 "광고투자는 매출과 연관성이 없다"가 귀무가설이다. 대립가설은 단순히 귀무가설을 대체하는 가설이다. 여기서는 귀무가설의 반대인 "광고투자는 매출과 연관성이 있다"이다.

P-값이 나타내는 것은 귀무가설이 채택될 확률이다. 예를 들어 P-값이 0.1이라면 귀무가설이 채택될 확률이 10%라는 것이다. 위 사례에서는 귀무가설 채택 확률이 10% 미만이면 유의미한 관계를 가진다고 가정한다. 사례에서 광고투자의 P-값

은 0.1보다 작으므로 광고투자는 매출에 대해 유의미한 독립변수라고 볼 수 있다.

회귀분석을 통해 의사결정담당자는 광고투자를 바탕으로 매출을 예측할 수 있게 되었다. 회귀식은 앞서 도출했던 추세선이나 회귀분석결과의 계수를 통해 알 수 있다([그림 13-14] 참조).

그림 13-14 단순회귀분석에 의한 예측

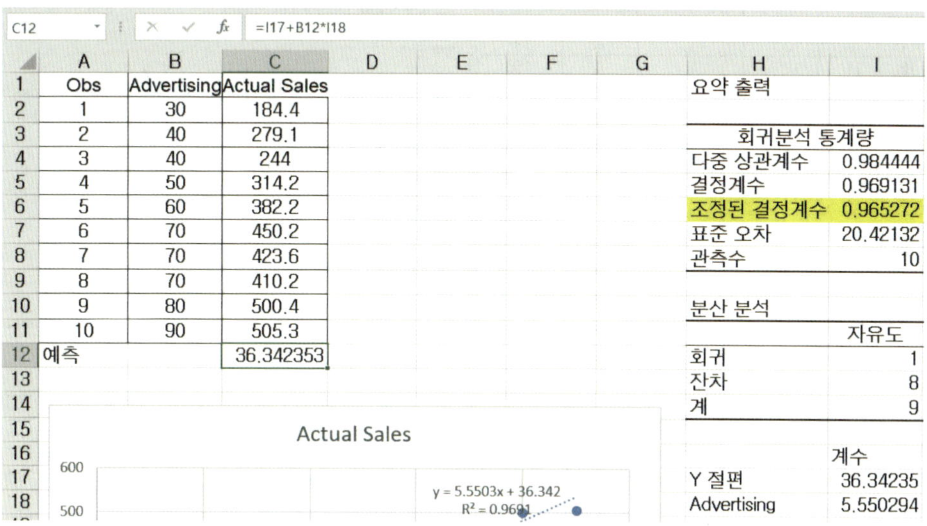
C12 =I17+B12*I18

	A	B	C
1	Obs	Advertising	Actual Sales
2	1	30	184.4
3	2	40	279.1
4	3	40	244
5	4	50	314.2
6	5	60	382.2
7	6	70	450.2
8	7	70	423.6
9	8	70	410.2
10	9	80	500.4
11	10	90	505.3
12	예측		36.342353

H	I
요약 출력	
회귀분석 통계량	
다중 상관계수	0.984444
결정계수	0.969131
조정된 결정계수	0.965272
표준 오차	20.42132
관측수	10
분산 분석	
	자유도
회귀	1
잔차	8
계	9
	계수
Y 절편	36.34235
Advertising	5.550294

(2) 다중회귀분석

다중회귀분석은 독립변수가 두 개 이상인 경우일 때의 회귀분석방법이다. 다중회귀 시트의 사례를 살펴보면 방의 크기(Sq. Feet), 차고의 개수(Size of Garage), 그리고 방의 개수(Bedrooms)가 렌탈료(Rental Fee)라는 종속변수의 독립변수들임을 알 수 있다. 따라서 이 세 가지의 독립변수들이 종속변수와 어떠한 관계를 갖는지에 대해 알아보기 위해 회귀분석을 진행할 것이다. 다중회귀분석은 단일회귀분석과 분석과정이 동일하므로 1, 2단계는 생략한다. 2단계 데이터분석-회귀분석과정에서 X축 범위를 B, C, D칼럼 모두 선택하는 것만 주의하면 된다([그림 13-15] 참조).

그림 13-15 다중회귀분석

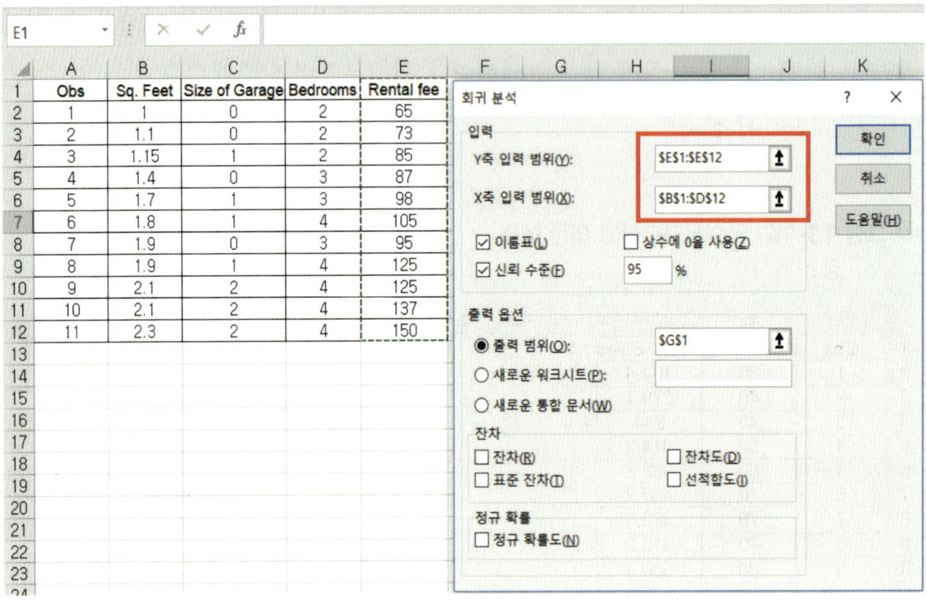

이에 따라 회귀분석결과를 도출하면 [그림 13-16]과 같다.

이 부분에서 주목할 점은 방의 개수의 P-값이 0.1보다 크다는 데 있다. 이는 "방의 개수는 렌탈료와 연관성이 없다"라는 귀무가설이 채택되었음을 의미한다. 따라서 독립변수는 렌탈료라는 종속변수를 설명하는 데 유의미한 영향을 미치지 않

그림 13-16 다중회귀분석 수행결과

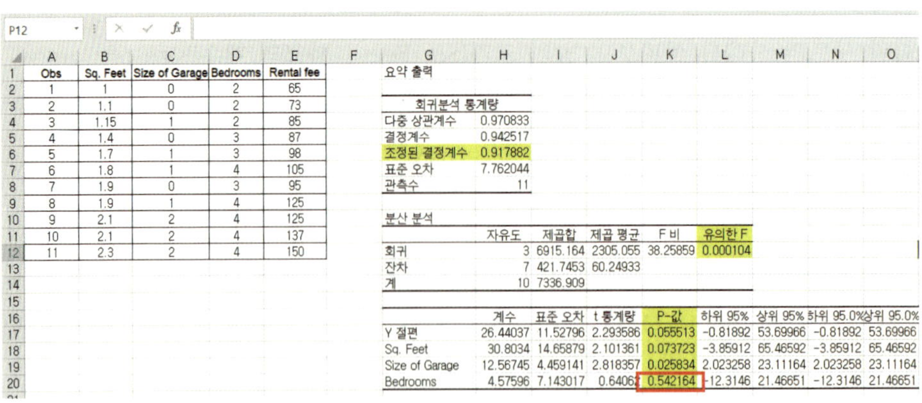

는다. 때문에 정확한 회귀분석을 위해서는 방의 개수라는 독립변수를 배제하고 방의 크기, 차고의 개수 두 가지 독립변수만 가지고 회귀분석을 진행해야 한다([그림 13-17] 참조).

그림 13-17 다중회귀분석에 의한 예측

E13 =H17+B13*H18+C13*H19

	A	B	C	D	E
1	Obs	Sq. Feet	Size of Garage	Bedrooms	Rental fee
2	1	1	0	2	65
3	2	1.1	0	2	73
4	3	1.15	1	2	85
5	4	1.4	0	3	87
6	5	1.7	1	3	98
7	6	1.8	1	4	105
8	7	1.9	0	3	95
9	8	1.9	1	4	125
10	9	2.1	2	4	125
11	10	2.1	2	4	137
12	11	2.3	2	4	150
13	예측	2	3		143.46086

요약 출력

회귀분석 통계량	
다중 상관계수	0.969096
결정계수	0.939147
조정된 결정계수	0.923934
표준 오차	7.470536
관측수	11

분산 분석

	자유도	제곱합	제곱 평균	F 비	유의한 F
회귀	2	6890.438	3445.219	61.73241	1.37E-05
잔차	8	446.4713	55.80891		
계	10	7336.909			

	계수	표준 오차	t 통계량	P-값	하위 95%	상위 95%	하위 95.0%	상위 95.0%
Y 절편	27.68355	10.93669	2.531255	0.035187	2.463501	52.9036	2.463501	52.9036
Sq. Feet	38.57623	7.916851	4.872674	0.001236	20.31994	56.83252	20.31994	56.83252
Size of Garage	12.87495	4.266739	3.017515	0.016622	3.035832	22.71407	3.035832	22.71407

방의 크기와 차고의 개수라는 독립변수만 가지고 회귀분석을 진행한 결과 유의한 F값과 두 독립변수의 P-값이 모두 0.1보다 작으므로 귀무가설이 기각되고 대립가설이 채택된다. 따라서 이 회귀분석은 유의미하다고 할 수 있다. 조정된 결정계수에 따르면 방의 크기와 차고의 개수는 렌탈료를 'strongly support'한다.[4]

3.5 이동평균법

이동평균법(method average method)이란 과거의 일정기간의 평균을 이용하여 전체의 추세를 예측하는 방법이다. 마땅한 독립변수가 존재하지 않고 단순 과거의 자료들이 존재할 때 사용한다. 이동평균법은 과거의 값이 미래의 값과 관계가 있다

4 [그림 13-16]과 [그림 13-17]을 보면 세 가지 독립변수를 이용한 [그림 13-16]에서의 결정계수가 두 가지 독립변수를 사용한 [그림 13-17]의 경우보다 큰 것을 확인할 수 있다. 하지만 조정된 결정계수는 오히려 후자가 더 크게 나타난다. 왜냐하면 방의 개수라는 유의미하지 못한 독립변수를 제거했기 때문에 설명력이 더 높아졌기 때문이다. 이러한 이유로 결정계수보다는 조정된 결정계수를 사용해야 한다.

는 전제를 가진다.

이동평균법은 선형으로밖에 예측할 수 없는 회귀분석의 단점을 해결할 수 있다. 하지만 다음 번 하나의 값밖에 예측하지 못한다(one point forecasting)는 단점이 있다. 또한 보통 계절단위로 3개월을 기준으로 잡고 예측하는데 이에 대한 이론적 근거가 부족하며, 3개월이 아닌 기간을 기준으로 할 때는 그 이유 또한 설명해야 하는 단점도 있다.

이동평균법을 실행하기 위해 MS Excel에서 이동평균법 시트를 선택한다. 의사결정담당자는 15년 2월까지의 자료를 가지고 있으며 15년 3월의 값을 예측하려고 한다. 이동평균법에 의한 예측을 위해 C1 셀에 'Sales^'라는 항목을 추가한 후 C칼럼에 이동평균값을 대입한다. 이동평균값은 3개월 평균이므로 13년 6월(C5)의 값은 13년 3월, 4월, 5월의 평균값이다. 따라서 C5 셀에 '(C2+C3+C4)/3'을 대입한 다음 15년 3월까지 드래그하면 이동평균법에 의한 15년 3월의 예측값을 도출할 수 있다. 이를 [그림 13-18]과 같이 분산형 차트로 표현해보았다.

그림 13-18 이동평균법

	A	B	C	D
1	Time	t	Sales	Sales^
2	13년3월	1	200	
3	13년4월	2	233	
4	13년5월	3	240	
5	13년6월	4	243	224.333333
6	13년7월	5	237	238.666667
7	13년8월	6	224	240
8	13년9월	7	200	234.666667
9	13년10월	8	198	220.333333
10	13년11월	9	188	207.333333
11	13년12월	10	190	195.333333
12	14년1월	11	200	192
13	14년2월	12	211	192.666667
14	14년3월	13	235	200.333333
15	14년4월	14	260	215.333333
16	14년5월	15	287	235.333333
17	14년6월	16	298	260.666667
18	14년7월	17	296	281.666667
19	14년8월	18	280	293.666667
20	14년9월	19	265	291.333333
21	14년10월	20	246	280.333333
22	14년11월	21	211	263.666667
23	14년12월	22	200	240.666667
24	15년1월	23	195	219
25	15년2월	24	200	202
26	15년 3월	25		198.333333

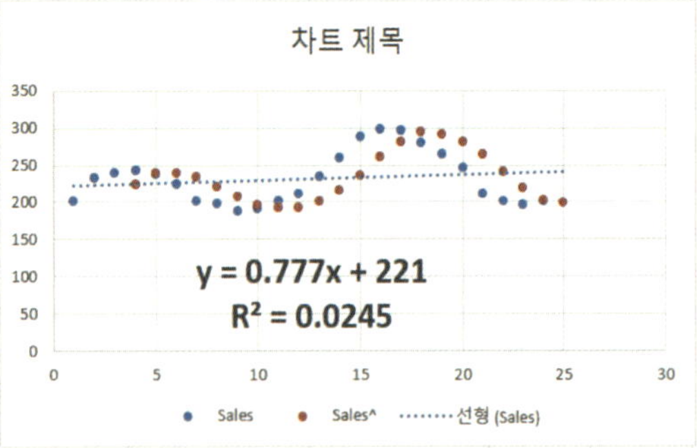

앞서 이동평균법은 마땅한 독립변수가 없는 이러한 사례에서 회귀분석보다 더 나은 분석을 할 수 있다고 언급하였다. 이를 알아보기 위해 [그림 13-18]에서의 회귀식을 이용하여 회귀분석값을 도출해보고 이동평균법과 비교해보도록 할 것이다.[5]

먼저 이를 위해 B1에 '시간'이라는 독립변수를 만들어주기 위해 't'를 삽입한다. 또한 E1에 '회귀분석추정', F1과 G1에는 이동평균법과 회귀분석의 실제값과의 오차를 계산하기 위해 'error(이동평균)'와 'error(회귀분석)' 항목을 삽입해준다. 잔차의 양수, 음수의 구분을 없애기 위해 제곱을 해주도록 한다.

E2 = 0.777 * B2 + 221

F5 = (C5−D5)^2

G5 = (C5−E5)^2

이를 반영한 후 표 전체를 완성한 다음 13년 6월부터 15년 2월까지의 error(이동평균)와 error(회귀분석)의 값을 각각 더해준다. 그러면 이동평균법과 회귀분석의 잔차 제곱의 합이 나올 것이다. [그림 13-19]에서 볼 수 있듯이 이동평균법의 잔차 제곱의 합이 회귀분석 잔차 제곱의 합보다 작으므로 위 사례의 경우 이동평균법이 더 효과적인 분석방법이라고 할 수 있다.

5 해당 회귀방정식은 실제값인 Sales에 대한 회귀방적식이다. Sales^의 회귀식을 이용하지 않는 것에 주의하자.

그림 13-19 이동평균법 평가

	A	B	C	D	E	F	G
1	Time	t	Sales	Sales^	회귀분석추정	error(이동평균)	error(회귀분석)
2	13년3월	1	200		221.777		
3	13년4월	2	233		222.554		
4	13년5월	3	240		223.331		
5	13년6월	4	243	224.333333	224.108	348.4444444	356.907664
6	13년7월	5	237	238.666667	224.885	2.777777778	146.773225
7	13년8월	6	224	240	225.662	256	2.762244
8	13년9월	7	200	234.666667	226.439	1201.777778	699.020721
9	13년10월	8	198	220.333333	227.216	498.7777778	853.574656
10	13년11월	9	188	207.333333	227.993	373.7777778	1599.440049
11	13년12월	10	190	195.333333	228.77	28.44444444	1503.1129
12	14년1월	11	200	192	229.547	64	873.025209
13	14년2월	12	211	192.666667	230.324	336.1111111	373.416976
14	14년3월	13	235	200.333333	231.101	1201.777778	15.202201
15	14년4월	14	260	215.333333	231.878	1995.111111	790.846884
16	14년5월	15	287	235.333333	232.655	2669.444444	2953.379025
17	14년6월	16	298	260.666667	233.432	1393.777778	4169.026624
18	14년7월	17	296	281.666667	234.209	205.4444444	3818.127681
19	14년8월	18	280	293.666667	234.986	186.7777778	2026.260196
20	14년9월	19	265	291.333333	235.763	693.4444444	854.802169
21	14년10월	20	246	280.333333	236.54	1178.777778	89.4916
22	14년11월	21	211	263.666667	237.317	2773.777778	692.584489
23	14년12월	22	200	240.666667	238.094	1653.777778	1451.152836
24	15년1월	23	195	219	238.871	576	1924.664641
25	15년2월	24	200	202	239.648	4	1571.963904
26	15년 3월	25		198.333333	240.425		
27						17642.22222	26765.53589
28							

3.6 지수평활법

지수평활법(exponential smoothing method)이란 가장 최근 데이터에 가장 큰 가중치를 주고 과거의 자료일수록 가중치를 덜 주는 이동평균 예측방법이다.

이 기법은 가장 최근의 예측 데이터와 주요 판매 데이터 간의 차이에 적합한 평활 상수를 사용함으로써 과거의 데이터를 유지할 필요성을 갖지 않는다. 지수평활법은 이동평균법의 부족한 이론적 근거를 비판하면서 만들어졌다. 이동평균법이 3개월의 자료를 가지고만 다음 단계를 예측할 수 있는 반면, 지수평활법은 과거의 모든 데이터를 사용할 수 있다. 이러한 접근방법은 추세와 계절성을 모두 갖는 데이터뿐만 아니라 어떤 추세를 갖지 않거나 계절적인 패턴을 나타내는 데이터에도 사용될 수 있다.

가중치의 값의 합을 1로 하였을 때 지수평활법을 다음과 같은 함수로 표현할 수 있다.

Yt = α * Xt−1 + (1−α) * Yt−1(X: 실제치, Y: 예측치, α: 가중치)
= α * Xt−1 + (1−α) * α * Xt−2 + (1−α)^2 * α * Xt−3 + … + (1−α)^t−1 * α * X1

α값을 크게 할수록 최근의 데이터를 중요하게 여기는 것을 의미한다. 반대로 α값을 작게 할수록 이전 예측치, 즉 장기적인 추세를 더욱 중요하게 생각하는 것을 의미한다.

MS Excel 지수평활법 시트를 선택하면 기존 Sales의 실제치가 주어져 있다. 의사결정담당자는 직전 데이터에 0.7의 가중치(α)를 부여하고 지수평활법을 이용하여 15년 3월의 Sales를 예측하고자 한다. 이를 구하는 과정은 다음과 같다.

위의 함수식을 바탕으로 할 때 지수평활은 예측치이므로 Y, 실제 Sales의 값은 X라고 할 수 있다. 따라서 13년 4월의 값은 0.7만큼의 X와 0.3만큼의 Y값으로 이루어진다. 이를 식으로 나타내면 Y(13년 4월)=0.7*Sales(13년 3월)+0.3*예측치(13년 3월)이다. 따라서 C3='$B$30*B2+(1−$B$3)*C2'로 나타낼 수 있다. 이를 대입한 후 드래그하면 15년 3월의 예측치를 구할 수 있다([그림 13−20] 참조).

하지만 지수평활법 또한 이동평균법과 같이 다음 한 번밖에 예측하지 못하는(one point forecasting) 단점이 있다.

그림 13-20 지수평활법

RATE | =$B$30*B2+(1-$B$30)*C2

	A	B	C	D	E
1	Time	Sales(X)	지수평활(Y)		
2	13년3월	200	200		
3	13년4월	233	1-$B$30)*C2		
4	13년5월	240	223.1		
5	13년6월	243	234.93		
6	13년7월	237	240.579		
7	13년8월	224	238.0737		
8	13년9월	200	228.22211		
9	13년10월	198	208.466633		
10	13년11월	188	201.1399899		
11	13년12월	190	191.941997		
12	14년1월	200	190.5825991		
13	14년2월	211	197.1747797		
14	14년3월	235	206.8524339		
15	14년4월	260	226.5557302		
16	14년5월	287	249.9667191		
17	14년6월	298	275.8900157		
18	14년7월	296	291.3670047		
19	14년8월	280	294.6101014		
20	14년9월	265	284.3830304		
21	14년10월	246	270.8149091		
22	14년11월	211	253.4444727		
23	14년12월	200	223.7333418		
24	15년1월	195	207.1200025		
25	15년2월	200	198.6360008		
26	15년 3월		199.5908002		
27					

3.7 시계열 예측

시계열 예측(forecasting with seasonal effect)은 이동평균법과 지수평활법이 가지고 있는 원포인트 예측(one point forecasting)이라는 한계를 극복하기 위해 고안되었다.

시계열 예측의 종속변수 Y는 추세(T: trend), 계절성(S: seasonal), 그리고 잔차(R: residual)의 관계로 나타난다. 시계열 예측이 가산적 계절성효과(additive seasonal effect)를 구한다고 했을 때, 예측치 Y^는 다음과 같은 함수로 나타낼 수 있다.

$$\hat{Y} = (T + S + R)\hat{}$$

한편 T, S, 그리고 R은 서로 독립적인 변수이다. 따라서 다음과 같이 나타낼 수 있다.

$$\hat{Y} = (T + S + R)\hat{} = \hat{T} + \hat{S} + \hat{R}$$

R^은 R의 기댓값인데 이를 0이라고 가정한다. 결과적으로 Y^는 다음과 같이 나타낼 수 있다.

$$\hat{Y} = \hat{T} + \hat{S}$$

Y^의 예측치를 구하는 법은 아래의 과정을 따르면 된다.

- 주어진 실제치(Y)의 추세선을 나타낸 뒤 회귀식을 바탕으로 T를 구한다.
- 각 계절별 평균값을 구하여 S를 도출한다.
- 도출된 T와 S를 더해 Y^를 구하고 추가적으로 잔차(R)를 구한다.

이하에서는 MS Excel 시계열 예측 사례를 통해 예측치(Y^)를 구해본다.

1) 주어진 실제치(Y)의 추세선을 나타낸 뒤 회귀식을 바탕으로 T를 구한다

[그림 13-21]의 오른쪽에 주어진 그래프는 실제치(Y)의 그래프이다. 앞서 했던 것처럼 먼저 이 그래프의 추세선 식을 구한다. 시계열 예측에서의 변수는 시간이므로 추세선 함수식의 변수 x는 B칼럼인 시간이다. 이를 바탕으로 표를 작성하면 다음과 같다. 그리고 Y값에서 구한 T를 빼서 S+R 또한 구해준다.

그림 13-21 덧셈가정 시계열 예측(1)

RATE | =0.777*B2+221

	A	B	C	D	E	F	G	H
1	Time	시간	Y=T+S+R	T	S+R=Y-T	S	R	Y^=T+S
2	13년3월	1	200	+221	-21.777			
3	13년4월	2	233	222.554	10.446			
4	13년5월	3	240	223.331	16.669			
5	13년6월	4	243	224.108	18.892			
6	13년7월	5	237	224.885	12.115			
7	13년8월	6	224	225.662	-1.662			
8	13년9월	7	200	226.439	-26.439			
9	13년10월	8	198	227.216	-29.216			
10	13년11월	9	188	227.993	-39.993			
11	13년12월	10	190	228.77	-38.77			
12	14년1월	11	200	229.547	-29.547			
13	14년2월	12	211	230.324	-19.324			
14	14년3월	13	235	231.101	3.899			
15	14년4월	14	260	231.878	28.122			
16	14년5월	15	287	232.655	54.345			
17	14년6월	16	298	233.432	64.568			
18	14년7월	17	296	234.209	61.791			
19	14년8월	18	280	234.986	45.014			
20	14년9월	19	265	235.763	29.237			
21	14년10월	20	246	236.54	9.46			
22	14년11월	21	211	237.317	-26.317			
23	14년12월	22	200	238.094	-38.094			
24	15년1월	23	195	238.871	-43.871			
25	15년2월	24	200	239.648	-39.648			

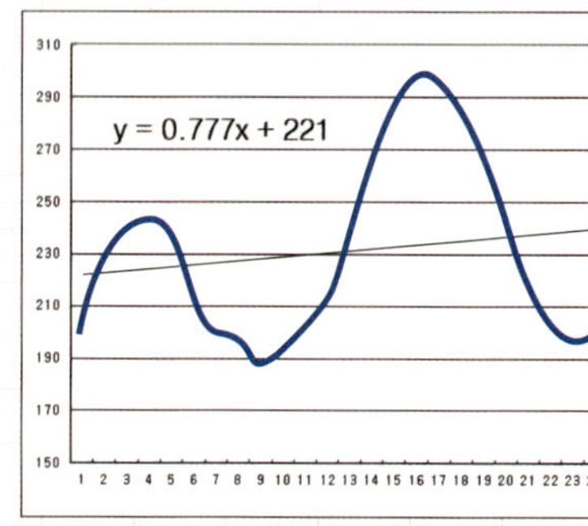

2) 각 계절별 평균값을 구하여 S를 도출한다

앞서 말했듯이 R^=0이라고 할 수 있다. 따라서 S+R값을 계절별로 나눠서 각각의 예측값을 구한다면 R^=0이 되는 각 계절별 S값이 나올 것이다. 봄에 해당하는 계절값을 구하기 위해서는 각 년도의 3, 4, 5월에 해당하는 S+R값의 평균을 내야 한다. Average 함수를 이용하여 값을 구하면 15.284이다. 그렇다면 15.284를 표에 3, 4, 5월에 해당하는 부분에 대입하면 봄에 해당하는 계절값 S가 완성된다. 여름, 가을, 겨울도 같은 과정을 반복한다([그림 13-22] 참조).[6]

6 각 계절별 값이기 때문에 계절에 해당하는 3개의 달은 모두 값이 동일해야 한다. 따라서 평균값의 범위를 설정한 후 F4기능을 통해 값을 고정해야 한다. 만약 범위의 값을 고정하지 않는다면 각 달마다 다른 값이 도출될 것이다.

■ **그림 13-22 덧셈가정 시계열 예측(2)**

	A	B	C	D	E	F	G	H
1	Time	시간	Y=T+S+R	T	S+R=Y-T	S	R	Y^=T+S
2	13년3월	1	200	221.777	-21.777	=AVERAGE($E$2:$E$4,$E$14:$E$16)		
3	13년4월	2	233	222.554	10.446	AVERAGE(number1, [number2], [number3], .		
4	13년5월	3	240	223.331	16.669	15.284		
5	13년6월	4	243	224.108	18.892			
6	13년7월	5	237	224.885	12.115			
7	13년8월	6	224	225.662	-1.662			
8	13년9월	7	200	226.439	-26.439			
9	13년10월	8	198	227.216	-29.216			
10	13년11월	9	188	227.993	-39.993			
11	13년12월	10	190	228.77	-38.77			
12	14년1월	11	200	229.547	-29.547			
13	14년2월	12	211	230.324	-19.324			
14	14년3월	13	235	231.101	3.899	15.284		
15	14년4월	14	260	231.878	28.122	15.284		
16	14년5월	15	287	232.655	54.345	15.284		
17	14년6월	16	298	233.432	64.568			
18	14년7월	17	296	234.209	61.791			
19	14년8월	18	280	234.986	45.014			
20	14년9월	19	265	235.763	29.237			
21	14년10월	20	246	236.54	9.46			
22	14년11월	21	211	237.317	-26.317			
23	14년12월	22	200	238.094	-38.094			
24	15년1월	23	195	238.871	-43.871			
25	15년2월	24	200	239.648	-39.648			

3) 도출된 T와 S를 더해 Y^를 구하고 추가적으로 잔차(R)를 구한다

추세(T)와 계절성(S)을 모두 구했으니 이를 더하면 Y^를 구할 수 있다. R값은 앞서구한 S+R에서 S값을 빼주면 구할 수 있다([그림 13-23] 참조).

한편 승산식 계절성효과(multiplicative seasonal effect)의 경우 Y^함수는 다음과 같다.

$$Y^{\wedge} = T * S * R$$

이 경우 R^의 기댓값은 1이므로 Y^=S^*R^의 함수식이 나타날 수 있다. 이를 구하는 과정은 앞선 가산식 계절성효과를 구하는 과정과 동일하다.

그림 13-23 덧셈가정 시계열 예측(3)

	A	B	C	D	E	F	G	H
1	Time	시간	Y=T+S+R	T	S+R=Y-T	S	R	Y^=T+S
2	13년3월	1	200	221.777	-21.777	15.284	-37.061	237.061
3	13년4월	2	233	222.554	10.446	15.284	-4.838	237.838
4	13년5월	3	240	223.331	16.669	15.284	1.385	238.615
5	13년6월	4	243	224.108	18.892	33.453	-14.561	257.561
6	13년7월	5	237	224.885	12.115	33.453	-21.338	258.338
7	13년8월	6	224	225.662	-1.662	33.453	-35.115	259.115
8	13년9월	7	200	226.439	-26.439	-13.878	-12.561	212.561
9	13년10월	8	198	227.216	-29.216	-13.878	-15.338	213.338
10	13년11월	9	188	227.993	-39.993	-13.878	-26.115	214.115
11	13년12월	10	190	228.77	-38.77	-34.8757	-3.89433	193.8943
12	14년1월	11	200	229.547	-29.547	-34.8757	5.328667	194.6713
13	14년2월	12	211	230.324	-19.324	-34.8757	15.55167	195.4483
14	14년3월	13	235	231.101	3.899	15.284	-11.385	246.385
15	14년4월	14	260	231.878	28.122	15.284	12.838	247.162
16	14년5월	15	287	232.655	54.345	15.284	39.061	247.939
17	14년6월	16	298	233.432	64.568	33.453	31.115	266.885
18	14년7월	17	296	234.209	61.791	33.453	28.338	267.662
19	14년8월	18	280	234.986	45.014	33.453	11.561	268.439
20	14년9월	19	265	235.763	29.237	-13.878	43.115	221.885
21	14년10월	20	246	236.54	9.46	-13.878	23.338	222.662
22	14년11월	21	211	237.317	-26.317	-13.878	-12.439	223.439
23	14년12월	22	200	238.094	-38.094	-34.8757	-3.21833	203.2183
24	15년1월	23	195	238.871	-43.871	-34.8757	-8.99533	203.9953
25	15년2월	24	200	239.648	-39.648	-34.8757	-4.77233	204.7723

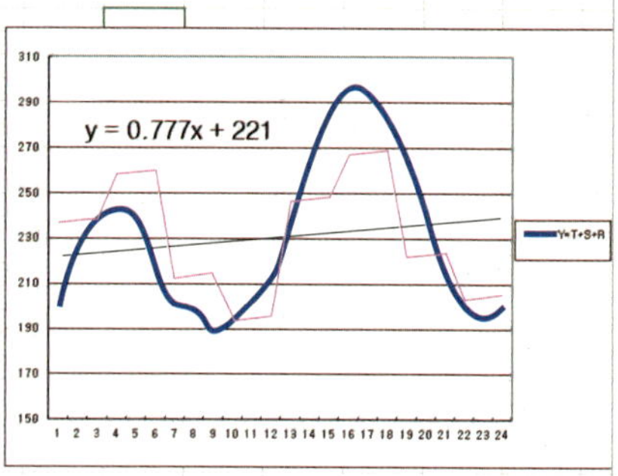

예제

■ O/X형

1 전자문서관리시스템(EDMS)는 지식베이스시스템의 예이다.

2 목표값 찾기는 원인값을 결정한 후 결과값을 찾는 분석방법이다.

3 회귀분석이 유의미하려면 유의한 F값이 0.1 보다 작아야 한다.

4 지수평활법의 α값을 크게 설정하는 것은 장기적 추세를 중요시했기 때문이다.

5 시계열 예측은 원포인트 예측(one point forecasting)이라는 단점이 있다.

답 ×, ×, ○, ×, ×

■ 서술형

1 의사결정의 5단계에 대해 간략하게 설명하시오.

2 DSS Framework의 요소들에 대해 간략하게 설명하시오.

■ 실습형

1 제시된 자료를 바탕으로 시나리오분석과 목표값 찾기를 수행하시오.

2 제시된 자료를 바탕으로 다중회귀분석을 수행하시오.

3 제시된 자료를 바탕으로 이동평균법을 수행하시오(단, M=3).

4 제시된 자료를 바탕으로 지수평활법을 수행하시오(단, α=0.7).

5 제시된 자료를 바탕으로 승산적(multiplicative) 시계열 예측을 수행하시오.

CHAPTER

14 전자상거래와 소셜미디어

제1절 전통경제와 디지털경제

21세기 이후로 디지털경제가 본격적으로 다가왔다. 디지털경제가 일시적인 현상이 아니라 트렌드임을 밝히기 위해서는 인터넷기술이 과연 시장의 효율성을 제고할 것인지를 검토할 필요가 있다. 먼저 인터넷은 제품이나 고객을 탐색하는 데 소요되는 시간 또는 비용을 혁신적으로 감축시켜준다. 즉 전자상거래를 통해 거래를 하게 되면 탐색비용이 실물 거래를 하는 것보다 적게 들어 거래비용이 감소한다. 따라서 거래비용이론의 관점에서 볼 때 인터넷은 시장의 효율성을 제고한다.

또한 인터넷을 활용하면 현장의 정보를 공유하고 획득하는 것이 쉬워지므로 통제가 더욱 용이해진다. 이는 그동안 통제에 필요한 정보를 관리해온 중간관리자들의 역할의 중요성이 감소됨을 의미한다. 이로써 기업은 에이전트비용을 절약할 수 있을 것이다. 따라서 에이전트이론의 관점에서 볼 때 인터넷은 시장의 효율성을 제고한다.

또한 인터넷공간에서는 수확체증의 법칙이 적용된다. 기존의 경제이론에서는 [그림 14-1]과 같은 수확체감의 법칙이 적용된다. 그림에서 1국면에서는 투입을

■ 그림 14-1 수확체감의 법칙

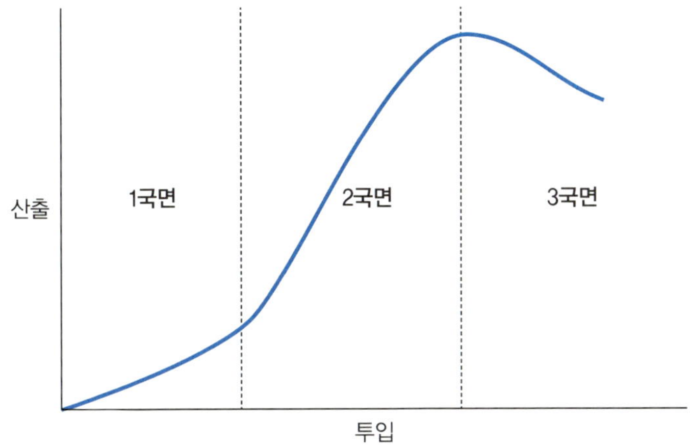

증가시킬 때마다 가파르게 산출이 증가하므로 기업은 투입량을 계속 증가시키려고 할 것이다. 또한 3국면에서는 투입량을 줄일 것이다. 그래서 장기적으로는 기업들은 2국면에 머무를 것이며, 이때 2국면은 투입량을 증가시킬 때 산출량이 증가하기는 하나 그 가속도는 음이 되어 이른바 수확체감현상이 나타날 것이다.

하지만 인터넷은 수확체감의 법칙과 다른 양상을 보인다. 인터넷은 정보를 생산하고 서비스를 할 때 체감하는 것이 물리적인 생산 및 서비스의 경우보다 적다는 것이다. [그림 14-2]와 같이 규모와 투입이 증가해도 내부발생비용이 상대적으로 낮다. 이것을 가리켜 '수확체증의 법칙(The law of increasing returns)'이라고 한다.

수확체증의 법칙은 서서히 올라가는 구간(1국면)과 어느 순간 갑자기 가파르게 상승하는 구간(2국면)으로 나뉘는데 첫 번째 구간에서는 초기 콘텐츠비용이 많이 들며 갑자기 증가하는 다음 구간에 도달하기까지 시간도 많이 걸린다. 구간 사이의 경계를 'Critical mass'라고 한다면 이 수준에 도달하기 전까지는 투자를 해도 변화가 크지 않지만 도달한 후에는 산출이 점점 더 가파르게 증가한다. 예전에는 콘텐츠가 사람을 부르고 끌어들였지만 이제는 사람이 사람을 부르고 끌어들이는 네트워크효과(network effect), 범위의 경제(economy of scope)가 발생한다. 또한 데

■ 그림 14-2 수확체증의 법칙

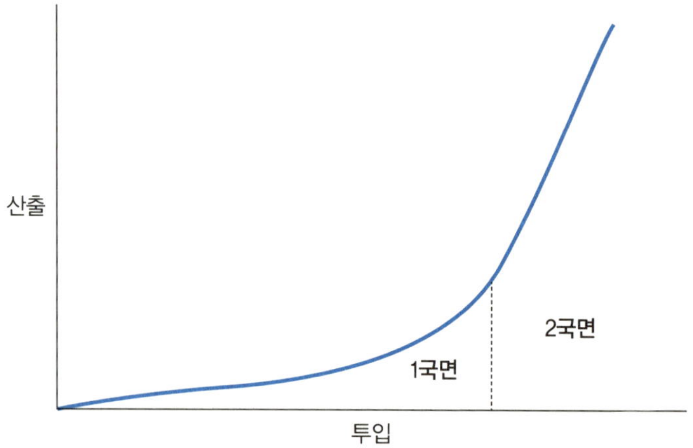

이터 제조자의 학습효과(data manufacturer's learning effect)와 소비자 학습효과(consumer's learning effect)가 발생하는데 소비자 학습효과는 소비자들이 익숙한 사이트를 이용하여 심리적 부담감, 비용, 즉 스위칭 코스트(switching cost)가 줄게 되고 로열티효과(loyalty effect)가 발생하여 고객 유지비용이 적게 드는 것을 말한다. 이렇게 수확체증의 법칙을 가능하게 하는 몇 가지 원인을 좀 더 자세히 살펴보면 다음과 같다.

첫째, 수확체증은 유형화되어 희소성이 있는 자원을 소모하지 않기 때문에 발생하기도 한다. 인터넷에서는 데이터나 정보, 지식과 같이 무형의 자원이므로 이러한 자원을 저장, 관리, 유통하는 데 적은 비용만이 소요되므로 동일한 산출의 증가를 위해 적은 비용을 투입하기만 하면 된다.

둘째, 전자경제에서는 범위의 경제(economy of scale)가 존재한다. 범위의 경제는 어떤 특정 제품을 생산하는 데 소요되는 비용과 또 다른 제품을 생산하는 데 소요되는 비용을 합한 것에 비해, 두 제품을 같이 생산할 때 소요되는 비용이 적을 때 발생하게 된다. 즉 일정수준만 벗어나면 사업 범위 확장이 용이하다고 할 수 있다. 전자상거래의 경우 품목이 늘어나더라도 오프라인에 별도로 추가 확장할 일이 없으므로 확장할수록 경제성이 증가하기 때문이다. 아마존이 초기에 도서만 판매하다가 나중에는 음반도 판매하면서 범위의 경제를 누린 사례가 대표적이다.

셋째, 네트워크효과이다. 제품 선택이 가격, 품질 외에 이미 사용하고 있는 고객의 수에 영향을 받을 수 있다. 즉 많은 사람이 어떤 특정 사이트에 존재한다는 것만으로도 그 사이트에 가입하려고 하며, 그곳의 제품을 구매하려고 한다.

넷째, 데이터 생산자의 학습효과가 발생한다. E-비즈니스와 관련된 것은 데이터이다. 하나의 데이터를 제작관리하면 다른 데이터를 습득, 제작관리하기는 쉬워진다. 이로써 일단 한 번 데이터를 확보하면 확장하기 쉽다.

다섯째, 소비자 학습효과가 있다. 기존 제품 사용에 익숙해져서 다른 제품 구매를 꺼리는 것이 바로 소비자 학습효과이다. 여기서 말하는 제품은 거래하는 제품이 아니라 인터넷 사이트 자체이다. 예를 들어 야후 사이트 사용자가 다른 사이트로 옮기기 위해서는 많은 노력이 필요하다. 야후 포털사이트에 익숙한 사용자가 다른 인터페이스의 포털사이트로 이동하기 위해서는 심리적 전환비용(switching cost)이 발생한다. 이것이 진입장벽을 가져오고, 그런 진입장벽이 높을수록 고객충성도가 높아지게 된다. 따라서 네트워크효과 때문에 일단 고객이 확보되면 그 고객은 잘 이탈하지 않고, 그 대신 고객을 새롭게 유치하는 데 상당히 많은 비용이 발생하는 현상이 생긴다.

그러나 전자상거래를 위한 웹사이트 개발 및 유지에 소요되는 초기 비용은 생각보다 많다. 일반적인 상거래는 초기에 몇 가지 자원을 투입해도 생산이 가능하다. 이와 달리 인터넷 상거래는 초반에 어느 정도 투자(예: 콘텐츠 제작)로는 사용자들이 지속적으로 많이 모이지 않는다. 따라서 의외로 사용자들 간에 네트워크효과가 발생하게 되는 'Critical mass'에 도달할 때까지 상당한 콘텐츠 제작 및 운영비용이 소요된다.

예를 들어 오늘날 네이버, 다음, 야후, 엠파스와 같은 포털사이트는 독과점적 위치를 가지게 된다. 이 상황에서 포털사이트를 처음 개설해도 많은 사람들을 지속적으로 유인하기는 쉽지 않다. 포털시장에 먼저 진입한 업체들이 고객정보를 선점했기 때문에 후발업체들이 사업에 참여하기 어려운 것이다. 일단 한 번 선점하면 선점효과가 점점 커지는 방향으로 진행된다. 이것이 역전되는 경우를 발견하는 일은 매우 드물다. 업체의 합병이나 매각 등에 의한 예외적인 현상이 일어나지 않는 한 초기 선점자가 경쟁우위를 지속적으로 갖게 된다. 비즈니스를 가능하게 하는 커뮤니티 규모가 될 때까지 상당한 비용이 필요하기 때문이다. 그렇기 때문에 초창기에 어느 단계까지 아무리 투자를 해도 생산결과가 미미하다. 그러나 어느 시점을 벗어나면 거의 투입을 하지 않더라도 생산이 점점 더 크게 발생하는 현상이 발생한다. 이것이 바로 거대한 초기 개발비용을 요구하는 경우로서 인터넷경제에서 자주 발생한다.

그러나 인터넷시장 규모가 성장하면서 수확체증의 법칙이 정확한 현실을 반영하지 못하고 있다. 처음 이 이론이 소개될 당시 사람들이 예측했던 것은 미래에는 오프라인기업의 진입을 배제하고, 온라인 운영으로만 가능한 기업이 점점 더 증가할 것으로 기대했다. 그러나 현실은 기대했던 것과 다르게 나타났다. 온라인과 오프라인을 동시에 보유한 기업이 훨씬 더 많은 매출을 올리고 더 큰 규모를 보이고 있다.

제2절 전자상거래의 개념

전자상거래(electronic commerce)는 최근 빠른 속도로 발전하고 있는 인터넷 관련 전자정보기술을 활용하여 모든 거래활동을 전자적으로 수행하고, 신속하고 정확한 정보를 교류함으로써 기업의 이윤을 극대화하고 있다. 전자상거래에 대한 정의는 다양하지만 그 가운데 미국 국립 로렌스리버모어연구소(Lawrence Livermore National Laboratory)가 미 국방성의 프로젝트를 수행하면서 처음 사용한 개념이 가장 보편적이다. 이 개념에서는 "전자상거래는 종이문서를 사용하지 않고 전자자료교환(EDI), 전자우편(e-Mail), 전자게시판(EBB), 팩스(Fax), 바코드, 전자자금이체(EFT), 파일전송, 전자정보서비스(디렉터리, 카탈로그, 시장통계, 기술적인 문서 등 데이터베이스서비스), 음성사서함, 이미지시스템, 비디오 메시징 등과 같은 정보기술을 활용한 상거래이다"라고 정의하고 있다. 또한 정보통신기술을 바탕으로 컴퓨터와 같은 정보처리장치와 네트워크를 통하여 전자적인 방식으로 이루어지는 거래라고 할 수 있다.

전자상거래에 대한 정의는 다양한 관점에서 내릴 수 있다. 먼저 캄빌(Ajit Kambil)에 의하면 "전자상거래는 비즈니스 프로세스와 재화와 용역의 교환을 지원하기 위한 정보기술의 응용으로써 비즈니스를 혁신적으로 변환하는 것이다"라고 정의함으로써 기업경영혁신과 상거래의 연관성을 강조하였다. 1997년 OECD에서는 "개인과 조직 모두를 포함해서 텍스트, 음성, 화상 등을 포함한 디지털데이터의 처리와 전송에 기초한 상업활동과 관련된 모든 종류의 거래"로, 유럽연합(EU)의 집행위원회에서는 "텍스트, 음성, 화상 등을 포함한 데이터의 전자적 처리와 전송을 기반으로 기업의 업무를 전자적으로 수행하는 방식"으로 정의했다. 오스틴대학의 윈스톤 교수에 의하면 "네트워크를 통한 상품의 구매와 판매"로 정의하고 있다. 국내 전자상거래 기본법에는 "재화나 용역의 거래에 있어 전부 또는 일부가 전자문서교환 등 전자적 방식에 의해 처리되는 거래"로 한정하고 있다.

[그림 14-3]은 전자거래와 이를 구성하는 세부항목에 대해 표현하고 있다. 전자

그림 14-3 E-Business

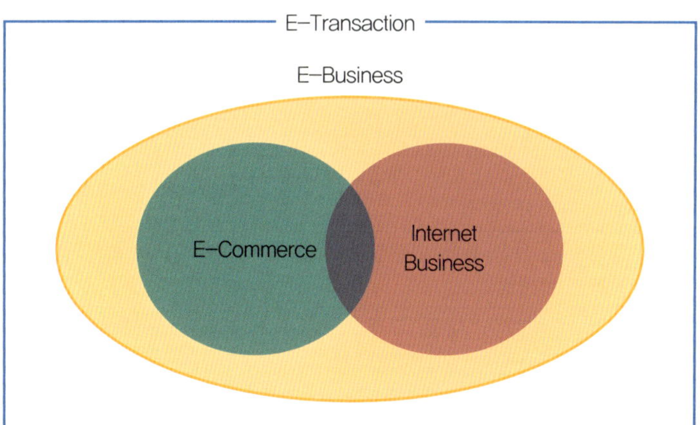

거래(e-transaction)는 인터넷과 같은 전자시스템으로 일을 수행하는 것으로 영리목적이든 비영리목적이든지 상관없다. 프런트엔드에서는 주문과 배달, 백엔드에서는 광고와 공동작업(collaboration)을 한다. e비즈니스(e-business)는 영리를 추구하는 사기업이 인터넷과 같은 전자시스템으로 사업을 하는 것으로 E-Transaction과 달리 비영리는 포함되지 않는다.

인터넷 비즈니스는 사이버 비즈니스(cyber business)라고 불리기도 하며 인터넷으로 사업을 하는 것을 말하는데 e비즈니스보다 작은 개념으로 e비즈니스 안에 인터넷 비즈니스(internet business)가 포함된다. 전자상거래(e-commerce)는 인터넷과 같은 전자시스템으로 재화나 서비스를 사고파는 것을 말한다. 즉 재화나 서비스를 거래하여 영리를 추구한다.

기존의 상거래는 잡지, 전단, 대중매체 광고 등을 통해서 제품정보를 알리고, 이를 통하여 전화, 팩스, 우편 등을 사용하여 제품견적서를 요청한다. 그리고 제품을 비교평가한 후 전화나 팩스, 우편 등으로 주문서를 발송하고, 제조업체는 고객주문이 요청되면 구입송장을 운송업체에게 전달하고 제품을 고객에게 전달한다. 한편 전자상거래에서는 이 모든 절차가 인터넷 비즈니스를 통해 이루어진다. 기업 홈페

| 표 14-1 | 전자상거래와 전통적 상거래의 차이

항목	전자상거래	전통적인 상거래
유통채널	기업 → 소비자	기업 → 도매상 → 소매상 → 소비자
시간과 공간	24시간 전 세계	제약된 영업시간에 일부 지역
판매방법과 거점	정보에 의해 네트워크에서(market space)	전시에 의해 상점에서(market place)
고객정보 획득	온라인으로 수시 획득, 재입력이 필요 없는 디지털 데이터	영업사원이 획득정보의 재입력이 필요
마케팅활동	쌍방향 통신을 통한 일대일의 상호작용하는 마케팅	구매자의 의사에 상관없는 일방적인 마케팅
고객대응	고객불만에 즉시 대응, 고객욕구를 신속히 포착	고객불만에 대응, 자연 고객욕구 포착이 느림
소요자본	인터넷서버 구입, 홈페이지 구축 등 상대적으로 적은 비용 소요	토지, 건물 등의 구입에 거액의 자금이 필요

이지나 쇼핑대행사이트를 통해서 제품정보와 구매방식을 알린 후 전자우편이나 팩스 등과 같은 전자적인 수단을 통하여 제품 주문을 요청한다. 전자데이터 교환의 매개체로 기업이 각 배송업체에게 제품구입에 대한 리스트를 전달하며, 제조업체는 수주한 제품을 고객에게 발주하며, 주문제품의 대금결제는 신용카드나 무통장입금, 전자결제 등을 통하여 거래가 이루어진다. 전통적 상거래와 전자상거래의 상이한 점은 주문 및 지불단계이고, 별반 차이가 없는 부분은 배송단계부분이다.

전자상거래(e-commerce) 비즈니스모델에는 B to B, B to C, G to C 등 여러 가지가 있다. 이를 도식화하면 [그림 14-4]와 같이 나타낼 수 있다. 여기서 B는 기업체를 뜻하는 Business이며 C는 고객인 Customer, G는 정부, 공공기관인 Government를 뜻한다. B to B는 기업체 간의 거래이며 B to C는 기업이 고객에게 재화나 서비스를 제공하는 것이다. 반대로 C to B는 고객이 노동지식이나 아이디어 등을 기업에게 제공하는 것이며 G to C는 정부, 공공기관에서 민원처리를 하는 것이다. 반대로 C to G는 가상의 정부 직원을 제공하는 것이다. G to G는 정부, 공공기관의 다른 부서 간의 협업이며 G to B는 정부가 요구하고 기업이 답변하게 만드는 것이다. C to C는 합법적으로 하기는 쉽지 않기 때문에 무료로 제공하면서 마케팅 프로모션을 하는 형식이다. B to E는 기업이 직원들에게 주

그림 14-4 비즈니스모델

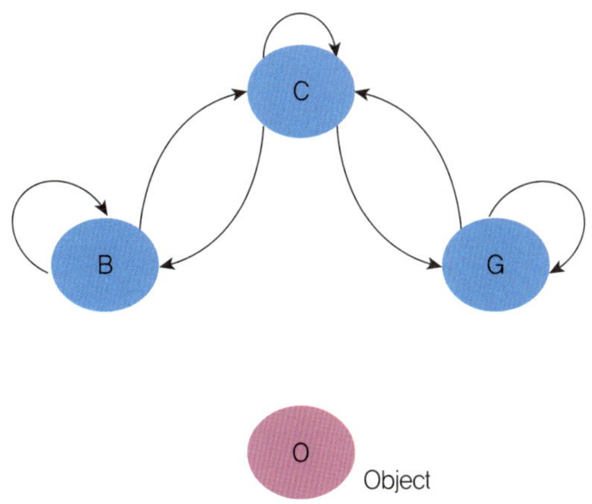

는 복지서비스를 말한다. 새로운 비즈니스모델로 O to C와 O to O가 있는데 O는 Object, 즉 지능형 소프트웨어나 지능형 사물을 뜻한다. O to C는 예를 들어 언제 누가 지하철을 타는지 등의 패턴을 알아내는 것이고 O to O는 M2M, 즉 자동거래(automatic trade)이다.

전자상거래의 유형 분류는 크게 거래주체에 따라 [표 14-2]와 같이 분류한다.

표 14-2 전자상거래 유형 분류

유형	약어	원어	주거래 품목
기업과 개인	[B2C]	Business to Consumer	일반상품, 인터넷뱅킹, 광도 등
기업과 기업	[B2B]	Business to Business	일반상품, 특히 구매(부품조달)과정
기업과 정부	[B2G]	Business to Government	정부물품조달, 제세공과금 및 기업지원사항과 규제조건 등
개인과 개인	[C2C]	Consumer to Consumer	물물교환, 인터넷을 이용한 개인교습 등
개인과 기업	[C2B]	Consumer to Business	공동구매
개인과 정부	[C2G]	Consumer to Government	참여정부(전자신문고, 가상공무원)
정부와 개인	[G2C]	Government to Consumer	제세공과금 등
정부와 기업	[G2B]	Government to Business	조달청을 통해 공공기관물자구매, 시설공사계약, 공공입찰시스템 등
정부와 정부	[G2G]	Government to Government	전자정부 간 협조 · 거래

제3절 소셜미디어의 개념과 종류

기존의 웹(Web) 1.0은 주로 공급자가 정보를 이용하고 콘텐츠를 제공한다. 반면 웹 2.0은 일반인들이 자발적으로 콘텐츠를 제작하여 업로드하고 상호 공유한다. 웹 1.0과 웹 2.0은 실제로 기술적 차이는 거의 없고 웹 활용방안이 다른 것뿐

그림 14-5 Web 2.0

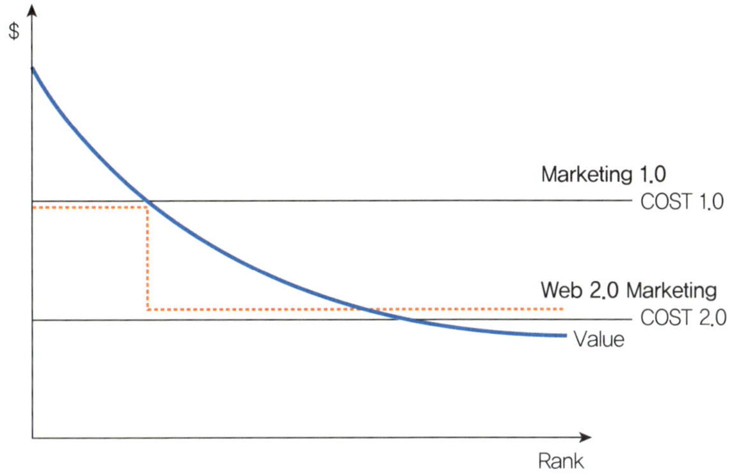

이다. 웹 2.0의 특징은 공유, 상호 운용성, 사용자 중심의 디자인, 콜라보레이션(collaboration) 등이다. 그렇다면 왜 웹 2.0을 채택하여 사용할까? [그림 14-5]에서 표현한 것처럼 웹 2.0을 사용하면 'Long tail marketing'을 통해 마케팅비용을 줄이고 기업의 수익성을 제고할 수 있다. 또한 여러 사람들의 지식과 정보로 이루어지는 집단지성이라는 장점 때문에 꽤 괜찮은 콘텐츠를 형성할 수 있다. 웹 2.0은 SNS, 블로그(blog), 위키스(Wikis), 비디오 공유사이트, 웹 애플리케이션, 매시업(mashup), 폭소노미(folksonomy) 등을 포함한다.

웹 2.0을 사용해서 어떻게 마케팅비용을 줄일 수 있을까? 기존의 웹 1.0을 사용할 때는 일반고객과 VIP고객에게 투자하는 마케팅비용이 같았다. 그렇다면 VIP고객들, 순위(rank)가 높은 고객들만 집중관리하면 될까? 아니다. VIP가 아닌 고객들이 주는 가치도 의외로 크다. 따라서 상위고객들은 기존 마케팅을 유지하고 나머지 고객들에게는 웹 2.0으로 마케팅을 하는 이중적인 마케팅을 하는 기업들이 많다. 웹 2.0을 이용한 마케팅은, 예를 들어 고객들이 알아서 콘텐츠를 올리면 이를 장려하고, 또한 영향력이 있는 일반인이 기업의 제품에 대해서 호의적인 글을 올릴 수 있도록 유도하는 것이다.

소셜미디어(social media)는 웹 2.0을 기반으로 한 애플리케이션의 일종으로 수요자 입장에서 만든 콘텐츠를 공유하게 해주는 애플리케이션 또는 컴퓨터프로그램이다. 기업들이 소셜미디어를 사용하여 비즈니스를 하는 이유는 신규고객을 유인할 수 있고 고객과의 관계성을 강화할 수 있으며 고객의 니즈나 시장의 변화를 감지할 수 있기 때문이다. 또한 브랜드에 대한 의견 접수 등 의사소통을 할 수 있으며 피드백을 접수하고 공급자와의 상호작용을 할 수 있기 때문에 소셜미디어를 사용한다. 소셜미디어를 이용한 비즈니스의 장점은 낮은 비용으로 플랫폼을 구축할 수 있고 마케팅이 가능하여 사업의 좋은 출발점이라는 것이다. 또한 사회변혁을 가져오며 새로운 분야, 사회 네트워크 진입에 도움이 된다는 장점이 있다. 반면 개인정보가 무상으로 공개되고 음란, 범죄, 자살, 정치적 반대세력으로부터의 공격 등의 사이버 범죄가 발생할 수 있다는 단점이 있다. 또한 SNS 과다 사용으로 인한 시간낭비, 건강문제, 어린이 보호문제 등도 있다.

트위터는 140자 이내로 글 또는 이미지를 남겨서 소통하는 일종의 작은 뉴스 채널이다. 트위터를 통해 광고를 하는 비즈니스모델도 있는데 트위터의 빅데이터를 통해 비즈니스분석을 한다. 예를 들어 영국투자회사 DMC 캐피털은 일반인들이 트위터에 올린 글을 특정 기업의 주가 예측에 활용할 수 있는지 분석하였다. 그 결과 트위터에 부정적으로 언급된 회사의 90%가 주가가 하락된 것으로 확인되었다. Best Buy는 이러한 비즈니스모텔의 첫 성공 사례로 트위터를 통해 고객들과 소통을 하였다. Dell은 재고를 트위터에 실시간으로 알려주었고 Trippy와 Gogobot(오늘날의 Trip.com)은 여행정보를 트위터를 통해 공유한다.

페이스북(Facebook)은 5년 만에 1억 5천만 명의 사용자가 생긴 폭발력 있는 소셜미디어로 개인 프로필, 개인적인 글, 광고 필터링 등이 특징이다. 페이스북은 재고정보를 공개하지 않았는데 그 이유는 비즈니스모델이 대단하지 않아서였다. 페이스북의 실질 매출은 게임이었는데, 상장 후 비즈니스모델에 실망한 사람들로 인해 주가가 떨어졌다. 현재 페이스북은 온라인 광고로 매출을 올리고 있다.

인스타그램(Instagram)은 온라인 사진 공유 및 소셜네트워킹서비스이다. 사용자들은 인스타그램을 통해 사진 촬영과 동시에 다양한 디지털 필터를 적용하며 페이스북이나 트위터 등 다양한 소셜네트워킹서비스에 사진을 공유할 수 있다. 2016년에 사용자가 5억 명을 돌파했으며, 이용자 중 3억 명은 하루에 한 차례 이상 서비스를 사용하고 있다. 인스타그램은 기업을 통한 광고모델을 도입하여 운영하고 있다.

링크드인(LinkedIn)은 페이스북이 친구들의 만남처럼 부담 없는 분위기의 사이트인 반면, 정장을 입은 사람들이 서로 명함을 내미는 분위기라고 할 만큼 격식 있는 비즈니스 중심의 사이트이다. 링크드인은 2002년 12월에 설립되어 2003년 5월에 운영을 시작하였으며, 전문직업인 인맥(professional network)서비스로 전 세계적으로 이용되고 있다. 링크드인 내에서 구인, 구직을 위한 헤드헌팅 등이 일어나며 링크드인은 이들로부터 수수료를 받는 이른바 플랫폼 비즈니스를 수행 중이다.

제4절 O2O와 O4O

O2O는 'Online To Offline'의 약자로서, 전통적 상거래를 온라인 마케팅과 융합하는 것을 의미한다. 온라인 플랫폼을 통해서 소비자들은 기존의 전통적 상거래가 공급하던 상품이나 서비스를 원격에서 직접 선택하고 구매할 수 있게 되었다. 온라인에서 상품의 구매과정이 이루어지고 실제 서비스만을 오프라인에서 받는다면, 소비자는 기존의 오프라인 구매에서 요구되던 상당부분의 절차를 간편하게 처리할 수 있게 된다. 이렇게 온라인과 오프라인이 복합되어 상품을 구매할 수 있는 상태를 O2O로 부른다.

[그림 14-6]에 나타난 스타벅스의 '사이렌 오더'는 소비자들로 하여금 매장에서 원격으로 주문과 결제를 하게 하는 애플리케이션서비스이다. 스타벅스코리아는

그림 14-6 스타벅스 사이렌 오더

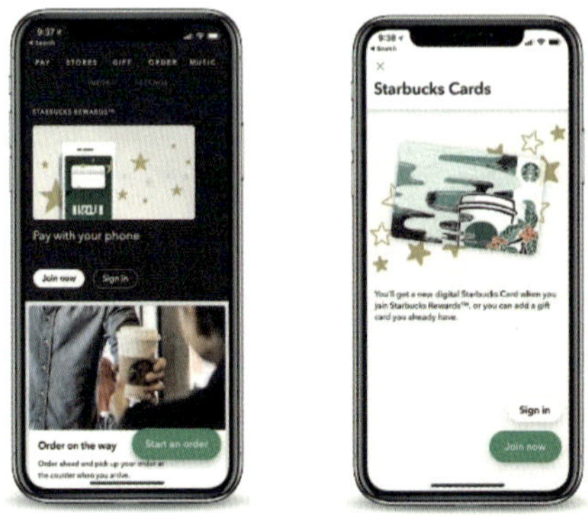

2014년 전 세계 스타벅스 최초로 '사이렌 오더'를 독자적으로 개발했다. 스타벅스 앱 내의 선불카드를 활용하여 간단한 클릭만으로 줄을 서지 않는 구매를 제공하는 '사이렌 오더'서비스는 하루 평균 50만 명의 한국 스타벅스 커피 소비자 중 약 15%가 활용하고 있다.

O4O는 'Online for Offline'을 의미한다. 온라인기업이 보유하고 있는 고객정보와 자산을 기반으로 오프라인으로 사업 영역을 확대하면서 새로운 매출을 창출하는 비즈니스 플랫폼을 가리킨다. 기존의 O2O는 온라인적 가치와 고객정보를 온라인에서 오프라인으로 보낸다는 '방향성'이 강조됐으며, 온라인과 오프라인을 연결시켜주는 단순 중개업에 머물렀다. 반면에 O4O는 오프라인사업을 운영하면서 시장혁신을 주도한다. 즉 오프라인에 무게중심을 두고 있는 것이다.

오프라인기반의 아마존닷컴이 오프라인으로 진출한 '아마존고(Amazon Go)'는 사물인터넷과 인공지능 및 빅데이터기술을 활용한 스마트 상점이다. 소비자가 아마존고 앱을 설치하고 아마존고 매장에 진입하면 앱을 통해 QR코드로 체크인을 하게 된다. 소비자는 매장 내에서 구매하고자 하는 제품을 들고 나오면 아마존닷컴의 계정정보를 통해 자동으로 결제가 이루어지고, 영수증은 앱을 통해 발급된다. 아마존은 소비자의 구매 목록과 결제정보를 통해 소비자의 동선데이터와 선호데이터를 수집하고 이를 바탕으로 소비자 맞춤서비스를 제공하게 된다.

제5절 인터넷과 윤리

개인의 정보를 기획, 생산, 배포, 편집할 수 있는 소셜미디어가 비약적으로 발전함에 따라 불특정 다수에 대한 신속한 정보 확산이 다양한 사회적 · 개인적 문제를 발생시키고 있으며, 그 피해 규모나 영향력은 소셜네트워크가 지닌 정보 확산력만큼이나 더욱 심화되고 있다.

사이버공간은 익명성에 의해 지배되는 공간이며 평등과 개방이 보장된 공간이고 수평적 관계를 형성하게 되는 평등공간이다. 그러나 이러한 특징 때문에 의도치 않게 행동의 탈억제현상이 발생가능하거나 특정 정보에 대해 개방을 억제하고 폐쇄하려는 자들과 이를 부수려는 해커들이 등장하기도 하며, 타인의 의견을 무시하거나 인격모독이 일어나기도 한다.

따라서 정보통신윤리 기본 원칙으로서 존중과 책임(비록 눈에 보이지는 않더라도 상대방의 실체나 견해를 적극적으로 존중하려는 자세 필요), 정의(justice)(자신이 제공하는 정보의 진실성, 비편향성, 완전성, 공정한 표현을 추구해야 하며, 타인의 기본적 자유와 권리를 침해하지 않아야 함), 그리고 해악금지(사이버 성폭력, 크레킹, 바이러스 유포 등의 행위 지양)가 요구된다.

인터넷과 윤리와 관련한 이슈로는 우선 표현의 자유를 들 수 있다. 본래 완전한 표현의 자유와 제한적 표현의 자유가 오랫동안 대립되어왔는데, 인터넷 및 정보기술분야에서 표현의 자유는 양날의 칼처럼 인식된다. 표현의 자유를 지지하는 관점에서는 웹 2.0의 철학적 가치인 개방, 공유, 참여라는 기반에서 만들어진 새로운 인터넷환경과 소셜네트워크서비스의 경우 법으로 표현의 자유를 제약하거나 검열을 한다면 사이버공간의 잠재력이 실현되지 않을 것임을 이유로 든다. 반면 표현의 자유를 제한해야 한다는 관점에서는 자유의 원리는 항상 자유제한의 원리와 동전의 양면처럼 연계되었기 때문에 소셜네트워크서비스와 관련된 소통의 문화가 선진화되려면 남에게 해악을 금지하는 '위해원칙'이 최고의 원칙으로 자리 잡아야 한다고 주장한다.

또한 프라이버시문제도 인터넷윤리와 연관된 이슈이다. 정보화사회의 발전은 과거의 '침해당하지 않을 권리'로부터 '자신의 정보에 대한 통제권한'의 개념으로 확대되어 변화해왔다. 웹 2.0 시대에 인터넷과 소셜네트워크서비스를 이용하면서 개인은 언제 어디서 무엇을 했는지 공개되어 전혀 모르는 누군가가 이러한 개인의 행적에 대한 정보를 취득할 수 있다는 문제가 있다. 과거 전통적인 프라이버시에 대한 법의 관점은 크게 두 가지였다. 공공장소에서 프라이버시란 없다는 관점과 사적 장소에서만 프라이버시가 보호된다는 관점이다. 그러나 최근의 인터넷 프라이버시는 이러한 이분법적 논리로 이야기하기 어렵다. CCTV가 건물과 거리 도처에 설치되어 있으며 누구나 스마트폰을 통해 찍은 사진과 영상을 인스타그램이나 유튜브로 업로드하여 다수에게 공개할 수 있기 때문이다. 이에 따라 SNS환경에서 문제가 될 수 있는 프라이버시 이슈에 대하여 검토해볼 필요가 있다. 한편 'Mosaic Effect'를 주의해야 한다. Mosaic Effect란 De-link된 파일들을 연결(merge)시키면서 마치 하나의 (고객정보가 풍부한) 데이터셋을 가지게 되는 효과로서 익명성을 파괴한다.

명예훼손과 같은 인격권 침해에 대한 문제도 발생한다. 오프라인에서의 명예훼손의 경우 언론보도와 공인 간의 분쟁이 많았다면, 인터넷공간은 물론이고 소셜네트워크서비스의 환경에서는 개인과 개인, 개인과 공인, 개인과 국가기관 등으로 명예훼손을 다투는 일이 더 증가할 것으로 예상된다. 인터넷 개인은 소셜네트워크서비스를 통해 1인 출판사이자 언론사의 개념으로 진화되었기 때문이다. 개인의 평판에 잘못된 위해를 가하는 말과 글을 의미하는 명예훼손이 소셜네트워크서비스를 통해 유포될 경우, 표현의 자유를 제한해야 하는 사례가 될 수 있다.

명예훼손과 관련하여 또 하나의 쟁점이 익명성의 문제이다. 익명성이 보장되면 두려움 없이 자유롭게 표현할 수 있다는 장점이 있는 반면, 더 무례하고 타인에게 해를 주는 발언을 보다 쉽게 하게 된다. 이러한 익명성을 바탕으로 한 명예훼손이 최근 사이버공간과 소셜네트워크서비스를 통해 많이 이루어지고 있다. 전자게시판, 채팅룸 등을 통해 이루어지는 명예훼손문제는 인터넷환경에서의 익명성문제에서 주로 비롯되었다.

예제

■ O/X형

1 E-Business는 인터넷 등의 전자시스템으로 사업을 하는 것으로 영리와 비영리로 구분될 수 있다.

2 웹 1.0과 웹 2.0 간의 기술적 차이는 거의 없다.

3 O4O는 Online for Offline의 약자로서, 전통적 상거래를 온라인 마케팅과 융합하는 것을 의미한다.

4 디지털로 구축된 디지털 트윈은 현실의 변화에 대해 독립적이다.

답 ×, ○, ×, ×

■ 서술형

1 전통경제와의 차이점을 나타내는 디지털경제에서의 법칙에 대해 서술하시오.

2 전자상거래 비즈니스모델에는 B2B, B2C, G2C 등 여러 가지가 있다. O2O의 개념에 대해 서술하고 그것의 예를 제시하시오.

CHAPTER 15 정보기술과 지속가능성

제1절 지속가능성의 개념과 필요성

1.1 등장배경

정보기술의 기업 또는 지구의 지속가능성에의 기여를 다루기에 앞서 간단히 등장배경을 살펴보자. 미국의 건축가인 버크민스터 풀러(Buckminster Fuller)는 “지구라는 우주선에 승객은 없으며 승무원만 있을 뿐이다”라고 언급한 바 있다. 즉 우리가 살고 있는 지구에 대해 모두가 책임감을 가져야 한다는 것이다. 자본주의가 팽창함에 따라 기업들의 생산성은 급격히 증가했다. 그러나 때때로 지구환경은 이와 같은 생산성속도를 따라가기에 부족했고 결국 환경을 해치는 일까지 발생했다. 이에 사람들은 단순한 자본주의보다는 환경적인 지속가능한 자본주의(sustainable capitalism)에 더욱 관심을 가지기 시작했으며, 지속가능한 자본주의야말로 기업들이 나아가야 하는 방향이라고 주장했다. 결론적으로 환경적이면서 지속가능성이 있는 기업을 목표로 삼게 된 것이다.

새천년개발목표(MDG: Millennium Development Goal)의 달성과 관련하여

정보기술의 역할이 강조되었듯이, 지속가능성과 이를 위한 핵심전략인 '녹색경제(Green Economy)'의 달성에서도 정보기술은 핵심적 요소이며, 가장 효과적인 수단이 될 것이다. UN의 정보통신전문기구인 국제전기통신연합(ITU: International Telecom Union)은 리우+20회의의 기고서에서 지속가능한 발전을 위한 효과적인 경로로서 '녹색경제'로의 지향을 지지하며, 비용효율적이고, 환경친화적이고, 포용적인 수단으로서 정보기술이 녹색성장, 일자리 창출, 사회진보와 MDG 달성, 환경보호 및 지속가능한 미래의 달성을 촉진할 것임을 강조하였다.

또한 이를 통해 정보기술이 지속가능한 발전의 3개 축(환경적 지속가능성, 경제적 지속가능성, 사회정치적 지속가능성)을 강화하고, 융합하고, 통합하는 것을 지원하는 지속가능성의 핵심적 수평통합연계의 드라이버가 될 것이라고 밝혔다. ITU를 포함한 주요 이해당사자들의 권고와 합의에 기반한 리우+20 선언문에서는 정보기술을 통한 지속가능성을 위한 이해당사자들의 참여 확대, 지식공유 및 역량 개발의 증진, 정보통신 인프라의 개선, 교육에서의 정보기술의 효과적 활용 확대, 여성 등 취약계층의 정보통신에 대한 접근성 확대 등을 중요하게 언급하고 있다. 또한 기술격차의 해소, 기술이전, 농업, 어업, 지구온난화 등 전반적인 분야에서의 효과적 수단으로서 정보기술을 언급하고 있다.

지속가능한 발전은 한 국가, 한 분야에 국한된 문제가 아니며 범지구적 · 범분야적 이슈이다. 따라서 향후 정보기술정책의 수립 및 이행에서 지구환경이 처한 총체적 현실과 유한한 자원에 대한 근본적 인식의 변화와 더불어, 경제 및 사회의 개발방식과 철학에 대한 새로운 성찰이 수반되어야 할 것이다. 정보기술의 급속한 발전은 경제발전과 고도정보사회의 실현을 견인하였으며, 글로벌 위기 때마다 구원투수로서의 역할을 충실히 수행하였다. 그리고 정보기술은 현재 전 세계가 직면하고 있는 경제위기에 있어서도 중요한 극복책 중의 하나로 작용할 것이며, 현재와 미래의 문제를 모두 해결할 수 있는 효과적인 수단이라는 점을 고려할 때, 정보기술에 대한 전략적 · 정책적 고려가 더욱 필요하다고 할 수 있다.

1.2 Green Trend, Need, New Industry

위와 같은 등장배경을 바탕으로 기업들은 탈불편기업(de-inconvenience industry)으로서의 그린 비즈니스(green business)로 성장하고자 했다. 여기서의 탈불편이란 지속가능성 유지를 위해 생기는 불편에서 벗어나는 것을 뜻한다. 즉 탈불편기업이 되기 위해서는 불편에서 벗어나는 방법을 찾아야 하는 것이다. 그리하여 세 가지 종류의 그린 비즈니스가 등장하게 되었는데 Substituting, Transcending, Suppressing이 바로 그것들이다. 'Substituting'은 불편함을 다른 욕구로 대체하는 것을 말하며, 기업들은 주로 오락과 같은 즐거움을 주는 요소를 통해 불편함을 대체시킨다. 두 번째로 Transcending은 의식을 변화시키는 것이다. 건강 또는 교육을 통해 취미를 바꾸는 것이 바로 의식 변화에 해당한다. 마지막 'Suppressing'은 에너지를 절약시키거나 유기농제품을 사용하는 것과 같이, 불편함을 억누르면서 소비하는 것을 뜻한다. 기업들은 이 세 가지 종류의 그린 비즈니스를 통해 불편함에서 벗어나면서도 지속가능한 기업으로 성장하는 것이 목표이다.

1.3 통합적 자원비용

전통적으로는 B_d에서 C_d를 뺀 값을 비교하여 0보다 클 경우에는 개발을 결정했다. 여기서 'B_d'는 개발(development)에 따른 benefit/profit의 값으로 절약된 이동시간 등이 이에 해당한다. 'C_d'는 개발에 따른 비용을 뜻하며 노동, 토지, 기계 등이 포함된다. 하지만 이러한 의사결정에는 개발로 인한 환경파괴 등 사회적 비용을 간과한 측면이 있어 개발을 부추기는 특명이 있다.

이를 보완하고자 전통적인 $B_d - C_d$에 TEV와 C_c를 추가하여 차감할 것을 권장한다. 여기서 TEV(Total Economic Value)는 환경을 보존했을 때 발생하는 모든 경제적 가치로서 사용가치(use values), 간접적 가치(indirect values), 선택가치(option values), 존재가치(existence values)의 합이다. 간접적 가치는 환경보존으로 인한 생태적 가치를, 선택가치는 미래에 환경을 다른 용도로 개발했을 때 발생할 수 있는 가치를, 존재가치는 환경을 개발하지 않고 그대로 두었을 때의 가치를 뜻한다(예, 도네이션 수입). 한편 'C_c'는 개발보존을 위한 비용이다. 쉽게 말하자면 개발을 하지 않았으면 들지 않았을 비용을 의미한다. 한 번 개발하고 환경을 유지하기 위해 추가적인 조치가 필요할 수도 있을 것이다. 개발 후 생태다리를 조성하는 것이 그 예이다. 이러한 비용도 고려해야 한다. 결국 위와 같은 두 가지 조건을 추가하여 $B_d-C_d-TEV-C_c$가 0보다 클 경우에만 개발하기로 함으로써 개발 승인조건을 강화할 필요가 있다.

1.4 환경 GNP

환경적 비용과 비슷한 개념으로 국가는 환경적 GNP를 생각해보아야 한다. 환경적 GNP란 일반 GNP(basic GNP)에서 환경적 손해비용(cost of environmental damage)을 뺀 값을 의미한다. 공기오염(air pollution), 수질오염(water pollution), 토양오염(soil pollution), 소음(noise)으로 인한 비용이 환경적 손해비용에 속하는데, 각각의 자세한 내용은 [표 15-1]을 참고한다.

표 15-1 환경적 GNP의 네 가지 요소

대기오염	건강 악화, 동식물 피해, 숲과 자원의 손실
수질오염	어로 감소, 식수관리와 공급비용, 수상활동에서의 불이익 등
토양오염	체르노빌 원전 피해, 종족 보전비용 등
소음	소음에 의한 생산성 하락, 소음에 대한 보상비용 발생, 주거가치 하락

1.5 환경비용을 산출하기 위한 대안들

앞에서 우리는 환경비용에 대해 배웠다. 하지만 사실상 환경비용을 정확하게 계산하기란 매우 어려운 일이기 때문에 계산을 쉽게 할 다른 대안이 필요하다. 환경비용을 계산할 두 가지 대안으로는 'Willingness-To-Pay survey'와 'Cost of compensation measures'가 있다. 첫째, Willingness-To-Pay survey는 "내가 환경보존을 위해 얼마만큼의 금액을 낼 수 있는지"를 측정하는 설문조사이다. 즉 특정한 이상적 상태에 도달하기 위해 얼마나 기꺼이 지불하는지를 의미한다. 이 대안은 설문조사를 통해 데이터를 수집하며, 산림훼손, 토양오염, 공기오염, 소음으로 인한 오염 등의 비용을 측정할 수 있다.

둘째, Cost of compensation measures는 문제 발생 후 복구에 소요되는 비용, 한마디로 수리비용을 계산하는 방법이다. 이 대안을 통해서는 수질오염, 원자력 공해 등의 비용이 측정가능하며 각 분야의 전문가에게 물어보면 꽤나 정확한 계산값을 얻을 수 있다.

제2절 정보기술을 활용한 지속가능경영

2.1 상황에 따른 그린전략 적용방식

기업이 소비자에게 사용하는 전략은 기업이 친환경적인지, 고객이 친환경적인지에 따라 다르다. 우선 기업이 친환경적이고 고객도 친환경적일 경우, 즉 둘 다 친환경적 마인드를 가지고 있을 때에는 그린비즈니스전략을 사용한다. 기업이 친환경적이지 않고 고객만이 친환경적일 때는 'Polishing'이라는 전략을 택한다. Polishing이란 친환경적이지 않은 기업이나 브랜드 등에 친환경적인 이미지를 입히는 전략이다. 반대로 기업이 친환경적이고 고객이 친환경적이지 않을 경우에는 'Green diffusing' 또는 'Green leadership'전략을 쓰는데, 이것은 친환경적인 마인드를 확산시키는 전략이다. 주로 포럼 등을 열어 고객들의 마인드를 바꾸기 위해 노력한다. 마지막으로 기업도 고객도 친환경적이지 않은 경우를 보자. 이때는 'Eco-efficiency'전략을 사용한다. 환경보호나 지구의 지속가능성에는 관심이 없을 때에는 친환경제품이 전력사용량을 절감하거나 가격이 더욱 저렴하다는 등 경제적 유인을 통해 제품을 판매하는 전략이다.

표 15-2 상황에 따른 그린전략

투자자	소비자/커뮤니티	기업전략	IT의 역할들
G	G	그린비즈니스전략	소비자가치 극대화
X	G	그린 광고	사실여부 실시간 확인
G	X	친환경에 대한 설득과 회유, 에코 리더십	웹사이트와 SNS
X	X	생태 효율성전략	비용절감

2.2 IT의 기여

친환경 정보기술, 이른바 그린IT(green IT)에 대한 법적 정의는 없으나 포괄적 의미로 보면 'IT의 친환경'을 의미한다. 정보통신기술센터에 의하면 전자책을 통한 수목자원보호나 이메일/통신을 통한 교통 관련 에너지절감 등 "정보기술로 인한 환경 개선효과를 극대화"하고, 정보기술기기의 생산량 억제 및 유해물질 저감이나 데이터센터 에너지절감 등 "정보기술로 인한 환경파괴효과를 최소화"하는 것으로 정의하고 있다. 사실 산업시대의 유물 중에서 환경파괴적이지 않은 것은 없다. 자동차를 비롯해 건물 등 우리 주위의 모든 것이 반(反) 환경적이다. 이는 친환경의 답 또한 산업시대에서 찾을 수 있다는 뜻이다.

그림 15-1 주로 정보기술 적용 정도가 낮은 분야에서 발생하는 환경오염

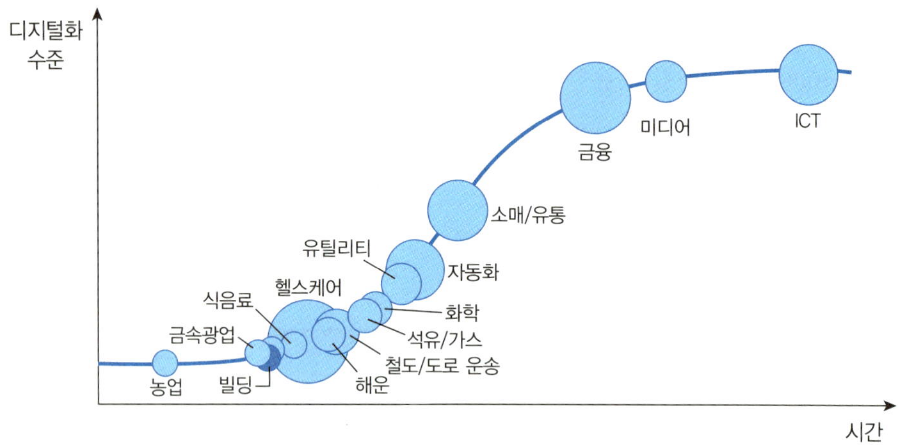

출처: ABB그룹

환경보호와 관련된 대표적인 정보기술이 '스마트빌딩'과 '제로에너지빌딩'이다. 스마트빌딩은 건물 내 설비, 통신, 사무자동화, 빌딩자동화 등 네 가지 시스템을 유기적으로 통합하여 건물 에너지 효율성을 향상시키는 방식이며, 제로에너지빌딩은 신재생 에너지 활용으로 건물기능에 필요한 에너지를 자체 공급하거나 단열 성능 극대화로 에너지 유출을 최소화하는 방식을 말한다.

기술적인 측면에서 보자면 두 방식 모두 1990년대부터 소개됐지만, 구축비용과 효율성문제로 주목받지 못했다. 그러나 최근 사물인터넷, 기기 반도체 등 정보기술의 발전으로 인해 프로세스 최적화, 에너지 효율성 향상, 센서를 통한 건물상태를 감지해 작동하는 예지보전(predictive maintenance) 등이 가능해졌다. 시장조사회사 테크나비오에 따르면 2020년 세계 스마트빌딩 시장 규모는 93억 달러(10조 5천억 원), 제로에너지빌딩 시장 규모는 620억 달러(70조 600억 원)에 이를 것으로 전망한다. 건물분야는 지금까지 정보기술화가 현저하게 낮았기 때문에 더욱 잠재력이 큰 것이다. 정부는 2017년 1월 20일부터 '제로에너지건축물 인증제'를 시행하고 있으며, 2020년부터 공공 건축물을 대상으로, 2025년부터는 일반건축물에도 단계적으로 도입을 의무화할 계획이다.

그림 15-2 제로에너지빌딩 의무화 로드맵

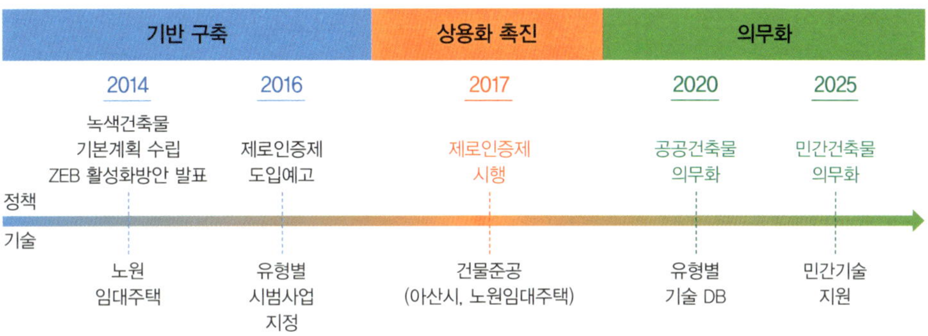

출처: ZEB

이외에도 정보기술이 친환경적 발전에 기여하는 또 다른 사례들은 다음과 같다.

첫째로 'iCard'라는 기업이다. iCard는 기프트카드를 종이가 아닌 이메일로 보내주는 사이트이다. 종이우편에만 의존하지 않기 때문에 산림을 보호할 수 있으며 비용도 절약할 수 있다는 친환경적 장점이 있다.

둘째로 'Verified Green'이다. Verified Green은 다양한 일을 하는 기업인데 주로 친환경적인 건물(green building)을 어떻게 짓는지를 조언해준다. 예전에는 타 기업의 작물이 친환경적으로 생산되는지 인증해주는 역할을 하기도 했으나 현재는 하지 않고 있다. 당시에는 Verified Green의 사이트에 인증 이미지를 직접 게시했

그림 15-3 Verified Green 마크

는데, 타 기업들이 인증을 받기 위해 순응하는 분위기였다. Verified Green은 "친환경이란 오염물질을 줄이는 것, 자원과 에너지 그리고 건강한 환경을 보유하는 것"이라는 내용을 교육하고 알리는 것을 목표로 한다.

셋째로 'Green Car Advisor'이다. Green Car Advisor는 어떻게 하면 연비를 줄일 수 있는지를 알려주는 기업이다. 위의 세 기업 모두 소비자에게 친환경적 지식을 확산하여 소비자가 직접 친환경을 채택할 수 있도록 노력하고 있다.

2.3 정보시스템과 친환경

그렇다면 기업이 친환경적인 이미지를 가지는데 정보시스템이 어떠한 도움을 주는 것일까? 이에 대해 크게 두 가지로 나누어 생각해볼 수 있다. 첫 번째는 'Greened IS'이다. Greened IS는 정보시스템을 친환경적으로 만드는 것이다. 즉 기업의 현존하는 시스템을 좀 더 친환경적으로 만드는 것을 뜻한다. 기업들은 절전형이고 친환경적인 컴퓨터를 도입하는 것이 그 예이다.

두 번째는 'Greening Is'이다. Greening Is는 정보시스템을 활용하여 기업을 친환경적으로 만드는 것이다. 기존의 비즈니스모델을 친환경 버전으로 새로 만드는 등 그린 비즈니스로 성장하는 데 Is를 적용시킨다. 또한 새로운 친환경상품, 서비스를 만들기도 하며 그린 비즈니스 프로세스를 실행하고 조직적으로 재구성하기도 한다. 예를 들어 정보시스템은 기업의 종이, 공해물질, 이산화탄소를 줄이는 데 도움을 준다. 또한 전기 사용 현황을 모니터링하는 정보시스템을 구축하여 기업의 에너지 사용정보를 알려주고 기업의 지속가능성을 자체적으로 관리하게끔 한다는 장점도 있다.

기업들이 얼마나 친환경적인지 판단해주는 사이트도 Greening Is일 수 있다. 예를 들면 'GreenWashingIndex'는 가짜 그린기업들을 잡아낸다. 그린워싱이란 착한 소비, 착한 생산이 대세를 이루는 요즘, '친환경'이 하나의 시장으로 자리를 잡으면서 이를 악용하는 사례 역시 늘고 있다. 바로 '그린워싱'이라 일컫는 것인데, 친환

그림 15-4 그린워싱을 찾아주는 사이트

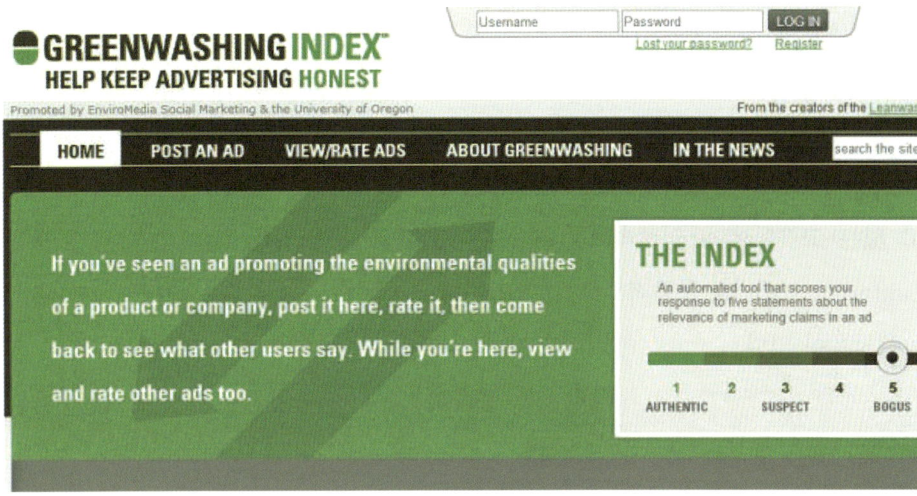

경 이미지를 이용해 경제적 이익을 보려는 기업의 이미지 세탁법이다. 그린워싱은 '그린(green)'과 '화이트워싱'(white washing)'의 합성어로 기업의 경제적 이윤을 목적으로 친환경적인 특성을 허위 과장해 상품을 광고하거나 홍보하고 포장하는 등의 행위를 말한다. 환경오염을 일으키거나 친환경이 아니면서 친환경제품인 것처럼 위장해 마케팅하는 기업들의 홍보 또한 그린워싱행위에 포함된다. 그린워싱의 사례는 다양한 형태로 급증하고 있다. 글로벌 친환경 컨설팅기업인 캐나다의 테라초이스(Terra Choice)사가 지난 2007년, 2009년 두 차례에 걸쳐 미국, 캐나다, 영국, 호주 시장을 대상으로 총 4,705개 상품군 1만 419개 상품에 대해 환경성조사를 한 결과, 2007년의 경우 98%, 2009년의 경우 95%가 적어도 하나 이상 그린워싱에 속한 것으로 나타났다. GreenWashing이라는 사이트는 이러한 기업의 그린워싱 시도를 차단하는 데 기여하고 있다.

2.4 그린뱅킹

그린뱅킹은 금융상품 중 하나로 금액의 일부는 친환경적으로 발전하는 데 사용하거나 투자되어 소비자들의 그린마인드를 자극할 수 있다는 장점이 있다. 그린뱅킹의 대표적인 예로는 Shorebank Pacific(since 1997)이 있다. Shorebank Pacific은 예금의 일부를 친환경 공동체를 만드는 데 사용했다. 또한 다양한 친환경적 시도를 통해 고객들과 더욱 가까운 관계를 형성하는 데 성공하였으며 고객 운영비를 절감하기 위해 친환경 지식을 사용했다. 뿐만 아니라 그린비즈니스를 계획하고 있는 고객들에게 인센티브를 제공하기도 했다. Shorebank Pacific은 2010년 California Bank에 성공적으로 매각되었다. 한국에는 그린뱅킹의 대표적인 예로 녹색금융이 있다.

그림 15-5 한국의 대표 녹색금융상품

기업	상품	내용
우리은행	저탄소 녹색통장	승용차 요일제 참여고객에 금융 수수료 면제, 판매수익금 50% 녹색환경사업에 기부
기업은행	녹색성장예금	기업고객에 0.1~0.2%p 우대금리
국민은행	그린그로스론	녹색성장 관련 기업에 최대 0.7%p 우대금리
대우증권	그린코리아주식형랩	저평가 녹색기업에 투자
미래에셋 자산운용	미래에셋녹색성장 증권투자 신탁 1호	국내 녹색기업 주식에 60% 이상 투자, 최소 가입액 월 10만 원
하나은행	-0.3도 대출	에너지절약, 환경보호, 탄소저감활동 고객에게 해당 사유별 대출금리 0.1%p 인하
신한은행	신한희망에너지적금	에너지절약 등 실천 서명을 한 고객에게 우대금리
농협	초록세상적금	자전거 이용 등 친환경활동에 따라 최대 0.6%p 우대금리
외환은행	넘버원 이패스	카드대중교통요금 최대 하루 300원, 주말 600원 적립

예제

■ O/X형

1 통합적 자원비용의 관점에서 $B_d - C_d -$ TEV가 0보다 크면 개발을 진행해야 한다.

2 투자자는 친환경제품에 관심이 있으나 소비자가 친환경제품에 관심이 없는 경우 저가격 정책으로 유인해야 한다.

3 Greened IS는 정보시스템을 그린하게 만드는 것이다.

답 ×, ×, ○

■ 서술형

1 소셜미디어를 활용한 에너지절감의 방식과 사례들을 서술하시오.

2 지속가능성의 필요성을 서술하고 정보기술을 활용하여 지속가능성을 달성할 수 있는지를 정보기술의 정의와 사례를 통해 구체적으로 제시하시오.

3 C_c란 무엇인지 구체적인 사례를 통해 설명하시오.

4 투자자와 소비자의 친환경에 대한 관심여부에 따른 네 가지 그린전략을 제시하고 각각의 전략에서 IT의 역할을 사례를 들어 설명하시오.

찾 | 아 | 보 | 기

Index

[국문]

[영문]

[인명]

| 저자소개 |

권오병 교수는 현재 경희대학교 경영대학 MIS 전공 교수이면서 BK21 Plus 데이터사이언스 사업팀장이며, 차세대정보기술연구센터(CAITECH)의 센터장을 맡고 있다. 빅데이터, 소셜 미디어, 사물인터넷 분야를 주로 강의하고 있으며, 한국과학기술원에서 경영과학 박사학위를 받고, 미국 Carnegie Mellon University 전산학부 ISRI 방문 과학자로서 유비쿼터스 컴퓨팅 관련 프로젝트를 수행한 바 있다. 또한 미국 San Diego State University, MIS학과 겸임교수로 그린컴퓨팅 연구를 수행한 바 있으며, 한국IT서비스학회 이사, 한국경영교육학회 부회장, 한국지식경영학회 이사, 한국정보시스템학회 이사 등을 역임하였다. 지난 20년 동안 100여 건의 학술논문과 수십 건의 관련 특허를 보유하고 있으며, 경희펠로우상을 수상했다.

4차 산업혁명시대의

정보기술과 경영정보시스템

2019년 8월 25일 1판 1쇄 인쇄
2019년 8월 30일 1판 1쇄 발행

저　　자 | 권오병
발 행 인 | 이수영
발 행 처 | 도서출판 청람
서울시 마포구 독막로 288(대흥동, 세양상가 109호)
전　　화 | 02)3272-2601~2
팩　　스 | 02)3272-2603
이 메 일 | crbooks@daum.net
홈페이지 | www.crbooks.co.kr
등　　록 | 2000년 8월 26일 제6-0509호

ISBN 978-89-5972-722-3 93320 [정가 25,000원]